法政文丛 / 何勤华 贺卫方 李秀清 主编

THE SPECTATOR'S VIEW

A Research on the
Constitutional theory of Ariga Nagao

观弈闲评

有贺长雄宪法理论研究

李超 著

上海三联书店

图1

有贺长雄肖像，载于近代中国报刊《大同报》1913年第2期，收录本书时稍作修饰。

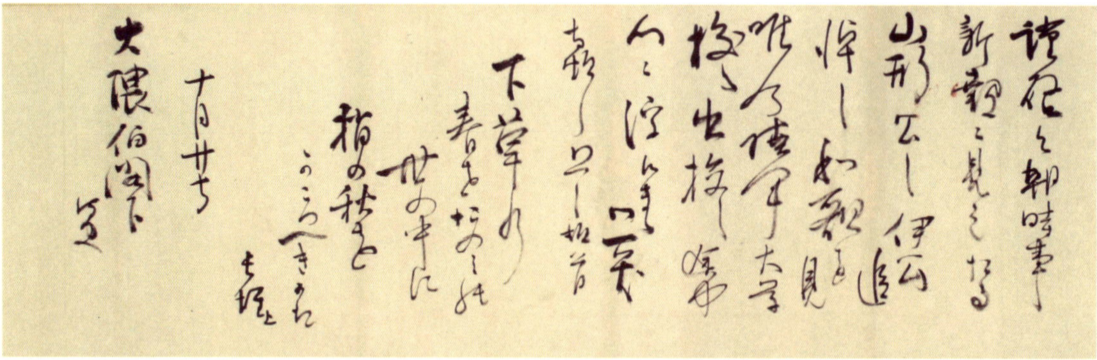

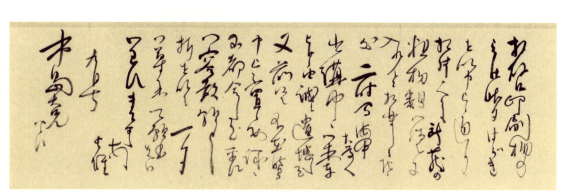

图2

图3

有贺长雄手书，藏于日本早稻田大学图书馆，收录本书时稍作剪裁。图2收件人为早稻田大学创办者大隈重信，图3收件人为早稻田大学首任图书馆馆长市岛谦吉。

"法政文丛"序言

"法政"一词由来已久。在古典文献中,"法政"多指法律与政令,如"法政独出于主,则天下服德"(《管子·明法解》)。但"法政"一词的流行,却是在近代之后。受日本学制影响,我国清末法律教育多以法学和政治学并列,称为"政法科"或"法政科"。尤其在1905年立宪之议兴起后,出于对法律的强调,"法政"逐渐取代"政法",成为当时通行的称谓。这一时期的北洋法政学堂、京师法政学堂等均以"法政"为名。1910年京师大学堂办分科大学,也以"法政科"作为学科名称。名为《法政杂志》《法政学报》的报刊更是层出不穷。

但在新中国成立后,由于历史原因和对政治优先性的强调,在表达法律与政治的合称时,"政法"一词取代"法政"成为通行的官方用语,"政法机关""政法院校""政法战线"等词汇应运而生,并沿用至今。应当看到的是,近年来,随着依法治国与法治观念的深入,原本已被遗忘的"法政"一词,又开始焕发出新的生命力,重新回到学界的用语之中。就本套丛书而言,著译内容主要涵盖法律与政治的领域,因此即以"法政文丛"命名之。

自近代以来,翻译作品就在我国的法学教育和法学研究中扮演了重要角色,对于学术视野的开阔与研究方法的拓展,都具有十分重要的作用。在学术著作出版繁荣的今天,法律翻译作品的出版也差不多达到了百年来的高潮,林林总总的丛书令人眼花缭乱。以翻译作品为主的"法政文丛"与众不同的特点在于:

首先,这是一次跨地域的、有意义的合作。我们三位主编虽都曾主持多种丛书的出版、参与多部著作的翻译,但这种远距离的双城合作还是第一次。编委会成员更是分布于全国各地乃至国外,在不同的院校或研究、出版机构工作,但他们之间的一个共同点在于,他们都是法学院的毕业生,并且正从事着与法学相关的职业。

这一具有空间跨度的合作有可能把更多有着共同志趣的同仁团结在一起,更好地取长补短。

其次,本丛书的编委会成员大多为70后乃至80后。他们出自不同专业,有法律史、法理学、宪法,也有行政法等部门法学。这些非常优秀的青年学者已经用各自的著述证明了自己的实力。尤其值得一提的是,他们中的很多人曾在上海三联书店出版过自己的著译作品,因而具有很好的合作基础。青年人之间思想的交流与碰撞,必将让这套丛书更具活力与创造力。

第三,本丛书有望成为培养青年学术人才的一个平台。它的出版,应该能够锻炼一批年轻人,他们将在对优秀学术作品的精读和翻译中,提升自己的学术品位、夯实学术研究的基本功。编委会将不定期召开小型研讨会,集合众人的智慧,确定未来的书目,以加强学术共同体的凝聚力,相互学习与砥砺。这些青年学者具有广阔的学术前景,会不断延续薪火相传的学术理想。

本丛书第一辑的书目中包括《论美国新民主》《誓言:奥巴马与最高法院》和《伦奎斯特谈最高法院》等几部比较重要的著作,它们不仅反映出我们对法律史、法理学、比较法、司法制度等领域一以贯之的研究旨趣,而且都涉及"法律与政治"的主题。这些著作都是从顶级的出版社引进,代表了当今世界法政出版的最新成果、最高水准。在阅读经典的同时,熟悉真实世界的运作也是极为必要的,而它们所讲述的正是正在发生的故事,将带领读者去了解域外政治、法律内部运作的真实情况,深化已有的理解。

"法政文丛"主编:何勤华　贺卫方　李秀清
2013年7月5日

目 录 CONTENTS

表 格 目 录 CONTENTS

前言

一

近代中国围绕宪法问题发生过几次大规模论争,诸多知识精英以近代西方的宪法理论为依据展开争鸣,尽管关于国家体制的方案观点各异,但一般均将自秦代起延续两千余年的传统帝制视为君主专制政体,有学者写道:

> 19世纪90年代流行的君主、民主、君民共主的三分法,刚刚进入20世纪就销声匿迹了,取而代之的是君主专制、共和(民主立宪)、君主立宪这种新的三分法。这样中国与俄国并列成为世界上两大君主专制国家的这种印象立即成为中国人的共识。其意义不仅仅是用语的变化,旧的分类中含有混合政体论的思想,代之而起的新的分类法是以"立宪"与"非立宪"为基准,其意义发生了很大的变化。因此以这一基准为前提的话,三种政体中唯有君主专制为非立宪政体,几乎没有什么议论的余地,它就被认定是三种政体中"最恶"的政体。中国人所关注的重点,与其说是政体的类型,不如说是政体之间互相转化的关系。转化关系中特别关注的问题是政体的"进化"关系。这也是因为在20世纪初所介绍的诸多西方思想中,进化论具有压倒一切的影响力的缘故。[1]

---

[1] 佐藤慎一:《近代中国的知识分子与文明》,刘岳兵译,南京:江苏人民出版社2006年版,第242—243页。

可以说,改变传统政治体制,确立近代立宪体制,是近代中国转型的重要课题,伴随清末预备立宪之兴起,宪法学这门舶来学应运而生,而从日本转道的宪法理论在清末的导入,则直接推动了宪法学在中国的诞生。[2] 与此同时,来自日本的教习和幕僚,在这场政体改革的社会实践中发挥了重要作用,特别是法学家群体,在中国开展法学教育活动,著书立说,以及为各派政治势力出谋划策,担任顾问等,也占据了一席之地。[3] 因此,不论是政体改革实践,还是宪法理论探讨,与近代中国转型有生平交集的日籍法学家,是该课题研究绕不过去的对象。

民初在华担任北洋政府宪法顾问,并直接参与宪法论争的有贺长雄,即其中一位典型人物。对该人物生平及思想的研究,有助于梳理近代中国的宪法史,对于进一步认识中日宪法理论和实践的互动,也大有裨益,堪称不可多得的研究标本。

不过目前中日学界的大多数研究成果,总体上过于局限各自时空的视角与资料,在互相沟通方面稍显不足;因此,抱着"知其然也须知其所以然"的态度,有必要对该人物在近代的学界地位和观点主张做出梳理,对该人物的生平和学术轨迹进行考察。正如有学者提出:晚清和明治时期的中日人士,是在西学、东学和中学的纠结中,展开其心路历程和行进轨迹,近代东亚的历史进程不可能截然分离,目前分科分类分国别的研究,不能真正了解认识那一时代的人和事。[4]

二

在很长一段时间,国内学界对有贺长雄这一人物缺乏关注,一些通史类的著作,对该人物的介绍,也是一笔带过,甚至未作提及,专门将该人物作为研究对象的学术成果,大约始于 20 世纪 90 年代,代表性论文有:张学继的《论有贺长雄与民初宪政的演变》(载《近代史研究》2006 年第 3 期)、《日本法学家有贺长雄与五大臣考察报告》(载《历史档案》2008 年第 4 期),就该人物为清末五大臣代笔考察报告书和任职顾问期间的言行作了探讨,对其历史地位和影响表达观点。赵大为的《袁世凯的宪法顾问有贺长雄研究》(中国人民大学历史学硕士学位论文 1996 年)、《有

〔2〕韩大元主编:《中国宪法学说史研究(上)》,北京:中国人民大学出版社 2012 年版,第 186 页。
〔3〕何勤华:《中国法学史(第三卷)》,北京:法律出版社 2006 年版,第 46 页。
〔4〕桑兵:《清季变政与日本》,《江汉论坛》2012 年第 5 期,第 9 页。

贺长雄及其〈共和宪法持久策〉》（载《近代史研究》1996 年第 2 期），对该人物受聘顾问及其与袁世凯复辟帝制的关系作了探讨。

近年来，国内学界关于有贺长雄的研究有了新进展，又出现了一些研究成果，代表性论文有：尚小明的《有贺长雄与民初制宪活动几件史事辨析》（载《近代史研究》2013 年第 2 期），就该人物与北洋政府的聘用合同及其相关史事作了考证与辨析；孙宏云的《清末预备立宪中的外方因素：有贺长雄一脉》（载《历史研究》2013 年第 5 期），从该人物为五大臣代笔考察报告书出发，就其对清末预备立宪产生的影响作了探讨。

另一方面，日本学界关于有贺长雄的研究成果相对更丰富，视角也更多元化，代表性的研究者分为两类：一是旅日华人学者，如熊达云和李廷江等，二是日籍学者，如曾田三郎、松下佐知子、荒邦启介、龙井一博和伊藤信哉等，以下列举若干做简单介绍。

熊达云的论文主要有：《有賀長雄と民国初期の北洋政権との関係について》（载《山梨学院大学法学論集》1994 年第 29 号）、《有賀長雄と民国初期の北洋政権における憲法制定との関係について》（载《山梨学院大学法学論集》1994 年第 30 号）、《清末における中国憲政導入の試みに対する有賀長雄の影響と役割について》（载早稲田大学政治公法研究会编《政治公法研究》1994 年第 46 号），以及《对華 21 箇条要求の交渉における有賀長雄について》（载《山梨学院大学大学院社会科学研究年報》2009 年 2 月），从不同视角出发，分别就该人物接受北洋政府聘请的过程，在华任职顾问的言论影响，以及与袁派势力之间的互动关系等问题作了探讨。

松下佐知子的论文主要有：《明治期における対外戦争経験と国際法解釈——有賀長雄を中心に》（载《軍事史学》2009 年 6 月）、《日露戦後における満洲統治構想——有賀長雄"満洲委任統治論"の受容をめぐって》（载 2007 年度《大阪歴史学会》大会特集号 2008 年 1 月）、《日露戦争における国際法の発信——有賀長雄を起点として》（载《軍事史学》2004 年 12 月）、《日露戦争期における植民地統治策——国際法学者有賀長雄の場合》（载《日本史研究》2003 年 11 月），以及《国際法学者の朝鮮・満州統治構想——有賀長雄の場合》（载《近きに在りて》

2002 年 12 月），主要依托该人物国际公法家这一身份，从军事史和外交史的视角出发，就其对近代日本，尤其是中日互动产生的影响做了探讨。

曾田三郎的论文主要有：《中華民国憲法の起草と外国人顧問——有賀長雄を中心に》（载《近きに在りて》2006 年第 49 号），以及《立憲国家中国への始動：明治憲政と近代中国》（思文閣 2009 年版）和《中華民国の誕生と大正初期の日本人》（思文閣 2013 年版）这两部著作中相关的专门研究，就该人物与袁记体制的关系，及其担任顾问期间发挥的作用及意义等问题做了探讨。

荒邦啓介的论文主要有：《有賀長雄の国家絶対主義批判：〈哲学雑誌〉講演録を素材として》（载《法史学研究会会報》2011 年第 16 卷）、《有賀長雄と軍令・軍政——大臣責任論の視点から》（载《東洋大学大学院紀要》2010 年第 47 卷），以及《明治憲法における"国務"と"統帥"》（成文堂 2017 年版）这部著作，主要以该人物的法政思想为素材，就其"统帅权"理论在近代日本的发展历程做了探讨。

三

上述中日学界的研究成果，关于有贺长雄与近代中国的关系，学界关注问题主要集中在以下几个方面：

第一，在甲午战争、日俄战争中扮演的角色及作用。

这两次战争中，有贺长雄均担任日军的随军法律顾问，效力于日本发动的侵略战争，并运用自身专业知识在西方舆论上撰文，为日本的战争行为辩护，以争夺舆论话语权，甚至使日本跻身西方所谓"文明国家"之行列。

> 日本在战争中胜出，它的国际法学家创作了一系列证明日本"文明"表现的作品，从而获得了西方国家对其"文明"国家身份的承认，以及"国际法共同体"的成员资格与领事裁判权的废除，并进一步加固了西方国际法学"文明"话语本身的正当性。有贺长雄、高桥作卫等人在 19 世纪末用西方语言创作的国际法学作品，在决定中日两国近代政治命运的进程中，

起到了举足轻重的作用。[5]

有学者认为,有贺长雄是披着博士和学者外衣的老牌"军国主义分子",他为军国主义对中国的扩张政策进行无耻的辩护和粉饰,与高桥作卫、条田治策等所谓国际法学者,共同成为日本早期对外扩张的"辩护士"。[6]

但也有学者认为,考察有贺长雄在这两次战争期间的言论主张,并结合其长期在日本军校讲授战时国际公法的课程,倡导的主要观点,还是所谓"人道主义"和"文明战争"规则之类,客观上为日军培养了一批通晓战时国际法规则的"人才",为日本普及国际法知识做出了贡献。而且,他于1909年被提名为诺贝尔和平奖候选人,是第一位被提名该奖项的日籍人士。[7]

第二,与清末预备立宪的关系和影响。

关于代笔起草考察报告一事,熊达云、张学继和孙宏云等均做过考证,认为"确有其事",而且有可能即《欧美政治要义》这份报告。

关于给清廷考察官员授课一事,熊达云、曾田三郎、张学继、孙宏云等也从不同视角出发做过考察,认为在一定程度上,有贺长雄的宪法理论对清廷的预备立宪方针发挥过一定作用:

> 有贺长雄对清政府预备立宪的主要建议是建立责任内阁制。他所说的责任内阁制,并非议会政党政治下的责任内阁制,而是模仿日本的二元制君主立宪制。在这种制度下,立法、行政、司法三者的制衡关系被扭曲了,过分突出内阁的行政权,而无论是行政权、立法权还是司法权,最后都由天皇统揽,形成所谓的"大权政治"。从考政大臣奏折以及官制编纂草案来看,基本上采纳了有贺的主张。[8]

〔5〕赖骏楠:《十九世纪的"文明"与"野蛮"——从国际法视角重新看待甲午战争》,《北大法律评论》2011年第1期,第130页。
〔6〕张学继:《论有贺长雄与民初宪政的演变》,《近代史研究》2006年第3期,第57页。
〔7〕松下佐知子:《日露戦争における国際法の発信——有賀長雄を起点として》,《軍事史学》2004年12月,第206—207页。
〔8〕孙宏云:《清末预备立宪中的外方因素:有贺长雄一脉》,《历史研究》2013年第5期,第115页。

达寿回国后关于国体论和政治体制的权力分立论等主张,显然是受到穗积的影响;然而,建立以权力分立论为基础的政治体制,大权政治的性质是最重要的内容。关于大权政治,穗积的解释是天皇亲政论,而有贺的解释则是内阁中心论。立宪政体下的君主与行政机关的关系,是政治和宪政考察团一大重要考察项目,而恰恰穗积和有贺两位学者对该问题的看法有所不同。穗积不承认国务大臣各自独立地直属于天皇施政,主张天皇亲政论;而有贺提出以内阁为中心的"间接政治"构想,意图是以避免天皇对行政事务的直接参与。[9]

第三,与民初制宪及袁记体制的关系。

首先,在考证方面,新成果对以往的一些观点做了辨析,例如尚小明的论文对有贺长雄来华后的续聘,出版《观弈闲评》一书,以及发表《共和宪法持久策》一文的时间等问题,均做了细致考证。

有贺长雄受聘为袁世凯法律顾问的准确时间是1913年2月,初次续聘则在当年7月国会即将开始草宪工作之际,由代总理段祺瑞签署续聘合同。他能够被续聘,与他此前抛出《观弈闲评》,提出有利于袁世凯的"国权授受说"及主张"超然内阁制",有密切关系。至于他的《共和宪法持久策》,则是针对当年秋天出台的"天坛宪草"第一稿而发的,是草宪过程中总统制与内阁制两种主张争斗的产物。[10]

其次,在理论探讨方面,目前学界认为《观弈闲评》一书,集中体现了有贺长雄关于民初政体的理论构想。但这套理论构想,是其"一以贯之"的主张,或是为迎合以袁世凯为首的北洋派而"刻意炮制",则存有对立的观点。

例如张学继认为,有贺长雄是一位典型的君主制拥护者,为了迎合袁提出了一

〔9〕曾田三郎:《立宪国家中国への始动:明治宪政と近代中国》,东京:思文阁2009年版,第80页。
〔10〕尚小明:《有贺长雄与民初制宪活动几件史事辨析》,《近代史研究》2013年第2期,第129页。

套正中袁下怀的理论构想,堪称"御用"宪法顾问,而且为袁后来的复辟帝制行为提供了理论依据,对于近代中国政治发展起到消极作用。

> 有贺长雄所设计的中华民国宪法,其基本特点是主张废除以"国民主权说"为指导思想制订的《中华民国临时约法》,无限制地扩大总统权力。按照他所拟的宪草,民国大总统的权力超过了世界上任何一个国家的元首。虽然名义上是共和制宪法,实际上更多地带有君主专制的特点。换句话说,就是在共和制的形式下,采用君主制的内容。[11]

另一方面,曾田三郎和松下佐知子认为,有贺长雄关于民初的理论构想,不过是从维护社会秩序和政局稳固出发,主张以行政占据主导地位的宪法体制设计,并没有试图改变共和制为君主制的内涵,也没有怂恿袁世凯复辟帝制的内容,有贺之所以受到袁的重用,主要是因为其理论构想"恰好"符合袁的预期。

> 有贺思想的根本,是以中国暂时的社会秩序安定为基本出发点,从而提出一个行政主导型的国家构想。这种行政主导型的国家构想,只不过与袁的预期接近而已,为袁集中权力不是目的,建立一个安定的国家才是真正目的。应该说,有贺不是为了变为袁的"御用顾问"而提出该构想,也不是故意为了迎合袁的期待而主张强化行政权力。中国原本就是一个专制国家,为了维持一个不混乱的国家,很有必要建立一个强有力的行政权,而对于有贺来说,行政权主导型的国家构想也是他一贯的思想。[12]

再次,在顾问角色方面,有贺长雄于 1915 年中日"二十一条"交涉中,一度充当袁世凯的"外交密探",其宪法顾问角色发生悄然转变,由此遭到日本社会舆论的指责,虽然对中日局势的缓和,发挥了一定积极作用,却对自身生平境况造成了许多

---

〔11〕 张学继:《论有贺长雄与民初宪政的演变》,《近代史研究》2006 年第 3 期,第 63 页。
〔12〕 松下佐知子:《清末民国初期の日本人法律顾問——有賀長雄と副島義一の憲法構想と政治行動を中心として》,《史学雑誌》2001 年 9 月,第 79 页。

消极后果,熊达云这样写道:

> 在二十一条交涉过程中,有贺接受了中国政府的请求,通过秘密交涉活动,发挥了在中国政府与日本元老之间疏通意见的作用,事实上这不见得是对中国有利、而对日本造成损害的行为。应该认为有贺的活动实际上是有利于中日两国的长期亲善乃至互相提携的关系。而大隈内阁及日本社会对于有贺所施加的批判,不但过于情绪化,而且可以说体现的是一种狭隘的爱国主义。[13]

最后,在人物评价方面,有贺长雄作为民国首位外籍宪法顾问,不仅在民初中日舆论中备受关注,引发争议不断,而且在当下学界的评价定位上,仍存在一定争议。值得注意的是,即使在国内学界,也出现了这种"褒贬不一"的现象。持消极观点的学者,主要是将之视为带有日本官方性质的"政治间谍",心怀不轨、动机不纯,试图故意扰乱民初体制"健康发展"的进程,譬如有学者写道:

> 有贺长雄是袁世凯最重要的宪政理论指导者。揣摩袁世凯的专制独裁心理,引导他一步步地破坏辛亥革命后建立起来的共和民主制度,实行个人专制独裁,并进而抛掉共和国的招牌,复辟帝制。他的言行反映了日本帝国政府的对华政策和意志。作为一个与日本政界有密切联系且曾经两次参加侵华战争的日本军国主义分子,无疑是忠实地执行了日本政府的对华政策的,一味迎合袁世凯的独裁要求,干涉中国内政。虽然名义上为中国国家元首聘请的法律顾问,但实际上却扮演着日本间谍的角色。[14]

另一方面,持积极观点的学者,则主要从中国法制与近代化的视角出发,认为

---

〔13〕熊達雲:《对華21箇条要求の交涉における有贺长雄について》,《山梨学院大学大学院社会科学研究年报》2009年2月,第60页。
〔14〕张学继:《论有贺长雄与民初宪政的演变》,《近代史研究》2006年第3期,第72—75页。

以有贺长雄为代表的外籍法学家之来华,其理论学说和实践行为,对于近代中西方的法律移植具有积极意义和借鉴价值,而且包括有贺长雄在内的多数外籍法学家,所提出的理论构想,均在很大程度上融入了传统中国的政治因素及国情现状,某些献言献策,也不乏值得参考之处,呈现出了一种堪称"中国问题意识"的宪法理论,为推动中国宪法学做出了贡献,有学者写道:

> 有贺氏看到了中国法律近代化转型中的险象,并提出了避免此"祸根"的方法,可惜他的话并没有为时人所接受,即使今天有的论者仍把他作为帝国主义分子视之。有贺氏的话已经触及到中国法律、政治制度近代化转型的一个关键性问题,然而当时中国人对此既没有理性的认识,又没有感性的体验。[15]

四

上述是目前学界对有贺长雄研究的大致情况。本书在充分借鉴这些先行成果的基础上,试图推动并深化该人物及其宪法理论的研究进程,采取的视角及思路主要如下:

在生平履历上,本书重点关注该人物宪法理论形成的过程和渊源,重新梳理其与近代中国的交集;在理论分析上,从日本宪法史入手,进行比较研究,除了归纳其理论的内涵构造外,还探讨其理论可能蕴含的时代特征及学界地位;在来华赴任上,结合其赴任前后以及任职期间的言行,窥视其各阶段的心路历程,审视所谓外籍顾问身份对民初宪法史的作用;在政体构想上,依托民初制宪之争背景,特别是纳"私拟宪法"之潮流,将其理论学说及体制构想与同时代其他知识精英进行比较,探寻异同之处,发掘内在缘由等。

本书正文分为八章,前四章的时空视角为"明治日本",主要考察该人物的学术

---

〔15〕 张晋藩:《"变"与"不变":20 世纪上半期中国法律近代化转型的趋向问题》,《史学月刊》2004 年第 7 期,第 6 页。

生涯及其宪法理论的构建过程,后四章将视角转为"民初中国",主要探讨该人物赴任顾问的来龙去脉,及其发挥的功能作用,各章内容概括如下:

第一章,是对有贺长雄早年生涯足迹的梳理,分两部分内容:一是在社会身份上,他从官僚转变为学者的经过及原因,指出这位学者拥有不容忽视的官方背景;另一个是他赴任顾问之前,与晚清中国的生平交集,指出早在清末,其宪法理论即间接影响过中国,也为民初那套构想埋下了伏笔。

第二章,是考察有贺长雄之所以研究宪法学的缘由,仍主要依托其生平履历进行探讨。指出他留学欧洲时期,在机缘巧合下,赴维也纳师从德国公法学家石泰因,随即效仿石泰因的学术轨迹,将研究领域转为宪法学,同时也迎合明治立宪的时代需求,跻身为近代第一批宪法学者之行列,所记录并整理出版的石泰因授课讲义一书,堪称其构建自身一套理论体系的基石。

第三章,为本书理论性较强的部分,是关于有贺长雄宪法理论体系的构造与内涵。首先,梳理某一系列有关宪法理论的著作和论文,探讨其逐渐建立理论体系的步骤;其次,归纳支撑该理论体系的学说及内容,如国家有机体论、历史传统论,以及元首、立法和行政机关分工合作的匠心独运等;最后,考察其是如何将该理论套用到明治宪法体制上,并探讨相关阐释背后的意图。

第四章,为本书创新性较强的部分,是关于有贺长雄宪法理论的特征和地位探讨。主要探讨两个方面:一个是基于近代两大宪法学说流派这一视角,探讨该理论处于何种地位的问题;另一个是结合明治宪法典颁布初年之运行状况,探讨该理论与"超然主义"施政方针之间的联系及其发挥的作用。

第五章,是梳理有贺长雄赴任宪法顾问的来龙去脉,及其在各阶段的心路历程。主要探讨三个问题:第一,他本人对于这份聘约的态度和憧憬;第二,对其在华担任宪法顾问一事性质的评价;第三,分析其言论发表之所以集中在赴任初期的原因。

第六章,可以说是本书的核心内容之一,也是理论性较强的部分,关于有贺长雄针对民初中国所提理论构想的分析,内容包括:探讨所谓统治权转移论的逻辑和目的;分析所谓超然内阁政体的结构和实质;归纳所提政体构想的配套措施,如关于地方制度、司法体制和国教设立等问题的处理。

第七章，是本书另一个重点，也是本书创新性较强的部分。通过比较分析的方法，探讨有贺长雄上述理论构想的作用、地位和特征。民初涌现的"私拟宪草"，也涵盖有贺等来华外籍专家提出的方案，考察这些方案的异同之处，梳理民初制宪的核心争议点，并结合同时期日本宪法史的背景，进一步认识该宪法理论的内涵与历史地位。

第八章，是关于有贺长雄担任宪法顾问这一职位的探讨，结合制宪之争的时代背景，考察该职位的作用和地位，主要内容有：梳理袁派势力夺取制宪权以及构建政治体制的过程，分析该人物参与其中的程度及发挥的作用；对照同为宪法顾问的美籍专家古德诺，从体制构想角度入手，探讨两人孰轻孰重的地位，最后就洪宪帝制登场与其理论之间的关系，提出一些看法。

本书在正文之后还有余论。

余论部分，主要是对正文内容的整体性回顾和总结，重述一些重要观点和引用的资料；另一方面，立足该人物宪法理论来龙去脉这一贯穿本书的线索，采取倒叙的方式，追溯其来华初期出版《观弈闲评》一书的"源头"，进而提出一个假想：有贺长雄将心目中关于日本明治立宪的理论构想，寄托在了中国民初立宪的试验场上，但宪法顾问本身的历史定位，注定要落空他的期待。

此外，本书还有两份附录资料。

附录一，是《申报》关于有贺长雄的报道选编，收录年份从1912年北洋政府向其抛橄榄枝起，到1921年因病在东京去世为止。相信通过阅读这些选编报道，对该人物在华担任宪法顾问的真实处境，以及民初舆论对该人物的关注及评价，会有更清晰的认识。

附录二，是有贺长雄著《观弈闲评》一书的原文。该书是他在华任职顾问期间最重要的著作，也是他苦心经营为民初体制设计的蓝图愿景，因此该书内容，堪称本书研究的核心对象。原貌展示该书原文，相信有利于了解该人物宪法理论的大概轮廓，对继续推动该人物及其理论的深入研究也有所裨益。

还需交代的是，附录部分文字出现的外国人名、地名、事件名和专业术语等，与当下表述存在较大差异，在行文表述上的用词用语也不乏错谬之处，但为了保持原貌，笔者仅将原篇的繁体异体字等改为通行的简体字，此外未做其他更改修订。本书正是沿用了有贺长雄著《观弈闲评》(1913年)一书的书名。"观弈闲评"四个字，不仅恰如其分点出了笔者研究该人物宪法理论的结论和体会，还体现了当年有识之士早已指出的其中的端倪，正如《宪法新闻》以"有贺长雄民国宪法全案意见披露"为题，刊登该书原文时的编者按中所写：

> 有贺长雄对于我国宪法之意见，虽与我国情极不相合之处甚多，唯以博士国法大家，研究我国国宪之见，具有一种特别眼孔，因录入之作宪法史上之一纪念，亦可窥外人观察我国国情之一斑也。

囿于笔者学识有限，本书在眼界、方法和资料方面均有许多不足，在行文和观点上不免存在偏颇乃至谬误之处，请读者朋友不吝批评指正。

第一章　有贺长雄早年足迹

第一节　官僚到学者的转变

一、家庭出身与教育背景

有贺长雄（1860—1921 年，以下简称有贺），字帚川，出生在今大阪市中央区高丽桥町附近一个讲授日本歌道艺术的传统世家，祖父有贺长伯和父亲有贺长邻是当地知名的歌道艺术家。他作为家中长男，本来应该继承歌道艺术这门家学，但江户末期的社会动荡和人心思变，使家里歌道讲习班生源骤减，在不景气下关闭。父亲有贺长邻为了维持生计，后来到大阪市一所新式小学讲授国文，有贺也中断江户时代传统的寺子屋教育，转入父亲任教的小学读书，接受新潮的洋学教育，既定的人生轨迹发生改变。

有贺一家共有兄弟姐妹六人，其中兄弟两人，弟弟有贺长文也是明治时代的知名人物，曾经担任过明治政府农工商省工务局的局长，后在三井公司担任常务理事等职务，在实业界有一定影响力。

1872 年，有贺作为优等生被推荐到大阪集成学校读书；1874 年，转到大阪英语学校专门学习外语；1876 年，考入东京开成学校读书；1877 年，当东京开成学校与东京医学校合并成立东京大学之际，考入东京大学预科班读书；1878 年，正式转为东京大学文学部的学生，主修哲学专业。

在东京大学求学期间,有贺仍保持优异的成绩,被认为是当时的优等生,而且在专业主修方面,当多数同学均纷纷选择主修法政或经济专业时,他却选择了较为冷僻的哲学专业,是东京大学美籍教授费诺罗萨的得意门生,其晚年还翻译过费诺罗萨的美术史著作。此外,他在学习之余也热衷于社团活动,不仅独自创办过学生社团,还经常参与各类演说活动,在学生群体中表现活跃。同班同学高田早苗回忆道:

> 有贺非常勤奋,成绩优异……特别聪明、才华横溢,学术涉猎宽广、思想深刻。他是我见过最有学术天赋的人,读过那等身高著作的人,一定能认同我的观点。[1]

有贺除了拥有近代日本最高学府东京大学教育背景外,还有一段出国留学深造的经历。1886 年 11 月,在明治政府元老院书记官任上的有贺,只身前往当时的热门留学目的地欧洲深造,主要学习课程有政治学、社会学和心理学等,辗转过的学校有德国柏林大学和法国巴黎大学等。

1887 年,有贺在元老院的上司,即担任议官的海江田信义,率团来到奥地利的维也纳大学调研考察,主要是向德国籍公法学家石泰因(Lorenz von Stein, 1815－1890)请教宪法问题。石泰因为此专门准备了一个长周期的授课计划,打算将关于构建明治日本宪法体制的想法倾囊而出。但在考察团担任翻译的曲木高配不巧病倒,导致刚启动的课程无法继续。于是在临危受命下,有贺特意从巴黎转道维也纳,代替曲木高配撑起现场授课的翻译工作,并负责记录石泰因的授课讲义。

石泰因这次授课周期,大约从 1887 年 9 月持续到了 1888 年 1 月,授课频率大约是隔天 1 次,每次两小时左右,主要内容有:国家与国民、国家信仰、国家经济、国家构造、国家运作、历史传统、职能机关以及立宪目标,从讲义笔记内容看,还穿插有现场问答的环节,基本上是日本如何建立宪法体制并保证如期运转之类的问题。

---

[1] 高田早苗:《故有贺长雄思い出の記》,《外交時報》1927 年第 543 号,第 102—103 页。

1888 年 6 月，有贺从欧洲回到日本，开始整理石泰因的授课讲义笔记，不久予以出版，即《须多因氏讲义笔记》（牧野书房 1889 年版）一书。正是自此以后，他将自身的研究方向也转为宪法学这一领域，开启新的学术生涯。

在学术成就荣誉方面：1900 年 2 月，明治政府出于有贺在甲午中日战争期间为日本战争的所谓文明性辩护做出了贡献，授予其法学博士学位，同时获法学博士学位的还有国际法学家高桥作卫；1911 年 2 月，明治政府出于有贺创办《外交时报》并在外交史学领域取得的突出成绩，授予其文学博士学位。1906 年，当选为日本帝国学士院成员；1912 年，受到日本帝国学士院褒奖。日本黑龙会这样评价有贺：

> 作为国际法学者和外交史家的有贺长雄，称其为世界权威也不为过。自东京大学毕业以后，以三头六臂之姿态，横跨诸多专业领域，发挥出傲人的才干，表现出绝伦的精力，特别对于东亚问题的看法，称之为我国的先觉者，可以说当之无愧。[2]

二、在明治政府的仕途履历

1882 年，有贺从东京大学毕业，获文学士学位，留校在文学部担任准助教授，同时在学校编辑部从事日本社会史的编纂工作。1884 年，调入当时的元老院担任副判任职务，成为明治政府的一名官僚，开启长达十余年的仕途生涯。

1886 年，有贺被提拔为书记官；1888 年，自欧洲深造回来后，仍继续担任书记官一职；1889 年，跟随上司伊东巳代治前往枢密院，担任书记官兼秘书官，同时担任秘书官的还有金子坚太郎、花房直三郎和津田道太郎；1891 年，被提拔为枢密院的议长秘书官，官阶从六位，在伊藤博文和大木乔任等高层手下工作；1893 年，再次跟随伊东巳代治调动，前往内阁担任书记官，做过伊藤博文的秘书官。

同一年，有贺被调往农商务省的特许局，挂职担任局长；1894 年，担任农商务省大臣的官房参事官，而且这一年，他跟随伊藤博文和伊东巳代治等前往广岛调

---

〔2〕黑龍会：《東亜先覚志士紀伝（中卷）》，東京：原書房，1966 年，第 349 页。

研,部署与晚清中国的战争,并受命担任日方第二军的随军法律顾问。

1896 年,有贺奉命在欧洲调研,运用外语在西方新闻界上撰文,为日本的战争行为辩护,一时声名大噪变为知名国际法学者。同年回到日本后,即辞去了明治政府的官僚身份,开始在早稻田大学担任全职教授,中断自己的仕途履历,真正意义上开启全职学者的人生发展轨迹。

尽管如此,作为学者的有贺仍不时接受政府委托或摊派的任务,通过参与官方、半官方性质活动的这种方式继续为政府效力,诸如此类的经历主要有:

1898 年 4 月至 7 月,担任内阁总理大臣伊藤博文临时秘书官;

1899 年 5 月,前往荷兰代表日本政府参加第一次海牙和平会议;

1903 年至 1907 年,担任帝室制度调查局的研究员,从事《皇室典范》修改法案的调研和起草;

1904 年,担任随军法律顾问,跟随满洲军前往中国战场调研;

1906 年,为端方等清廷考察团官员代笔起草考察报告;

1908 至 1909 年,为达寿和李家驹等清廷考察团讲授宪法课程;

1913 年 3 月至 7 月,接受北洋政府聘请,来华赴任所谓宪法顾问,为民初宪法拟定事业出谋划策。

纵观有贺在明治政府十余年履历,可知他先后在元老院、枢密院和内阁等堪称权力枢纽的机关任职,主要担任的是秘书,还直接效力过伊藤博文、大木乔任和伊东已代治等顶层决策人物,可以说直接或间接参与了许多法案的起草和商讨,也亲身目睹了政治体制从图纸草案到初具规模,再到运作生效等诸多环节,在宪法理论研究外的实战实践领域积累了丰富经验。[3]

三、在早稻田大学的任教经历

从 1882 年到 1884 年,有贺在东京大学就职期间就展现出过人的学术天赋,接

---

〔3〕旅日学者熊达云为搜寻有贺长雄的手稿,曾通过电话采访过有贺的后人。据其后人回忆,有贺长雄在东京家中的书房保存有许多亲笔手迹的文件草稿,这些草稿很可能是有贺长雄在明治政府任职期间因工作关系而起草的文案、法案和公文等,但房子在历史上屡遭地震、火灾和空袭等破坏,导致这些草稿未能保存下来。熊達雲:《有賀長雄と民国初期の北洋政権との関係について》,《山梨学院大学法学論集》1994 年第 29 号,第 84 页。

连出版了《社会进化论》《宗教进化论》和《族制进化论》这三部著作。这是近代日本第一次以近代西方进化论思想为基础的社会学著作,为在当时日本乃至东亚导入和推广社会进化论思想作出了贡献。

虽然自 1884 年起,有贺已经调往元老院工作,成为明治政府的一名官僚,但仍没有放弃学术研究和授课工作。大约在同一年,他开始在东京专门学校(1902 年更名为早稻田大学)兼职授课,主要讲授社会学、行政学和国家学等课程。此外,他同时还在东京大学、陆军大学校和海军大学校等学校兼职授课。

1896 年,有贺从法国回到日本后,在早稻田大学担任全职教授,主要讲授课程有国际法学、外交史学、国法学和国家学等,还撰写出版了许多著作,成为横跨国际法和宪法学领域的公法学教授。其实,于 1905 年起早稻田大学开办了中国清朝留学生部,作为法学教授的有贺对于清末民初的中国知识界并不陌生。

自 1913 年起,也就是有贺来华赴任民初北洋政府宪法顾问之后,还经常往返中日之间,主要原因是他在早稻田大学和东京大学等学校还有授课任务。但在1915 年,由于他在中日“二十一条”的交涉中,一度充当了袁世凯的外交密探,受到日本政府和外务省,特别是早稻田大学创办者大隈重信(时任日本首相)之指责,被迫辞去教职,就此结束了任教生涯。

在有贺的生平经历中,创办《外交时报》并担任主编一事占有重要地位,而这一经历及其成绩的取得,是在早稻田大学期间实现的。

《外交时报》是日本近代史上有名的国际时事期刊。1898 年 2 月创刊,1998 年9 月正式停刊,总共发行过 1351 期。20 世纪上半叶日本的国际时事期刊主要有《外交时报》《国际知识》《国际评论》与《国际法外交杂志》等,而其中《外交时报》是一个佼佼者,刊发过八位总理大臣的署名文章,而社会名流和普通政府官员的署名文章更是不计其数。有日本学者这样评价:“如果说 20 世纪上半叶的日本有一个‘外交论坛’的话,《外交时报》这份期刊无疑是该‘外交论坛’的中心之所在。”[4]

---

〔4〕伊藤信哉:《20 世紀前半の日本の外交論壇と『外交時報』(一)》,《松山大学論集》2008 年第 1 号,第 2 页。

1898 年 2 月 11 日,《外交时报》发行创刊号,有贺在创刊词中写道:

> 目前东亚地区的外交风云变幻无穷,这几年将是决定我们日本帝国
> 命运的关键时期,探求列国外交的真相是当下最要紧的事情。但危险的
> 现实是:列国对我国国情的研究十分充分,而我国对列国的情况不甚了
> 解。虽然东洋局势的变化和列国外交的姿态很难把握,我们还是需要对
> 此展开判断与分析。我们要代表广大的民众,来探寻列国外交的过去与
> 现在,来审视当下的东亚外交,为我国外交策略的制定提供帮助。[5]

《外交时报》的创办离不开早稻田大学的资金支持,而且有贺担任主编期间,该
期刊的编辑部就设在学校内部,编辑部的始创人员,即主编有贺、编辑兼发行人埋
原正直和办事员五条恭藏均是该校的教职工。

从 1898 年到 1911 年,有贺担任主编的十余年,该期刊一度成为有贺的个人专
栏。从第 1 期到第 47 期发表署名文章一共 407 篇;其中署名有贺的文章便多达
232 篇,数量超过一半;有贺在主编任上的署名文章占比超过了四分之一,此外还
有一些不署名的文章也可能出自有贺之手。[6] 作为创始人之一的埋原正直回
忆道:

> 当年的有贺,不仅在早稻田大学上课,还兼职在东京帝国大学、陆军
> 大学、高等商业学校、国学院大学等讲授国际法和历史学的课程,甚至还
> 与根本通明博士一起研究过易经和左传,与大村西崖研究过东洋美术等。
> 有贺之忙碌,精力之超群,是常人难以想象的。但即便如此忙碌,《外交时
> 报》每期的大部分文章还是由他撰写。[7]

---

〔5〕有賀長雄:《外交時報発行の要旨》,《外交時報》1898 年创刊号。
〔6〕熊達雲:《有賀長雄と民国初期の北洋政権との関係について》,《山梨学院大学法学論集》1994 年
第 29 号,第 89 页。
〔7〕埋原正直:《外交時報の父故有賀長雄博士を懐ぶ》,《外交時報》1927 年第 539 号。

尽管有贺为此投入相当精力和时间,并且自身具有非同常人的专业积累和研究天赋,然而《外交时报》在其担任主编期间并未进入快速发展期,反而逐渐陷入一种经营困难的境地。1911 年 3 月,他因脑溢血住院疗养,同年将该期刊不得已转让给了《东京日日新闻》原记者大庭景秋,此后该期刊从"有贺长雄时代"过渡到"大庭景秋时代",编辑部也随之迁出早稻田大学校园。有日本学者这样写道:

> 尽管有贺知识渊博、视野开阔,一般会站在客观立场上评论时事,这有助于提高杂志的品位和内涵。但是,他也存在一些性格缺陷,特别是跟其后几位主编相比,在为人做事上有明显的欠缺。例如,性格孤僻高傲、待人冷淡,无法虚心接受他人的意见;并且,在学界和新闻界树敌不少,出言不逊,导致身边的同事难以与他愉快共事等。〔8〕

还值得一提的是,在有贺撰写的国际时事评论文章中,有许多是针对清末预备立宪的时局走势,即便在担任宪法顾问期间,也继续在该期刊上撰文发表看法。这些文章主要有:

《清国政体的前途》(载《外交时报》1906 年第 105 号)

《清国内阁制度改造的机会》(载《外交时报》1909 年第 143 号)

《清国内阁制度改造的机遇》(载《外交时报》1909 年第 143 号)

《对支那国民会议的历史教训》(载《外交时报》1912 年第 173 号)

《延误大局》(载《外交时报》1912 年第 175 号)

《民国宪法开议前的形式》(载《外交时报》1913 年第 203 号)

《入燕最初之所感》(载《外交时报》1913 年第 203 号)

《中华民国第一次国会开会》(载《外交时报》1913 年第 204 号)

《民国正式国会开会后的两周》(载《外交时报》1913 年第 205 号)

《民国的现状与列国的态度》(载《外交时报》1913 年第 206 号)

---

〔8〕伊藤信哉:《20 世紀前半の日本の外交論壇と『外交時報』(二)》,《松山大学論集》2008 年第 3 号,第 14—15 页。

《民国政界现状》(载《外交时报》1913 年第 207 号)

《在北京期间的其余事业》(载《外交时报》1913 年第 210 号)

《中华民国宪法》(载《外交时报》1913 年第 211 号)

《支那宪法制定事业的沿革》(载《外交时报》1920 年第 367、368 号)

而且,有贺还在早稻田大学和学习院大学等学校开设了外交史这门课程,并撰写了《近时外交史》和《最近三十年外交史》等著作,系统讲述外交史研究领域的方法和理论等,被称为近代日本"外交史学之父"。

除此以外,有贺的生平经历还有一项引人关注的荣誉,那便是于 1909 年被提名为诺贝尔和平奖的候选人,是第一位获得此项殊荣的日籍人士。主要原因在于,他是日本红十字会的干事,热衷于红十字会的活动,多次代表日本政府到欧洲出席世界红十字大会,特别是常年倡导所谓文明战争规则和人道主义精神,以及讲授战时国际公法等,甚至在 1899 年的海牙世界和平大会上还被授予过三等功勋。

第二节　与晚清中国的交集

一、担任随军法律顾问

有贺与晚清中国的第一次生平交集,是在甲午战争期间担任法律顾问,跟随日军前往中国战场进行调研活动。从 1891 年起,在枢密院做书记官的有贺通过朋友推荐,开始在日本的陆军大学校担任兼职讲师,主要讲授的课程是战时国际公法,培养了许多通晓国际法的军事人才,有日本学者称其为"吾国陆军国际法教育之鼻祖"。[9]

1894 年 6 月,伊藤博文与大山岩等人在广岛组成所谓战时大本营,着手部署针对中国的作战计划。随后,有贺跟随伊东已代治等人也来到广岛调研。8 月 1 日,清廷颁发上谕宣布对日宣战,同一天日本天皇下诏对中国正式宣战,并声称将在这场战争中遵守所谓国际公法规则。

---

〔9〕南次郎:《我が陸軍と有賀博士》,《外交時報》1933 年第 685 号。

由于有贺在陆军大学校讲授国际公法这门课程,便临时受命将讲义编印成《万国战时公法》一书,该书被视为所谓文明作战参考手册。10月,有贺受命担任日方第二军的国际法顾问,随军前往朝鲜和中国等战场调研,号称是当时日方军队中唯一的法律顾问,在相关文件的起草和咨询方面可谓发挥了作用。

不仅如此,在1895年战争结束前夕,有贺还特意前往法国进行调研,利用自身的外语优势和国际法专长,在法国的新闻界撰文发表对这场战争的看法,试图为日本发动的这场侵略战争辩护,以改善日本在西方舆论的野蛮形象,帮助日本跻身西方所谓文明国家之行列。

其中以《日清战役国际公法论》一文名气最大,有日本学者评论道:"日本人用国际法将整个战争包装了起来,甲午战争成为日本军方应用国际法知识的秀场。"[10]该文与高桥作卫于1899年发表的《中日战争中的国际法案例》一文互相配合,从国际法的视角分析了这场非正义战争,从而为日本在西方舆论争夺话语权作出了贡献,两人因此于1900年同时获得了明治政府授予的法学博士学位。有日本学者写道:

> 日本帝国获得国际法上的人格,完全凭借的是自我的努力。由此,日本获得的好处是,欧洲把日本看作是最高文明国的行列。日本在日清战役中对国际法的遵守,之所以在世界上广获好评,主要归功于有贺长雄和高桥作卫这两位国际法学者,他们的功绩不能被世人所遗忘。[11]

关于有贺的这段经历及其意义,近年来国内也有学者关注:

> 日本在战争中胜出,它的国际法学家创作了一系列证明日本"文明"表现的作品,从而获得了西方国家对其"文明"国家身份的承认,以及"国

---

〔10〕一又正雄:《明治及び大正初期における日本国際法学の形成と発展——前史と黎明期》,《国際法外交雑誌》1973年第5、6合并号,第503页。
〔11〕植田捷熊:《日清戦役と国際法》,《外交史及び国際政治の諸問題》,東京:慶應通信1962年版,第484、487页。

际法共同体"的成员资格于领事裁判权的废除,并进一步加固了西方国家法学"文明"话语本身的正当性。中国则遭遇彻底的失败,这不仅体现在军事上,也体现在国际法人格上:中国被判定为"非文明",从而不能进入"国际法共同体"。直到 1943 年,领事裁判权制度才在中国被彻底废除。因此,在本文的视角下,有贺长雄、高桥作卫等人在 19 世纪末用西方语言创作的国际法学作品,在决定中日两国近代政治命运的进程中,起到了举足轻重的作用。[12]

通过甲午战争及其上述学者发挥的作用,日本军方知晓国际法在战争中也具备重要的作用,开始有意识地培养这方面的人才,以至于国际公法这门课程受到官方的重视。有贺除了继续在军事院校讲授这门课程之外,还出版了《文明战争法规》和《战时国际公法》等著作。1904 年,日俄战争爆发后,这两部书又成为日方军队的作战参考手册,其本人再次受命担任随军法律顾问,隶属满洲军总司令部前往中国战场进行调研。

这次不同的是,军队中不再只有有贺一人担任法律顾问或通晓国际公法,而且学界利用法律知识撰文发表看法的文章也较之增多。有贺发表的《日俄陆战国际法论》和《满洲委任统治论》这两篇文章依旧受到关注,尤其是后者,针对满洲问题提出满洲主权可以仍属中国所有,但支配权须通过委任方式交给日本掌握,即主张主权和支配权的分离主义,于 1905 年又受到日本政府表彰,获得了三等功勋。

由上可见,在甲午战争和日俄战争期间,有贺均受命担任日军法律顾问,两度来到中国战场调研,还积极撰文为日本战争行为发声和辩护,在西方舆论界产生了影响力,不仅为日本改善所谓文明国家形象作出贡献,还从现学现卖的国际法授课讲师,摇身变为当时为数不多的在国际上拥有一定知名度的日籍国际法学者。

二、代笔起草考察报告

有贺与晚清中国的第二次生平交集,是为清廷五大臣出洋的戴鸿慈和端方等

〔12〕赖骏楠:《十九世纪的"文明"与"野蛮"——从国际法视角重新看待甲午战争》,《北大法律评论》2011 年第 1 期,第 130 页。

官员代笔起草考察报告一事。1905 年 7 月,为了挽救政治危局,清廷接受改良派的立宪要求,派遣官员出访日本和欧美等国,即五大臣出洋。五大臣兵分两路进行考察,一组是由载泽领衔,主要考察了日本、英、法和比利时等国,另一组由戴鸿慈和端方领衔,主要考察了美、德和奥地利等国。半年后,这两组官员先后回国并向清廷提交了一些所谓考察报告书。而在戴鸿慈和端方等人提交的考察报告中,有一些报告是由梁启超和杨度等人代笔起草的,对此陶菊隐这样写道:

> 我们匆忙到外国,不久又匆忙回来看,不易搜集材料。纵然搜集了材料,而各国国情不尽与我国相适合,不易整理就绪。依着希龄的见解,不如物色一个对宪政有深切研究的人物,叫他厘定方案,我们回国时即以之为蓝本,润色之而出奏。[13]

关于这次代笔,先是熊希龄到日本拜托杨度,杨度再拜托梁启超,主要由两人共同分担报告起草一事;国内有学者经过考证后指出:"梁启超在 1906 年 6、7 月间,为清廷派遣的出使各国考察政治大臣戴鸿慈与端方代拟了五篇奏稿,即《请定国是以安大计折》《请改定官制以为立宪预备折》《请定外交政策密折》《请设财政调查局折》与《请设立中央女学院折》。"[14]事实上,有贺在这些考察报告中也做过代笔,其本人回忆道:

> 明治三十八九年之顷,清国政府以考察宪政之故,派遣使节于欧洲……是时独未派遣使节于日本,人颇疑怪之。三十九年四五月之交,派赴英国之考察宪政大臣端方,遣从事某,如日本,授命于当时驻在东京之清国公使,曰我等此番赴英,与彼都学者及政治家讨论宪法,固已饫闻其大署矣。然所闻既多,莫衷一是,其于归国时,所应提出之报告书,殊觉不易编纂也。觅一日本学者代为起草。其内容非所择一,任起草者之

〔13〕陶菊隐:《六君子传》,上海:中华书局 1946 年版,第 15—16 页。
〔14〕夏晓虹:《梁启超代拟宪政折稿考》,《现代中国》第 11 辑,北京:北京大学出版社 2008 年版,第 28 页。

推敲可也。于是,清公使馆员,先商之高田博士,博士乃推余。余曰,端方之在英也,果何所闻乎,余乌得而知之,而以起草见委,不亦难乎。公使馆员曰,此不足虑,第以君所想象者记述之,可矣。唯地方官官制,须主张与清国国情最相适合之中央集权主义主义耳。余虽毅然应之,实觉不堪胜任,第因一时为好奇心所驱,遂竭二星期之力,为之起草。而旅居日本之清国留学生某等,穷日夜,以翻译之,书成,以授端方之使者,齐归。不意,此报告书恭呈于西太后,而中央集权主义之官制,竟由此颁布矣。[15]

如上所述,熊希龄受端方派遣赴日处理考察报告起草一事,熊通过驻日公使杨枢帮忙物色人选,杨请求时任早稻田大学校长高田早苗帮助,在高田的推荐下,有贺成为代笔人。须知,高田是有贺在东京大学的同班同学,也是其供职的早稻田大学校长,高田的委托对于有贺而言显然是带有半官方性质任务的色彩。

近年来,国内有学者经过考证后指出,有贺当年代笔起草的报告应该就是《欧美政治要义》一书:"《欧美政治要义》极有可能是由有贺起草的报告书编译而成,不排除戴鸿慈、端方等人乃至梁启超在译稿上有所润饰,如文字简练、流程程度不同,其中几处按语或'附记'也可能为他人所加。"[16]

三、讲授立宪改革课程

有贺与晚清中国的第三次生平交集,是为晚清政府第二次出洋考察团讲授立宪改革课程一事。1907 年 7 月,袁世凯奏请清廷建议派遣官员前往德国和日本等君主立宪国进行考察。同年 9 月,清廷任命于式枚、汪大燮和达寿分别担任德国、英国和日本的考察大臣。同年 11 月,达寿率团赴日开展调研。1908 年 3 月,清廷任命达寿为理藩部左侍郎令其回国,同时任命时任驻日公使李家驹继任达寿的考察大臣一职。1909 年,李结束本次考察回到国内,并提交了一些考察报告。

---

[15] 有贺长雄:《中国新法制与有贺长雄》,《言治》1913 年第 1 期,第 154—155 页。
[16] 孙宏云:《清末预备立宪中的外方因素:有贺长雄一脉》,《历史研究》2013 年第 5 期,第 102 页。

达寿和李家驹的考察团受到中日官方高层的重视。在日本方面,明治天皇指定伊藤博文安排接待,但伊藤当时担任韩国统监,又委托伊东已代治负责此事,并安排组织了一个讲师团,拟定了一个较长周期的授课计划,讲师包括穗积八束、有贺长雄、清水澄和太田峯三郎等人,授课内容包括日本宪法的历史、各国宪法之比较、议院法、司法、行政和财政等。

有贺不仅是上述讲师团的成员,还是宪法课程的主讲,该课程耗时最多、持续最久,内容最贴近考察团的预期目标和需求,甚至对后来的清廷预备立宪运动也产生了一定间接影响。有贺本人回忆道:

> 明治四十一年,教育部侍郎达寿,奉命以考察宪政大臣来聘我国,呈国书于天皇陛下,而请予宪法研究之便于桂首相与故伊藤公。于是,首相与伊藤公协商,由公委托子爵伊东已代治氏处理此事。而伊东子爵则嘱咐故穗积博士讲述帝国宪法,清水博士讲述行政法。余则每星期讲述各国比较宪法及日本之宪法实施手续二次。达寿氏,自四十一年二月至五月,听讲者约五个月。其年六月,驻日清国公使李家驹代之,其听讲,起十一月八日,终翌年七月九日。[17]

据考证,有贺的上述授课约从 1908 年 2 月开始,持续到了第二年 7 月,周期长达一年半之久,讲义内容题为《有贺长雄博士讲述宪政讲义》,收录在近代日本明治宪政史料的《伊东已代治关系文书》中,讲义共 6 册,每册 10 次课,总计 60 次课。授课第一次是 1908 年 2 月 4 日,最后一次是 1909 年 7 月 9 日,前 30 次面向达寿,主要是日本立宪史和各国宪法之比较等,后 30 次面向李家驹,主要是官制改革,中央和地方关系以及皇室制度等。[18]

---

〔17〕 有贺长雄:《中国新法制与有贺长雄》,《言治》1913 年第 1 期,第 156 页。
〔18〕 有贺长雄的授课讲义被译为中文分成《官制篇》和《宪法篇》两部分,前者由李景酥和曾彝进翻译,李家驹作序,刊于 1911 年,后者至今未被学界确认。《伊东已代治关系文书》一书藏于日本国会国立图书馆宪政资料室。

表 1-1　有贺长雄为达寿等清廷考察官员授课的基本情况[19]

阶段	起止次数	起止时间	主要内容
第一阶段	第 1 至 6 次	1908 年 2 月 4 日至 2 月 23 日	日本立宪前的国情、日本立宪前的准备、制宪的过程、宪法颁布和实施的情况等。
	第 7 至 30 次	1908 年 2 月 25 日至 5 月 31 日	欧洲立宪国家宪法体制之比较，日本立宪和欧洲国家立宪之区别等。
第二阶段	第 31 至 49 次	1908 年 11 月 8 日至 1909 年 3 月 28 日	官制改革，包含内阁、中央和地方的关系、地方自治制度、官员法规等。
	第 50 至 60 次	1909 年 4 月 11 日至 7 月 9 日	元首机关，包含枢密院、君主权力、皇室制度等。

关于有贺授课对清廷预备立宪的影响，有学者这样写道：

有贺长雄对清政府预备立宪的主要建议是建立责任内阁制。他所说的责任内阁制，并非议会政党政治下的责任内阁制，而是模仿日本的二元制君主立宪制。在这种制度下，立法、行政、司法三者的制衡关系被扭曲了，过分突出内阁的行政权，而无论是行政权、立法权还是司法权，最后都由天皇统揽，形成所谓的"大权政治"。从考政大臣奏折以及官制编纂草案来看，基本上采纳了有贺的主张。[20]

一般认为，在清廷第二次出洋考察结束后，明治日本的立宪改革模式基本上被清廷确定为自身改革的主要参照和预期目标；而达寿和李家驹等考察官员在其中也起到了一定作用，那么有贺对于考察团进行授课，在很大程度上也对清廷的改革实践产生了间接影响，上述所谓责任内阁的理论构想，实际上是有贺致力宪法学研

〔19〕熊達雲：《近代中国官民の日本視察》，東京：成文堂 1998 年版，第 163—164 页。
〔20〕孙宏云：《清末预备立宪中的外方因素——有贺长雄一脉》，《历史研究》2013 年第 5 期，第 115 页。

究以来一以贯之主张的理想政体,也是其后来担任北洋政府宪法顾问期间提出政体构想的原型。

总体上说,有贺堪称明治时代杰出的知识精英,虽然出身传统国学世家,但乐于拥抱新颖的西方知识,具备优异的教育背景;学术研究方面天赋秉异,在诸多领域有所建树,还涉足政界、军界和新闻界,有着丰富的社会实践经验积累,没有一心在象牙塔埋头做学问,而是充满参与社会实践的热情。正如有学者总结道:

> 有贺不是那些一根筋闷头做学问的"学究型"学者,而是一位"政治参与型"学者。他对现实政治怀有强烈的兴趣和热情,经常主动参与各种政治活动。这种个性特征的形成,与他的职场经历和人脉圈有很大的关系。[21]

表 1-2 有贺长雄生平大事年表

1860 年	1 岁	生于大阪市中央区高丽桥町。
1876 年	16 岁	考入东京开成学校。
1878 年	18 岁	转为东京大学文学部学生。
1882 年	22 岁	大学毕业取得文学士学位。
1883 年	23 岁	结婚。
1884 年	24 岁	调入元老院,同年大女儿诞生。
1886 年	26 岁	升为元老院书记官并前往欧洲深造,同年二女儿诞生。
1889 年	29 岁	调入枢密院担任书记官兼秘书官。
1891 年	31 岁	升为枢密院书记官兼议长秘书官,同年儿子诞生。
1893 年	33 岁	调入内阁担任书记官兼总理大臣秘书官。
1894 年	34 岁	担任随军法律顾问前往甲午战争中国战场调研。
1896 年	36 岁	全职担任早稻田大学法学教授。

---

〔21〕李廷江:《民国初期における日本人顾问——袁世凯と法律顾问有贺长雄》,《国际政治》1997 年第 115 号,第 183 页。

1898 年	38 岁	创办《外交时报》并担任主编,同年父亲去世。
1900 年	40 岁	被日本政府授予法学博士学位。
1904 年	44 岁	担任随军法律顾问前往日俄战争中国战场调研。
1906 年	46 岁	为清廷出洋考察团官员代笔起草考察报告。
1908 年	48 岁	为清廷出洋考察团官员讲授宪法改革课程。
1911 年	51 岁	被日本政府授予文学博士学位,同年转让《外交时报》。
1913 年	53 岁	接受北洋政府聘请来华担任宪法顾问。
1914 年	54 岁	母亲去世。
1915 年	55 岁	辞去早稻田大学教职。
1919 年	59 岁	卸任北洋政府宪法顾问。
1921 年	61 岁	在东京病逝,葬于青山陵园。

第二章　宪法理论其来有自

第一节　师承德国法学家石泰因

19 世纪德国法学家、社会学家和经济学家石泰因（Lorenz von Stein，1815 - 1890）是新历史主义学派的代表学者之一。[1] 在基尔大学求学时期，石泰因主要受到的学术影响有黑格尔的法律体制统一论，以及萨维尼的法律移植与制定需要挖掘自身历史传统等观点，博士论文题目是"丹麦民事诉讼的历史和现行程序：一种比较法的考察"，属于法制史领域；在柏林大学深造时期，他继续研究黑格尔的哲学思想，到巴黎游学时期，才开始对社会主义理论产生兴趣，撰写了《现代法国的社会主义和共产主义》等论文；在基尔大学任教时期，他研究社会学，并结合哲学和社会学建立了一套社会哲学理论体系，代表作是《1879 年以来的法国社会运动》；晚年在维也纳大学任教直至去世，主要研究宪法问题，基于此前的社会哲学理论，建立起了一套独立的宪法理论体系，含有统计学、人口学、国民经济学、宪法学和行政学等领域，代表作是《国家学体系第一册：统计学、人口学及国民经济理论之体

---

〔1〕学界关于石泰因的译名很多，譬如石泰因、施坦因、史坦因、斯坦因、须多因和斯丁等，本书译名石泰因取自旅日学者毛桂荣的相关论文。石泰因 1815 年出生在德国北部，早年丧父家境贫困，在政府资助下接受教育，1835 年进入基尔大学学习法学和哲学专业，1840 年毕业取得基尔大学法学博士学位，1841 年进入柏林大学深造，同年 10 月到巴黎游学期间开始研究社会学，1843 年返回基尔大学任教，讲授课程有法国法制史、德国国家学和法律哲学史等，1855 年前往奥地利的维也纳大学担任政治经济学教授，转向宪法问题研究，于 1890 年去世。

系》《国家学体系第二册：社会理论》《国民经济学》《行政权理论》和《财政学》等。

石泰因的学术领域涵盖社会学、国家学、行政学和财政学等，简要归纳其主要研究：一是对社会学理论的研究，主张将社会和国家区分开来，不认同暴力革命理论，主张以"社会改革君王"的方式进行社会改革，政治立场倾向于保守并拥护传统的君主制，认为君王可以并有必要发挥社会协调的功能，构建了一套基于所谓"社会国"思想的理论体系，被认为是近代德国社会学的创始人之一；二是对宪法理论的研究，将宪法理论建立在社会哲学的基础上，并融合社会学、经济学、行政学和财政学等专业知识，倡导所谓"国家有机体论"和"历史传统决定论"观点为基础的学说；三是对财政学的研究，认为国家的经济与财政是有机循环之关系，提出所谓"再生产自行消费的经济能力"和"税收再生产"等学说。

19 世纪下半叶，由胡果和萨维尼等人开创的历史主义法学派被实证主义法学派超越，在这一时代背景下石泰因的学术主张在当时的欧洲学界并未引起足够的重视，其本人中途转到奥地利的维也纳大学终老。不过 1921 年当魏玛共和国建立后，石泰因的《法国运动史》一书重新出版后引起德国学界关注，尤其在二战结束以后，其关于社会和国家问题的学术思想为越来越多的学者推崇并加以研究。目前中日学界关于石泰因思想的研究，主要是从明治时代日本的立宪改革这一视角出发，探讨石泰因与明治立宪之间的关系。[2]

由于石泰因在早前学术生涯中研究过外国法制史，对于日本国情较为了解，并与日本驻维也纳的外交官素有往来。有日本学者指出，至少有七位日籍外交官与石泰因有书信往来，有些是向他请教专业问题，有些则是帮助他收集日本国情信

---

〔2〕国内学界关于石泰因研究的主要成果有：赵立新的《德国冯·斯坦因的宪政思想与日本明治宪政》(载《20 世纪西方宪政的发展及其变革》，法律出版社 2005 年版)，毛桂荣的《石泰因在日本》(载《山西大学学报(社科版)》2012 年第 5 期)和徐国庆的《人格与自由：史坦因社会国思想之研究》(台湾国立中山大学 2010 年博士学位论文)等；日本学界的主要成果有：清水伸的《明治憲法制定史(上)：独墺における伊藤博文の憲法調査》(原書房1971 年版)，水田洋の《须多因先生——マルクスの先駆者で伊藤博文の顧問》(筑摩書房 1988 年版)，龍井一搏的《ドイツ国家学と明治国制——シュタイン国家学の軌跡》(ミネルヴァ書房 1999 年版)，森田勉的《ローレンツシュタイン研究——憲法·憲政論·国家·社会学·法哲学》(ミネルヴァ書房 2001 年版)，柴田隆行的《シュタインの社会と国家——ローレンツ·フォ·ンシュタインの思想形成過程》(御茶の水書房 2006 年版)等。

息。外交官河岛醇早年在德国留学深造期间拜师石泰因,回日本后任职外务省,又被派驻到维也纳的使馆,与石泰因关系密切,撮合了伊藤博文考察团对石泰因的拜访之行。[3]

19世纪70年代,日本兴起自由民权主义运动,国权派和民权派围绕制宪问题进行了激烈争论。1881年发生"明治十四年政变",国权派压倒民权派取得了胜利,以伊藤博文为首的萨长藩阀站稳了地位。1882年3月,伊藤博文率考察团赴欧洲进行调研,先后考察了德国、奥地利、法国、比利时、英国和俄罗斯等国,其中在德国和奥地利逗留最久。

在这两国考察期间,伊藤博文等人的主要活动是向两位德籍学者请教日本的宪法改革问题,一位是柏林大学的鲁多尔夫·冯·格奈斯特教授(Rudolf von Gneist),另一位则是维也纳大学的石泰因教授。

据研究,伊藤博文考察团与格奈斯特之间的交流并不顺畅,效果也不理想,主要原因是格奈斯特安排毛赛替他授课显得不够热情,并对日本立宪改革的前景表示怀疑;而且其和毛赛主要使用德语,而考察团中通晓德语的人很少。格奈斯特和毛赛的讲义笔记由青木周藏翻译,伊东已代治记录,主要包括普鲁士立宪政体制度的建立,宪法体制的特征以及普鲁士宪法的阐释等;主要观点是限制国会的权力,强化政府的行政权,反对责任内阁制,主张军权归君主等。[4]

另一方面,伊藤博文考察团与石泰因之间的交流远超前者。在河岛醇等人的引荐下,1882年8月8日,一行人抵达维也纳拜访石泰因。8月27日,伊藤博文即写信给山田显义,希望招聘石泰因担任日本改革国师。9月11日至11月5日,一行人在维也纳聆听石泰因授课,讲义笔记由伊东已代治整理为《斯丁氏讲义笔记》一书。[5]值得一提的是,自此日本兴起了一股"向石泰因学习"的热潮,大批位高

---

〔3〕龍井一搏:《ドイツ国家学と明治国制——シュタイン国家学の軌跡》,東京:ミネルヴァ書房1999年版,第120—128页。

〔4〕肖传国:《近代西方文化与日本明治宪法:从英法思想向普鲁士·德意志思想的演变》,北京:社会科学文献出版社2007年版,第118—121页。

〔5〕日本学者清水伸著《明治宪法制定史(上):独墺における伊藤博文の憲法調査》(原書房1971年版)一书收录有该讲义笔记全文。

权重的官员前往维也纳向石泰因请教宪法问题。[6]

表2-1　明治政府拜访过石泰因的人员名单[7]

序号	姓名	在近代日本担任过的职务
1	伊藤博文	元老、首相、枢密院议长、贵族院议长
2	西园寺公望	元老、首相
3	黑田清隆	元老、首相
4	山县有朋	元老、首相
5	松方正义	元老、首相
6	桂太郎	元老、首相
7	西园寺公望	元老、首相
8	井上馨	元老、外务大臣
9	大隈重信	首相
10	有栖川宫炽	皇族、元老院议长、陆军参谋本部总长
11	小松宫彰	皇族、元帅、征夷大将军
12	有栖川宫威	皇族、元帅、军事参议官、海军大将
13	藤波言忠	华族、宫中顾问官
14	河岛醇	维也纳驻日代表、众议院议员
15	陆奥宗光	外务大臣
16	森有礼	文部大臣
17	三好退藏	大审院院长
18	末松谦澄	交通大臣、内务大臣
19	山田显义	驻华大使、司法大臣
20	三岛通庸	警视厅总监、建筑局总裁

---

[6] 数以百计的明治政府官员向石泰因讨教过宪法问题，与其有过书信往来的也达数十人；石泰因去世后，许多日本官员在维也纳参加葬礼，丸山作乐等人在日本也举办追悼会，伊藤博文、山县有朋、伊东已代治和有贺长雄等均到场默哀。龍井一博：《ドイツ国家学と明治国制——シュタイン国家学の軌跡》，京都：ミネルヴァ書房1999年版，第110—115页。

[7] 该表格主要根据徐国庆的《人格与自由：史坦因社会国思想之研究》(台湾国立中山大学博士学位论文2010年)第203—208页文字内容整理。

序号	姓名	在近代日本担任过的职务
21	乃木希典	陆军大将、学习院院长
22	海江田信义	元老院议官、枢密院顾问官、贵族院议员
23	金子坚太郎	司法大臣
24	有贺长雄	元老院书记官、内阁秘书官

关于石泰因和明治宪法体制的关系,有学者对此写道:

> 伊藤通过德国宪政调查,强化了自己在德国模式主流路线的地位,同时通过"石泰因热"放大了他的威望和个人自信。随着石泰因国家学说、宪政思想、行政理论等的影响力的扩大,以伊藤为中介,众多政治家和官僚、文人等拜访石泰因形成热潮增加了伊藤的政治资本。在 1881 年以后日本开始立宪君主制的制度建设。其后,伊藤领导了明治宪法的起草和宪政制度的建设。同时更重要的是,伊藤在石泰因的国家学、行政学理论中学到了具体设计宪政制度的思想。这个思想不仅影响了伊藤的政治生涯,同时影响了日本的宪政建设。[8]

可以说,上述关系的契机主要是伊藤博文考察团之拜访;石泰因对明治宪法体制的影响,也主要是通过对伊藤为首的日本官员群体的影响造成。事实上,明治政府的立宪改革过程中在很大程度上,将石泰因的宪法理论奉为圭臬,甚至当作一种半官方性质的指导思想看待。

值得注意的是,石泰因本来就是君主主义论者,所谓"社会国"思想始终贯穿学术生涯,其将社会和国家分开研究的主张,是希望君主扮演纽带功能,试图以"社会改革君王"的方式解决经济发展导致的社会问题。换言之,石泰因对明治立宪的构想并不等同于德国施行的君主立宪政体,实际上是将其心目中的理想政体纳入明

---

〔8〕毛桂荣:《石泰因在日本》,《山西大学学报(社科版)》2012 年第 5 期,第 42 页。

治立宪改革,将日本视为其理论付诸实践的试验田。[9]

第二节　石泰因的授课讲义笔记

石泰因的早年学术生涯,主要是从事社会主义理论和法制史领域的研究,关于宪法研究的主要视角是社会学和历史学,著作有:《国家学体系第一册:统计学、人口学及国民经济理论之体系》《国家学体系第二册:社会理论》《国民经济学》、《行政权理论》以及《财政学》等。

学界目前保留的石泰因授课讲义笔记主要有四个版本,均是为明治政府考察团授课的讲义,其中有一个版本是由有贺主要记录和整理而成,即《须多因氏讲义笔记》一书。有贺宪法理论的主要学术渊源,可以说就是得益于石泰因的授课。

表2-2　石泰因授课讲义笔记现存版本

序号	讲义笔记的书名	记录整理者	出版年份
1	大博士斯丁氏講義筆記(純理釈話)	伊藤博文等	1884
2	シュタイン国家学ノート	陆奥宗光等	1890
3	憲法及び行政法要義：スタイン氏講義	河岛醇等	1889
4	须多因氏講義筆記	有贺长雄等	1889

1886年11月,有贺以元老院书记官的身份前往欧洲深造,先在德国的柏林大学学习政治哲学、欧洲文明史和心理学等;后转道法国巴黎大学学习社会学和心理学等。1887年春,时任元老院议官的海江田信义率领考察团到欧洲考察,先在法国和德国考察调研,后在伊藤博文的推荐下,来到维也纳大学拜访石泰因。

一行人的考察时间充裕,又没有其他特别的任务,石泰因特别准备了一个长周期的授课计划。7月26日课程开始,但不巧的是,负责翻译的曲木高配病倒,导致课程无法进展。于是身在巴黎的有贺临时受命奔赴维也纳,负责现场翻译并与丸山作乐一起记录笔记。

---

[9] 小林昭三:《明治憲法史論》,東京:成文堂1982年版,第206页。

同年 9 月,有贺抵达维也纳,9 月 26 日课程重新启动;到 1888 年 1 月 4 日课程才宣告结束。授课隔天 1 次,每次两小时左右,持续了大约半年。1888 年 6 月,有贺跟随考察团回到日本;在海江田信义的授权下,有贺和丸山作乐整理的讲义笔记于 1889 年 7 月 27 日刊行,供明治政府内部参阅。同年 9 月 26 日,海江田信义将该笔记版权赠与牧野书房,于同年 11 月 8 日公开发行,即《须多因氏讲义笔记》,不足一个月再版增印。

该书分两部分:第一部分共 16 回,是丸山作乐和曲木高配记录的讲义笔记,也即从 1887 年 7 月到 9 月的课程内容,主要包括了国家和国民、国家信仰、国家经济以及历史传统等;第二部分共 30 回,是有贺和丸山作乐记录的讲义笔记,也即从 1887 年 9 月到 1888 年 1 月的课程内容,主要包括了国家体制、国家运转、各国家机关的职能和关系以及互动答疑等内容。

可以说,石泰因的这次授课对有贺宪法理论的形成有着决定性意义,从此以后,他效仿石泰因的学术生涯轨迹,将自身研究方向转向了政府急迫需要的宪法学领域。回到日本后,他在早稻田大学兼职授课,相继开设了国家学和国法学课程,并将石泰因的授课笔记作为授课的主要参考,还撰写了《帝国宪法讲义》和《国家学》等著作。

考察有贺的宪法理论,不难发现其主要学术渊源便是石泰因的相关学说,有贺本人对此也坦然承认:"我的理论主要是参考先师石泰因博士之授课讲义与行政学等著作,并将其琢磨后应用在日本国情。"[10]他之所以能建成自身理论体系,石泰因学说是最主要的渊源,具体而言,主要体现为国家有机体论和历史传统论这两大学说。在探讨有贺宪法理论之前,有必要先将石泰因学说的主要观点做一简要介绍,以形成对照:

第一,关于明治立宪改革的构想。

高度认可日本的国体,即万世一系的天皇制度,主张维持天皇制,采取君主立宪政体,实行主权在君。而且,在君主立宪制和共和制这两大政体之间倾向于前者,认为前者比后者更有优势,制定宪法和制定皇室典范应同步进行,这两部法典

---

[10] 有贺长雄:《国法学(上)》,東京:信山社 2009 年版,第 290 页。

均是确立明治宪法体制的基石。

对国家机构整合的构想,将元老院一拆为二并入贵族院和参事院。主张元老院的议官可变为贵族院议员,而另一些人则加入新的参事院作为国务咨询机关,又如主张内阁可按民政和军事分别成立民事内阁和兵事内阁,与所谓禁庭、宫内等机关一起构成国家元首这一机关。

强调历史传统的重要性。主张要重视历史的研究和教育,不能因为学习西方文明而忽略了本国的历史传统,认为历史教育可以振奋国民精神,增强国民自信,历史研究则可以对立宪主义改革提供帮助,需要探寻适合日本的政体模式,急需培养一批研究日本法制演变及特征的历史主义法学家。他认为日本人是东亚文明开化的排头兵,这次改革成功之后日本将变为东半球的盟主,朝鲜和中国等会将日本看作是新兴文明的中心地等。[11] 当前世界正在迈入太平洋的航海时代,日本和中国是西方列强试图征服的目标,日本应抓住时机通过立宪改革走向富国强兵,而政府的第一职责,是带领国民朝着国家主义的方向发展等。[12]

第二,关于立宪国政治体制的构成。

主张所谓国家有机体论,认为国家是一个有机生命体,构造跟人体一样,由自吾、意志和动作这三大要素构成。人的活动是在三大要素的互相作用下实现的,国家的活动也是在这三大要素的作用下运作。不过这三大要素是一种抽象哲学上的存在,无法具体辨识;对于人体而言不是指某一个或某几个看得见的器官承载这些要素,但是对于国家而言是可以做到具体辨识的,主要由三大机关承载这些要素,即:国家元首承载自吾,立法机关承载意志,行政机关承载运作。因此,国家的活动是通过国家元首、立法机关和行政机关的互相作用下而运作。

这三大国家机关各自也有有机生命体构造,除承载上述三大要素之外,还拥有各自不同的职能。例如在立法方面,行政机关对应"发议",立法机关对应"决议",国家元首对应"裁可"等,它们互相配合、互不侵犯,服从于国家利益这一目标,而国家利益的本质是全体国民实现人格发展和生活的福祉。

---

〔11〕スタイン:《须多因氏講義筆記》,有贺长雄等译,東京:信山社 2006 年版,第 513 页。
〔12〕同上书,第 482 页。

石泰因认为宪法体制的确立除了宪法典之外还需其他配套措施。以社会进化论为基础,认为国家和社会一样也在不断进化中,分为三大阶段:第一阶段,国家意志集中于元首一人,是古代独裁国家;第二阶段,代政者出现,行政机关从元首之中分离出来,承载元首的部分功能,是中世纪封建国家;第三阶段,立法机关从元首之中分离出来,并通过宪法典规定立法机关的职权等,是近代立宪国家。因此仅仅颁布宪法典是不够的,要等到确立起一整套的政治体制,才称得上是迈入近代立宪国家之行列。

可见,石泰因认为宪法典和宪法体制不是等同的概念。所谓宪法可分为形式和实质这两种,宪法典是一部法典,是形式上的宪法,是明文规定立法机关享有的权利及编制等;而实质上的宪法有更多内涵,不仅是宪法典本身,还包括文官制度、军事制度、皇室制度、行政制度和财税制度等内容,甚至包括君主制度的皇室典范等,是一套有机的政治体制。[13]

石泰因主张设立国教,强调意识形态的重要性,认为国家是有精神的,为了更好地实现立宪国这一目标,必须重视精神建设,确立官方的意识形态;认为一国精神与自身历史传统、风土民情和宗教文化等紧密相连,在漫长历史中养成,是维持社会稳定和民心所向的因素。而设立国教之目的则在于引导和规范国家精神。由此,国民在精神上更容易齐心协力和整齐划一,有利于改善国家的精神面貌等。

第三,关于立宪国主要机关的职能及关系。

首先,国家元首的内涵及职责。国家元首是最早诞生、也是最重要的国家机关,行政机关和立法机关从中分离出来,即使进化到了立宪国阶段,元首仍然有必要存在,但世界各个立宪国关于元首的称呼和产生方式大有不同,例如有王、帝和大总统等称呼,还有血统继承、武力征服或国民选举等方式。石泰因认为一国元首的产生方式如果发生根本性变化,即意味政体发生变更,可视作一种革命。革命又可分为两类:一是政治革命,二是社会革命,前者只波及到元首制度,后者则波及到社会制度,即固有的社会等级制度被打破,社会结构发生了剧烈变动等。

石泰因认为,立宪国之所以比封建国更高一级,除了表现为拥有立法机关之

---

〔13〕スタイン:《须多因氏讲义笔记》,有贺长雄等译,东京:信山社2006年版,第164页。

外,还表现为元首职责与地位的变动。例如在宪法典颁布前,元首权力完全没有限制和制约,但在宪法典颁布后则必须依据宪法典行使职责,不能随意更改或违背规定,而且必须与立法机关、行政机关分工配合等。

而且,元首作为一个国家机关,本身也是有机体构造,除了元首本人以外,还有其他部分构成。例如日本的禁庭、内阁和宫内等;换言之,元首本人加上禁庭、内阁和宫内等机构,才共同构成了元首机关。在这里,他以国家有机体论为基础,将元首看作一个有机体构造,可见元首机关说的初始形态。

另一方面,在元首职责方面,石泰因主张元首无责任,如果施政出现失策,承担责任的是负责施政的国务员,而不是元首本人;此外主张元首拥有独立的外交权和军事权,拥有独立的荣誉授予权,拥有立法权,拥有行政权,还主张元首律的重要性,即有必要拟定帝室律或皇室典范等。

在元首有机体中,各构成部分也是分工合作的,元首本人负责元首和国家的关系,禁庭负责元首和社会的关系,内阁负责元首和政府的关系,宫内则负责元首机关内部事务,彼此独立,互相配合,使元首这一有机体运作,共同承载自吾这一要素。

其次,行政机关的内涵及职责。行政机关也是有机体构造,按事务性质大致可分为外务、军务、财务、司法和内务这五大类别,分别对应外务省、军务省、财务省、司法省和内务省。其中,内务省还可进一步细分为文部省、交通省、商务省和农务省等部门。

具体而言,外务是为了保持国家尊荣,军务是为了保持国家强大,财务是为了保持国家富裕,司法是为了谋求国民个人安全,内务是为了谋求国民福祉。外务省、军务省和财务省与全体国民的利益直接相关,而司法省和内务省则与个别国民的利益直接相关。而且,各省均自成体系独立运作,省下设局、局下设司、司下设课,所辖官员依据岗位职务不同,拥有的职权与承担的责任均有所不同等。

行政机关主要的职能是发布行政命令和开展行政活动。前者意味着行政机关拥有发布命令的权力,命令与法律不同,体现的是行政机关的意志,作为法律实施的细化或补充。后者意味行政机关拥有执行权,执行法律、政策及命令的权力等。

行政机关也须承担相应责任,接受立法机关与全体国民的监察。而行政机关承担的责任又可分为政治责任和宪法责任这两大类：前者也叫法律责任，主要针对国家大政方针的施政责任，对应立法上"发议"这一职能；后者也叫行政责任，主要针对行政命令的发布及执行责任，对应发布行政命令这一职能。而问责方式分别通过元首、立法机关和行政法院来实现等。

元首可以通过颁布谕旨的方式罢免相关人员。立法机关可以通过投不信任票和弹劾等方式进行问责，行政法院可以通过行政裁判的方式惩罚违法行为。石泰因认为司法属于一种特殊的行政法，司法权基于私权，体现国民之前的关系，地位平等，而行政权基于公权，体现国民和国家的关系，地位不平等；所以行政裁判属于行政权的范畴，主张行政裁判独立于普通裁判的"二元制"诉讼体制。

最后，立法机关的内涵及职责。立法机关的有机体构造，主要由上下两院组成。上院叫贵族院，代表国家整体利益，基于"人人不平等"的社会事实，主要议员是贵族、富商和高官等人，代表上流社会的意志；下院叫众议院，代表多数党的利益，是部分国民的私人利益，基于"人人平等"的社会理论，主要议员是普通民众，但施行代议制民主制度，反对直接选举或普选，对众议院议员的任职条件须有所限定，仅代表平民社会的意志。对于上下两院，石泰因这样写道：

> 上院是秩序之母，下院是进步之源。平等是私权之原理，不平等是公权之原理，私权来源于人人平等之理论，而公权则基于人人不平等之事实。[14]

石泰因认为，上述"人人不平等"之社会事实与"人人平等"之社会理论是诞生政党派系的源头。如果侧重追求人人享有平等之权利，则属进步党；如果侧重于追求维持人人不平等之社会事实，则属于保守党。保守党还可以细化为正面和反面两类，前者主张社会阶级必须保持适度的流动性，即拥有所谓社会之自由；后者不希望社会流动性，维持既有制度。可见石泰因是站在正面保守党立场上，总体上保

---

〔14〕スタイン：《须多因氏讲义笔记》，有贺长雄等译，东京：信山社 2006 年版，第 200、210 页。

守主义的宪法观。[15]

而且,他对政党政治持反对态度,不希望出现国会或政党操纵政治的局面,强调行政和立法机关的独立地位,在互不侵犯下互相配合;也不主张采取美国式共和制政体,不希望普通民众操纵国家政治,担心国家利益被私人利益裹挟,而多数民众利益不等同于国家利益等。

此外在立法机关职责方面,主要是立法上的决议和对行政机关的监察这两大类。立法机关对应的是法律,法律体现立法机关的意志,实际上是多数党意志。关于法律和命令的关系,石泰因认为法律是命令的基础和依据,如果行政机关随意发布违反法律的命令,要受立法机关的问责;但法律不可避免地存在不足或滞后,需要负责执行的行政机关补充或修改,法律是命令的基础,命令是法律的必要补充,两者是相辅相成的关系等。

---

〔15〕スタイン:《须多因氏講義筆記》,有贺长雄等译,东京:信山社 2006 年版,第 209 页。

第三章 宪法体系的构建与内容

第一节 宪法学系列著作

一般而言,近代日本的宪法学大致可分为三个时期:

首先是诞生期,即明治宪法典颁布初期,涌现了一批为法典做注解的著作,日本宪法学也应运而生,不过还未出现系统的理论体系。

其次是形成期,约从 19 世纪末到 20 世纪初,以有贺长雄、穗积八束和一木喜德郎等为代表的学者在宪法学领域内著书论说,提出了许多相对完整的理论学说,宪法学从起初的解释学进入理论研究阶段。

最后是发展期,约从 20 世纪初到二战结束,以"天皇机关说"和"天皇主权说"两大阵营的论争为主要标志,宪法学的知识结构更加科学,研究方法更为丰富,理论体系趋于完善。[1]

前文已述,有贺生平涉猎领域很多,在社会学、历史学、宪法学、国际法学、外交史学、教育学、文学、哲学和美术史等方面均有相关著作出版,是横跨多学科的高产学者,学术建树主要如下:

在社会学领域,出版《社会进化论》、《宗教进化论》与《族制进化论》等,是近代日本第一次以西方进化论为基础的系列著作,被认为是日本社会学理论的先驱者。

---

[1] 鈴木安藏:《日本憲法学史研究》,東京:劲草書房 1975 年版,第 1—3 页。

在宪法学领域,出版系列著作并构建起一套别具风格的理论体系,是石泰因宪法理论在日本学界最主要的传承者。

在国际公法领域,常年在军事院校讲授国际法课程,并撰文为日本发动的侵略战争辩护,由此获得明治政府授予的法学博士学位。

在外交史学领域,创办《外交时报》这份刊物并担任主编,撰写国际时事评论并率先开设了外交史课程,被誉为日本外交史学之父。

另外,有贺还撰写或编译出版了诸如《文学论》、《教育适用心理学》、《日本法制史》和《东亚美术史纲》等著作。值得一提的是,这些著作被译成中文导入中国学界的就有八部,分别是:

《战时国际公法》(严献章译,东京清国留学生会馆 1908 年版)

《族制进化论》(广智书局译)

《外事警察》(李锦沅译,武昌荆门学社 1907 年版)

《人群进化论》(麦鼎华译,上海申报馆 1903 年版)

《国家学》(许直译,东京湖南译编社 1911 年版)

《社会进化论》(闽学会译 1904 年版)

《近时外交史》(闽学会译)

《最近时政治史》(闽学会译)

其中,以国民外交和社会进化论思想的学术影响最大,可想而知近代中国学界对有贺这位日本学者不会太陌生。

表 3－1　有贺长雄出版的主要著作

出版年份	著 作 名 称
1883 年	《社会进化论》;《宗教进化论》
1884 年	《族制进化论》
1885 年	《近世哲学》(译著);《如氏教育论》(译著);《文学论》;《教育适用心理学》
1887 年	《增补社会进化论》
1888 年	《日本现在国家哲论》

出版年份	著 作 名 称
1889 年	《须多因氏讲义笔记》(译著);《国家学》;《帝国宪法篇》
1890 年	《大臣责任论》;《行政学(上,内务编)》
1893 年	《日本古代法释义》
1894 年	《万国战时公法》;《赤十字条约编》;《帝国史略》
1895 年	《行政学讲义》
1896 年	《日清战役国际法论》
1898 年	《近时外交史》
1901 年	《国法学(上下册)》
1904 年	《文明战争法规》;《日本法制史》;《战时国际公法》
1905 年	《满洲委任统治论》
1906 年	《保护国论》
1907 年	《大日本历史》
1908 年	《中等法制教科书》
1910 年	《最近三十年外交史》
1911 年	《日露陆战国际法论》
1913 年	《观弈闲评》
1915 年	《帝室制度稿本》
1918 年	《支那正观》
1921 年	《东亚美术史纲》(译著)

纵观有贺生平著作可知,尽管其涉足了许多研究领域,但总体而言用功最多、投入最大的还是宪法学领域。自欧洲深造期间师承石泰因宪法理论后,他就将自身的研究方向转为宪法学,在整理石泰因授课讲义笔记之后,还出版了《国家学》和《帝国宪法讲义》这两部著作,之后仍在这一领域持续耕耘,又先后出版了诸如《日本古代法释义》、《行政学讲义》和《国法学》等书,可以说这些著作的出版也逐步构建起了一套自成体系的宪法理论。

第一，《国家学》（牧野书房 1889 年版）。该书初版于 1889 年 1 月，并于同年 4 月修订再版。有贺在序中写道：

> 我每次看到明治宪法的文本，都十分欣慰，因为我的国家学理论和明治宪法非常吻合；人们大概觉得我的国家学理论没有什么错误，纷纷购买我这本书，现在要修订一下发行第二版了。我会另外写一本宪法解释的书，对明治宪法逐条展开解释，作为这本书的姊妹篇出版发行，其中包含的法学理论是一样的。国家学的理论博大精深，这本书只是粗略地概括，没有具体展开，而作为国家学主体的行政学部分，我将另外写一本书专门阐述。[2]

如所周知，现代宪法学这门学问在 19 世纪的德国，一般被称为国家学或国法学，明治日本沿用了这一名称。简单划分，前者在涵盖范围上更广，包括国家的建立、起源、发展和制度等，还涉及到政治学和经济学和行政学等领域；后者从前者独立而成，是针对国家现象的研究，用法学方法考察国家的性质、结构和权力分配等，大致相当于宪法学和行政法学。

国家学这门学科兴起于 19 世纪的德国学界，在大陆法系国家流行，对应的是英美法系国家的政治学这门学科，代表学者有：耶利内克（Georg Jellinek）、赫尔曼·黑勒（Hermann Heller）和汉斯·凯尔森（Hans Kelsen）等。

另外，国家学还可细分为一般国家学和特殊国家学两大门类。前者是对国家普遍性理论的研究，后者是对特定某一国家的理论研究。这里的国家专指立宪国，即已经建立宪法体制的国家。

有贺上述《国家学》著作偏重于一般国家学的理论研究。该书主要吸收的是德国国家学理论的成果，主要参考的是石泰因、伯伦知理和格奈斯特的观点。而该书的原型，即石泰因当年授课的讲义笔记。[3]

---

[2] 有贺长雄：《国法学（上）》，東京：信山社 2009 年版，序第 2 页。
[3] 同上书，第 290 页。

从内容上看,该书的构成分为国家全体篇、立法篇、元首篇和行政篇,主要阐述立宪国的构成要素,即国家元首、行政机关和立法机关的职责和关系。该书的篇章目录整理如下:

表 3-2　有贺长雄著《国家学》篇章目录

序号	国家全体篇	立法篇	元首篇	行政篇
第 1 章	国家的外观	立法机关之本质	元首之本质	行政机关之本质
第 2 章	国家的本质	近代代表制度之发展	元首无责任	官职
第 3 章	国家的起源	公民的选举权	格式大权	官制
第 4 章	国家和社会	间接选举法	荣典大权	行政机关的编制
第 5 章	宪法和立宪国家之编制	被选举权的限制	兵马大权	省的系统
第 6 章	立法、元首和行政之关系	众议院和贵族院	外交大权	厅的系统
第 7 章		贵族院的编制	宫内的编制和君位	行政机关的权力
第 8 章		立法机关的立法权	皇室顾问、国务顾问	命令权
第 9 章		立法机关的财政权		告知权
第 10 章		立法机关的监督权		强制权
第 11 章		立法机关和元首		行政机关的责任
第 12 章		立法机关和行政机关		省的责任
第 13 章				国务诉讼
第 14 章				厅的责任

第二，《帝国宪法讲义》(明治法律学校讲法会 1889 年版)。该书专门为明治宪法作法理注解，主要是阐释明治宪法典的条文。在明治宪法典颁布之初，日本学界涌现出了许多宪法注解类著作，譬如合川正道的《宪法要义》、市岛谦吉的《政治原论》、土屋弥十郎的《傍训通俗大日本帝国宪法注解》、今村长善的《帝国宪法解》、矶部四郎的《大日本帝国宪法注释》和竹村钦次郎的《帝国宪法正义》等，其中最权威的著作是伊藤博文的《宪法义解》，在性质上属于宪法典起草者的宪法解释书。

在《宪法义解》一书出版后，有贺迅速推出了自己的《帝国宪法讲义》，主要视角是依托《宪法义解》的观点，实际上是对《宪法义解》的再阐释。该书内容分成两部分：第一部分是解释方法，包括宪法制定者的意图、国家公法的历史、一般国法学的理论和立宪法治的范例，第二部分是对宪法正文的逐条解释。

第三，《日本古代法释义》(东京博文馆 1893 年版)。该书初版于 1893 年，再版于 1908 年，有贺在序言中写道：

> 古代法律制度是日本宝贵的遗产，后世应该珍惜。古代法典和历史的关系密切，体现了时代的变迁，需要认真研究。例如，大宝律令影响了日本五百余年，研究日本古代史离不开对大宝律令的研究。但古代的法典表述比较特殊，后世不易读懂，所以我们研究者要用通俗易懂的语言来阐述这些法典的意思以及法律制度的演变规律。[4]

该书体现了有贺宪法理论的最大特征是重视本国法制的历史传统，希望通过探讨一国法制的历史演变，为当下探寻最合适的国法精神和政体模式。该书共 43 章，从"圣德太子之宪法十七条"一直写到"德川幕府之法律制度"，内容包括有：宪法十七条、大宝令、大宝律、贞永式目、建武式目、德川幕府之武家诸法度、德川幕府之公家诸法度和家康百条等，篇章目录整理如下：

---

〔4〕有賀長雄：《贈訂日本古代法釈釈義》，東京：信山社 2010 年版，序第 1 页。

表3-3　有贺长雄著《日本古代法释义》篇章目录

序号	法典名称	主要内容	章节位置
1	宪法十七条	圣德太子的宪法十七条	第1章
2	大宝令	二官八省一台 地方官厅和军事制度 位阶官职和门阀主义 诏敕和公文书式 祭祀即位和践作 朝议和宫卫 人民和土地 财政和兵役 僧尼和寺院 驿传道路津济和阀门 市贸易度量衡和年历 天产物取得，阙遗财畜，水利和警察 大宝令中的私法 诉讼和断狱	第2章至16章
3	大宝律	五刑、八虐、六议和名例律 卫禁律 职制律 户婚律 贼盗律 厩盗律 擅兴律 斗讼律 诈伪律 杂律 捕亡律 断狱律	第17至29章
4	贞永式目	贞永式目各条文 贞永式目新编追加条文 回船式目	第30至33章
5	建武式目	建武式目	第34至36章
6	公武诸法度	公家诸法度 武家诸法度 僧家诸法度	第40至41章
7	家康百条	家康百条	第42章

第四，《行政学讲义》（明治法律学校讲法会1895年版）。关于该书写作缘由，有贺在序言中写道："国家学的理论博大精深，这本书只是粗略地概括，没有具体展开，而作为国家学主体的行政学部分，我将另外写一本书专门阐述。"[5]换言之，该书是《国家学》一书有关行政权力内容的扩充。

该书共有18个部分：一般行政学、内务行政、民众警察、卫生事务、教育事务、经济行政、狩猎行政、山林行政、矿业行政、农事行政、工业行政、劳动行政、手工行政、制造行政、智工行政、工业教育、经济组合行政以及商务行政。从写作时间上看，该书写于1892年10月至1894年11月之间，耗时两年之久，厚达一千多页，被称为"日本行政学的榜样之作"。[6]

1894年11月，有贺受命担任随军法律顾问前往中国战场调研，匆忙收尾将书稿付梓。应该说，有贺试图构建的是一个以行政权力占据绝对主导地位的宪法体制，因此关于行政机关的地位和作用，是其宪法理论最重要的内容。

第五，《国法学》（早稻田大学出版会，上册1901年版，下册1902年版）。前述国法学这门学科是从国家学中分立并独立而成，主要用法学理论考察国家的性质、组织结构和权力分配等内容；与国家学有所区别的是，研究只限法学的方法和角度，专注于探讨国家的根本法制，大致对应后来统称的宪法学和行政法学。

与国家学类似，国法学这门学科也可细分为一般国法学和特殊国法学两大类，前者相当于比较宪法学或宪法学总论，后者则是针对某国国法之研究。

有贺上述《国法学》偏重后者，是针对日本国法的研究，最大特征是从日本法制史传统中探讨所谓国法精神，有历史主义法学派的学说特征，有学者评价道：

> 这本书的第一个特色是，第一编是日本国法的沿革，是对日本法律史的考察；第二个特色是，考查了明治日本几乎所有的国家机关，包括宪法上出现的和未出现的，都作了阐述与分析。而且，第一个特色还被后来的

---

[5] 有贺长雄：《国家学》，東京：信山社2009年版，序第2页。
[6] 有贺长雄：《行政学講義》，東京：信山社2008年版，序第1页。

美浓部达吉等人所继承。[7]

　　该书认为,欧洲现有许多立宪国是由中世纪封建时代的所谓家督国转变而来,
中途受到英国光荣革命和法国大革命的影响很深;而日本法制与这些欧洲立宪国
的历史传统有很大区别,虽然或多或少也受到近代西方启蒙运动的影响,但毕竟影
响的程度没有那么大,主要还是依据自身国法发展的自然演进,这一演进过程具有
自身的规律和特征,此即维系日本国家社会秩序之根本。

　　该书共有 10 编,分别是:第 1 编日本国法的历史、第 2 编天皇、第 3 编政府、第
4 编帝国议会、第 5 编官厅、第 6 编官吏、第 7 编自治体、第 8 编法律和命令、第 9 编
行政以及第 10 编行政监督。该书从历史传统中探寻日本所谓国法的演变规律,阐
述了日本建设立宪国的来龙去脉,并探讨了明治宪法体制构成部分的职责以及相
互关系等。可以说,该书是有贺宪法理论体系的集大成,标志着其理论体系的最终
确立,在近代日本的宪法学说史上也占有一定地位,被认为是最早刊行自成体系的
宪法学文献。[8]

　　以上 5 本著作,是有贺建立理论体系过程最重要的代表作,除此以外还出版的
相关著作包括有:《国家哲论》(1888 年)、《大臣责任论》(1890 年)、《帝室制度稿
本》(1915 年)和《观弈闲评》(1913 年)等,譬如《帝室制度稿本》(1915 年)一书,是
其研究日本皇室制度的成果,皇室制度在其宪法理论体系中也是国法学研究的重
要课题,又如《观弈闲评》(1913 年)一书,是其在华任职北洋政府宪法顾问期间,就
民初中国宪法体制问题集中发表看法的观点汇总。

　　虽然作为近代日本法学家的有贺,在当时国际上更为人知晓的身份恐怕还是
国际公法学者,但不可否认宪法学是其发力最多的领域,这两大领域本身也有融通
之处,有贺在《国法学》一书序言中写道:

　　此前我一直在研究国家内部的编制和构成;甲午战争后由于担任国

─────────────

[7] 鈴木安藏:《日本憲法学史研究》,東京:劲草書房 1975 年版,第 136 頁。
[8] 同上书,第 134 頁。

际法顾问的契机研究了一段时间国际公法。这并没有偏离我一直以来的研究方向；只不过一个是在国家内部，另一个是在国家外部，其实国法学和国际法是互为表里的关系。[9]

有贺从原先的社会学和历史学转为宪法学研究，这一转变及其灵感，应该是受到学术导师石泰因发展轨迹的影响。不仅如此，其宪法理论体系的构建基础及其主要内容，也主要是站在石泰因相关学说的基础上，可以说他践行了石泰因的教导，致力于研究日本法制传统的历史演变，寻找所谓国法之精神，为阐释明治宪法体制之合法性提供学理支撑，并最终建起了别具风格的一套体系。

第二节　宪法体系的支柱

一、社会学的国家有机体论

根据前述石泰因的学说特征可知，概括有贺的理论体系，其中有两大支柱学说，分别是国家有机体论和历史传统论，这些学说其实均源自石泰因。国家有机体论学说，发端于19世纪德国的宪法学思想，而将国家看作生命有机体的观点，学界认为最早可追溯到古希腊，始终存在于古代西方政治学理论中。

19世纪在德国兴盛起来并成为主流学说之一，包括许多类型的国家有机体论，诸如国家心理有机体论、国家生物有机体论和国家社会有机体论等。石泰因的国家有机体论，侧重于国家社会有机体论，认为国家和社会一样可以进化，国家各部自身也是有机体构造等。而有贺理论体系这一支撑学说的内涵大体如下：

第一，国家的构成。将国家比喻为人，视为可以独立朝自身目标运作的有机生命体。这一有机体是由许多部分有机组成，这些部分彼此独立，本身也是有机体构造；国家有机体拥有不同职能，并互相配合，共同服务于国家目标，有贺称之为"有

---

〔9〕有贺长雄：《国法学（上）》，东京：信山社2009年版，序第1页。

形实体和无形精神之结合"。[10]

国家构成要素有人口、领土、团体和人性等。首先是人口和领土,一国拥有一定数量人口和一定面积领土,人口和领土是基本构成要素。其次是团体,国家也可以看作一个大团体包含许多小团体,团体是由具有相似利益诉求的人组成,政党便是一种政治团体。最后是所谓人性,即上述无形之精神。国家之所以被视为人,重要原因是拥有人性,和人一样拥有智慧和经验,并能利用智慧和经验达成目标。市町村和公司等法人也拥有人性,这是有贺阐释的法人概念。

第二,国家的本质。国家的存在是有目标的,会天然地追求自身目标,一国目标即谋求全体国民福祉。国家追求目标的过程,即带领全体国民谋求福祉的过程,强调的是国家对国民的带领性。国家在带领过程中需维持秩序,以保证国民的安全和健康等。

第三,国家的行为。国家行为是国家为追求自身目标的活动。原则上国家行为和人的行为差不多。人的行为主要通过内在机制发动,由意志、自吾和行为三要素构成;所以国家行为也是通过国家的内在机制发动,而国家的内在机制叫国家体制,也由意志、自吾和行为构成,与人的内在机制不同的是,这三要素在国家体制内有对应机关或承载机关,立法机关对应"意志",国家元首对应"自吾",行政机关对应"行为"等。

而行政机关对应或承载的"行为",直接表现为国家行为,这是清晰可见的,"意志"和"自吾"均是直接作用于行为,无法看见。国家的构成要素和国家体制机关是不同的概念,前者是针对国家有机体构造而言,后者是支撑国家宪法体制的机关等。

第四,国家和社会。社会进化论可以诠释国家起源问题,即社会是国家的基础,社会学是宪法学的基础。[11] 国家起源于社会,是社会进化到一定阶段的产物;国家从社会分离后,经历了所谓血族国家、等族国家和公民国家从低级到高级的进化时代。国家和社会的关系随之经历了三个阶段,分别是从血族国家时代的完全重合,到等族国家时代的半重合、半分离,再到公民国家时代的完全分离。

---

〔10〕有贺長雄:《国家学》,東京:信山社 2009 年版,第 4 页。
〔11〕同上书,第 17—25 页。

换言之,社会和国家伴随历史的演进均处于进化中,而国家的进化,可视为国家体制从社会结构中逐渐脱离的过程。可见有贺的国家有机体论,本质上是近代西方社会进化论,在某种意义上是根植于早年研究社会学的理论积累。

二、法制史的历史传统论

有贺从法制史角度出发,对明治宪法体制进行解构和阐释,提出一国的立宪改革须首先根据自身历史传统之演变这一主张,即历史传统论。他从特殊意义的国法学切入,即以日本作为直接研究对象,探讨国法历史演变的规律和特征,然后推广认为这一理论也适用于一般意义的国法学。

不过,他强调每个国家的历史传统都不一样,自身的国法演变带有各自的规律和特征;所以一国需建立最适合本国国情的宪法体制,而非一味模仿其他立宪国的现成模式,该观点带有近代历史主义法学派的学说特征,内涵简要如下:

第一,日本国法的演变。有贺认为,国家和社会一样也处于进化过程中。根据进化程度不同,历史演变可划分为三大阶段时代:血族国家时代、等族国家时代和公民国家时代,在日本史上分别对应不同朝代,拥有各自特征。

首先是血族国家时代。所谓血族,是指以血缘关系为纽带的氏族部落。古代日本有许多氏族,包括皇族、贵族氏族、军人氏族和部落民氏族等。血缘是每个人识别自己身份及所属氏族的重要依据,是氏族部落的纽带,也是个人社会或国家地位的标准。皇族则被认为是开国者天照大神之后代,是地位最高的氏族,拥有对其他氏族的统治权。这一时代对应日本的绳纹、弥生和古坟时代。当时国家观念还未成型,社会结构和国家体制不仅没有分离,而且几乎融为一体等。

其次是等族国家时代。所谓等族即等级,是指个人的社会阶级属性。这一时代最重要的标志,是实行严格的身份等级制度,起点是大化改新,终点是明治维新。日本以大化改新为契机,建立了律令制国家,从血族国家时代进入等族国家时代,大化改新使日本氏族臣民变成了国家臣民,使日本土地变成了国家领土。[12] 社会和国家在这一时代分离,国家观念逐渐完善,拥有不同身份的人,以身份等级制度

---

[12] 有贺长雄:《国家学》,東京:信山社 2009 年版,第 42 页。

为依据,社会或国家地位也不一样等。

最后是公民国家时代。所谓公民,是指对公共事务享有权利的人。公民国家是指废除了身份等级制度的国家,国民均有权参与公共事务活动。1868 年天皇颁布《五条誓文》,标志着身份等级制度废止,国家体制发生巨变,并与社会结构完全脱离,正式从等族国家时代进入公民国家时代。

由上可知,所谓国法之演变,在血族国家时代,是社会结构和国家体制之完全重合,国家目的是维持氏族部落的秩序;在等族国家时代,是国家体制以身份等级制度为基础,社会结构和国家体制处于半重合、半分离之状态,国家目的是维持统治阶级的政权;在公民国家时代,是身份等级制的废止,国家体制和社会结构完全分离,国家目的是追寻全体国民福祉,也即谋求所谓国民之发达等。[13]

第二,日本国法的特征。有贺主要探讨了主权和支配权之间的关系,认为主权和支配权共同构成统治权这一概念,即统治权由主权和支配权构成。[14] 这里的支配权,泛指一般意义上的国家权力,例如立法权、行政权、外交权、司法权和军事权等。

首先是主权。万世一系的天皇,从建国起到现在始终是主权拥有者,这是日本国法最重要的特征,不论国家处于什么样的进化阶段,血族国家、等族国家还是公民国家,国家主权均归属天皇,这既是规律也是特征,有贺这样写道:

> 日本由天照大神创建,皇族是天照大神后代,天皇作为皇族族长是国家主权的拥有者,这是天经地义的权利,不论国体发生什么历史演变,建国根基绝不动摇。[15]

其次是支配权。支配权和主权的关系在历史上分分合合,并且分多合少。二者分离,意味天皇只拥有主权,丧失支配权或实质上的支配权;两者合并,则意味天皇既拥有主权,也拥有实质上的支配权,即完整的统治权。

---

[13] 有贺长雄:《国法学(上)》,东京:信山社 2009 年版,第 150 页。
[14] 同上书,第 203 页。
[15] 同上书,第 1—5 页。

血族国家时代，天皇完全拥有支配权，主要包括神事大权、兵马大权、外交大权和族制大权等。等族国家时代，天皇支配权在一段时间内分离：文化贵族阶级统治时期，支配权仍掌握在天皇手中，包括神事大权、兵马大权、外交大权、民政大权、司法大权、授爵大权、编制大权和叙位大权等；武士阶级统治时期，支配权逐渐转移到幕府将军手中，天皇实际拥有的支配权只有神事大权、授爵大权和叙位大权等。

其间，天皇通过建武中兴，一度收回大部分的支配权。在德川幕府时期，支配权虽然名义上归属天皇，但实际上又掌握在幕府将军手中。1867 年通过"大政奉还"，明治天皇从德川庆喜将军手中收回支配权，该事件标志着不论从名义上还是实际上，支配权重新回归天皇。有贺对此这样写道：

> 大政奉还之后，国家一切权力回归天皇，主权和支配权重新合为一体，变成唯一的统治权。从此，天皇可遵循自己的意志，自主建立任何形态的政权制度。这是日本国法沿革史上的重要转折点。[16]

由上可见，明治天皇拥有统治权，依据的是国法自身的历史演变规律。这一事实是日本迈入公民国家最大的历史传统，即使实行立宪主义改革，确立宪法体制，仍不容改变；而且更重要的是，这一事实是建国根基，是维系社会秩序和政治稳定的根基，是最重要的历史传统。实行主权在君原则，是国法的特征，而天皇拥有统治权，意味着主权外还有支配权，是基于"大政奉还"的日本国情。有贺写道：

> 世上各立宪国家均废除了血族和等族的特权，采取公民国家主义，将国民之发达作为国家目的，这是一致的。而不同之处，是各立宪国家的宪法体制有很大的差异：一个是延续等族国家的历史传统，君主拥有主权和国家大权，例如日本、德意志、奥地利和英国等。另一个是废除了君主制度，全体国民拥有主权，制定共和宪法，又可分为共和政体、民主专制政体和立君共和政体等模式。总而言之，宪法体制决定于一国自身的历史

---

〔16〕有贺长雄：《国法学(上)》，東京：信山社 2009 年版，第 140 页。

传统,由于每个国家的历史传统不同,所以,世上没有两个宪法体制一模一样的国家。[17]

总之,有贺认为,一国的宪法体制必须与该国的历史传统紧密联系,要想认识当下日本的宪法体制,必须先探讨所谓国法的历史演变。[18] 世上所有立宪国从国家进化的角度看,均废除了血族或等族之特权,迈入了所谓公民国家时代。但是在开展立宪主义改革、建立宪法体制过程中,由于各国国法演变规律与特征之不同,因此在宪法体制的构建上大不一样,这些不同之处的根据原因,正是各国自始以来一贯维系的国法精神。

上述国家有机体论,是对国家及其运作方式的阐释,尤其是对立宪运作机制的一种理解,即立宪国会自动追求自身目标,为全体国民谋求所谓福祉,而这种追求活动就是国家行为,是在立法机关、国家元首和行政机关这三大机关分工合作下得以实现。

上述历史传统论,是对宪法体制建立依据及其模式设计的阐释,不同国家适合的宪法体制各有不同,取决于自身国法历史演进的规律。有贺写道:"但愿请读者朋友们牢记一点,宪法的制定不能单纯依照某一理论,而应该依照国家自身的历史变迁。甲国所适用的宪法未必就一定适合乙国便是这个道理。"[19]

三、元首机关的地位和功能

有贺认为,日本法制史上只有君主概念,没有国家元首概念。元首概念来自近代西方的宪法理论,建立在国家有机体论的基础上。[20] 所谓元首,是支撑宪法体制的一个机关,居于最高地位,对应或承载国家"自吾"这一要素,充当所谓国家之神识功能。[21]

换言之,元首是国家拥有人性的标志,是宪法体制的中枢机关,其构成大致包

---

〔17〕有贺长雄:《国法学(上)》,東京:信山社 2009 年版,第 195 页。
〔18〕同上书,第 195 页。
〔19〕有贺长雄:《国家学》,東京:信山社 2009 年版,第 53 页。
〔20〕有贺长雄:《国法学(上)》,東京:信山社 2009 年版,第 200 页。
〔21〕有贺长雄:《国家学》,東京:信山社 2009 年版,第 201 页。

括元首之位和各宫内机关。第一是元首之位。元首本身也是有机体构造,元首之位是这一构造主体,集中了元首的权力、荣誉和威望等。不同的立宪国,元首之位称呼并不相同,例如有大总统、首相、国王和执政等。元首之位产生方式由一国历史传统决定,这也是判断一国政体模式的重要标志。有贺主张建国功劳最大的人,是担任国家元首的最佳人选,此后元首之位采取世袭制即可。[22]

第二是各宫内机关。这是元首的组成部分,直属于元首本人。各宫内机关的官吏,也叫宫内官吏或朝廷官吏,和行政机关的官吏不同,分属独立的官吏系统,根据职权和需求,各宫内机关又可细分为若干机关,例如皇室顾问、国务顾问和爵位局等。而元首的职责,大致包括两大类:

第一类是关于宪法体制的权力。具体而言,元首有统筹协调立法和行政的权力。对于立法机关,主要是召开国会,宣布和延迟闭会以及解散国会的权力、任命贵族院议员的权力、裁可和颁布法律的权力等;对于行政机关,主要是命令的裁可权、文武官吏的任免权、国务诉讼和行政诉讼的裁决权等。

第二类是关于国家行为的权力,主要包括格式权,指元首拥有尊号、纹章和卤簿等,接受国民朝拜等,元首代表国家威严,对元首尊重即表示对国家尊重,体现元首是国家威严的代表。荣典权,指任免文武官吏、受爵赏勋和褒赏表彰等,体现元首是国家智德的代表。兵马权也叫军事权,元首是国家军队的统帅,体现元首是国家力量的代表。外交权,指接见外国使节、派遣本国使节的权力,宣战和媾和的权力以及签订外交条约的权力,体现元首是国家权利的代表等。

关于元首是否应该承担责任,有贺认为,虽然在很多民主国家实行主权在民原则,元首需承担相应责任。但这种做法存在弊端,容易导致政局不稳和社会秩序不安定。为此,有贺主张实行主权在君的君主立宪国,元首无须承担任何责任,实行所谓元首无责任原则。元首无责任是君主立宪国最重要的特征。在元首无责任原则下,君主不承担政治责任,同时实行大臣责任制,由国务大臣具体施政并承担相应责任;君主不承担民事或刑事责任,主要是为了维护元首威严之需要等。[23]

---

〔22〕有贺长雄:《国家学》,東京:信山社 2009 年版,第 260 页。
〔23〕同上书,第 222 页。

四、立法机关的地位与职责

立法机关是一国确立宪法体制的标志,在宪法体制中的位置处于元首之下,和行政机关并立。立法机关对应国家"意志"这一要素。立法机关的构成,按实行一院制或两院制划分,也不太一样,多数立宪国采取两院制,即分为贵族院和众议院。

第一是贵族院。有贺主张贵族院的议员条件须严格限定,拥有特定身份的人才有资格当选,如贵族、富豪、高官、高僧、学者以及功勋获得者等。贵族院议员任期要久于众议院议员,有些议员可以采取终身制。贵族院代表的利益,不仅是贵族阶层或上流社会的利益,更是国家的整体利益。之所以如此,是因为贵族院的议员普遍拥有优秀的人格品质,天然地会为国家整体利益着想。[24]

第二是众议院。众议院议员也须限定任职条件,任期较短,一般通过国民选举产生,关于选举制度,主张间接选举,即采取代议制方式,反对直接选举和普选。众议院代表普通民众意志,是各种意志聚集地,意志相近的议员联合起来组成政党或党派;所以众议院最终反馈的意志,是多数党意志,但多数党意志未必代表全体国民,更未必符合国家整体利益。

立法机关的职责,大致包括立法权和监督权。

第一类是立法权。有贺认为法律的出台需经过四个步骤:首先是法案的提出及起草。这一主体可以是立法机关,也可以是行政机关。其次是法案的讨论,又分为预备讨论和正式讨论,前者是指官方调研和非官方的舆论探讨,后者指国会议员对法案的正式讨论。再次是法案决议,这是立法机关拥有的核心职权,即决议权,修改并确定法案的具体条文,而且经过决议的法案,已不再被认为是某些议员或某一院的意志,而被视为体现立法机关的意志。最后是法律的裁可与颁布。决议后的法案须得到元首裁可后才能通过,还须以元首名义颁布。

可见立法权实际分散于行政机关、立法机关和元首,主要是由立法机关和元首拥有,相对立法机关的决议权,元首裁可权的地位更重要。但法律出台仍须经过国会决议,这是法定必经程序,元首和行政机关不能违背,有贺认为法律必须通过国

---

〔24〕有贺长雄:《国家学》,东京:信山社 2009 年版,第 127 页。

会决议,这是立宪国最基本的原则。[25]

第二类是监督权,主要是对行政机关的监督,包括审查政府提交的预算表和决算表,监督国家财政的施行是否符合预算表和决算表;监督行政机关的施政行为及其发布的命令是否遵循法律规定;代表普通民众向政府提出忠告或要求;关于重要的国家事务问题,有权向政府提出意见等。

行使监督权的方式,可以向元首提起国务诉讼,向中央行政机关提建议或忠告,以及向内阁投不信任票等。有贺认为虽然议会不参与行政活动,但拥有对行政活动的监督权,这是立宪国的一个基本原则。不过立法机关的监督权,不包含执行或审判的权力,执行或审判权仍归元首或行政法院所有。[26]

五、行政机关的构成与职责

有贺认为,行政是国家之发动,行政机关在宪法体制的位置,直接位于元首之下,与立法机关并立,对应国家"行为"这一要素,负责国家的运作,即发动国家行为。[27] 在这个意义上,行政活动即国家活动,行政行为即国家行为。行政机关须依据法律规定,并确保活动或行为符合国家利益,而且行政机关本身也是有机体构造,分为省和厅两大系统。

第一是省系统,即中央行政机关,指内阁和各省。内阁是最高行政机关,直属于元首,作用是制定国家的大政方针。内阁成员叫国务大臣,设有总理,可以单独设立,也可由某位国务大臣兼任,还可由元首兼任等。

各省是中央行政机关的主体,按事务可分为司法省、内务省、外务省、军务省和财务省等。长官叫省大臣,位列内阁成员,对于内阁而言叫国务大臣,即一人身兼"两职"。国务大臣由元首直接任免,只对元首负责,协助元首负责处理本省事务,并代替元首承担责任,采取所谓大臣责任制原则。

第二是厅系统,即地方各级行政机关,包括中间厅和局地厅。前者是连接省和局地厅的纽带,起上传下达之作用;后者是具体施政的机关,数量层级多,规模也

---

〔25〕有贺长雄:《国家学》,東京:信山社 2009 年版,第 141 页。
〔26〕同上书,第 173 页。
〔27〕有贺长雄:《行政学講義》,東京:信山社 2008 年版,第 1 页。

大,是行政机关的主体构成。行政机关呈金字塔结构,依次为内阁、各省、中间厅和局地厅等。

行政机关系统分别拥有各自职责,分工大致是:由内阁确定大政方针;各省遵循大政方针负责本省行政事务,制定本省的施政纲领;厅系统在遵循法律和省命令的基础上,根据外部环境的实际具体施政,以确保行政活动符合国家的利益和目标,即协调外部现实和国家真正之目的,并在调和精神的引导下,开展行政活动。[28]

> 司法省的任务是保护国民的既得权利;内务省的任务是辅助国民过上更舒适、富裕的生活;外务省的任务是代表国家全体和其他国家交往,开展合作或获取利益;军务省的任务是代表国家全体镇压或抵抗来自其他国家的威胁;财务省的任务是负责其他省处理行政事务以及国家活动所必要的财务收支等。司法省和内务省的着眼点在国民个体,而外务省、军务省和财务省的着眼点在于国家全体。[29]

行政机关不仅是一个有机体,还是自成体系的有机体构造,从本质上看,行政机关职权主要有编制权、命令权和执行权。首先是编制权,主要指官员的选拔、权利和义务,通过官制规定;其次是命令权,各行政机关主体均有权发布命令。命令又分为执行命令、补充命令和非常命令;最后是执行权,是指执行命令或法律,必要时可采取强制措施。

此外,关于行政机关的责任,可分为政治和法律两类:政治责任是指大政方针的失误,以立法机关对国务大臣提起国务诉讼方式由元首裁决;法律责任是指官员违法承担的责任,法律责任对应诉讼是行政诉讼,分为一般行政诉讼和行政请愿,前者由行政法院管辖,后者须先穷尽行政系统,依次请求上级机关处理,相当于现代的行政复议。

---

〔28〕有賀長雄:《国家学》,東京:信山社 2009 年版,第 196 页。
〔29〕同上书,第 337—338 页。

六、宪法支撑机关的分工合作

国家元首、立法机关和行政机关是支撑一国宪法体制的主要机关,分别对应或承载国家的自吾、意志和行为要素,并且在宪法体制地位不同,各自构成与职责大不相同。国家运转或称国家行为,均离不开它们的分工与合作,彼此是相辅相成的关系。

第一,元首和立法机关的关系。

立法权主要由元首和立法机关共同所有并行使,即立法是议会加上元首的裁可权。[30] 除了裁可权外,元首对于立法机关能施加的权力,还包括召开国会,宣布和延迟闭会的权力,解散国会的权力,以及任命贵族院议员的权力等。其中国会解散权,是元首监督立法机关的主要方式,一般是关于国务诉讼的裁决问题,如果元首不认可某项由国会提出的国务诉讼,可行使解散权,将众议院解散,重新选举众议院的议员。可见不论从立法上还是监督上,元首均可利用手中权力对立法机关起到制约作用;但反过来,立法机关对于元首,则没有可以发挥制约效果的权力。

第二,元首和行政机关的关系。

行政权完全归元首所有,行政机关只是协助元首行使行政权,拥有的行政权是源自元首的授予或委托,所以在宪法体制中,行政机关直接位于元首之下。行政权表现为命令的裁可权、文武百官的任免权、国务和行政诉讼的审判权等。元首对行政权的操纵,主要通过对国务大臣的操纵实现,国务大臣由元首任免并对元首负责,代替元首承担责任,采取元首无责任和大臣责任制相结合的方式,即所谓"超然内阁"政体模式。

另一方面,元首对行政机关还有其他监督或操纵方式,例如对国务诉讼或行政诉讼的审判权等。不过分别由元首的不同部分负责,前者交由国务顾问机关,后者交由行政法院,均直属元首本人,是元首有机体的构成部分。

第三,立法机关和行政机关的关系。

---

〔30〕有贺长雄:《国家学》,東京:信山社 2009 年版,第 59 页。

立法机关和行政机关在宪法体制中位置相当、地位平等、彼此独立、互不侵犯。有贺认为一国意志分为法律和命令,前者体现立法机关的意志,后者体现行政机关的意志;立法机关和行政机关的关系体现为法律和命令的关系。

法律和命令相辅相成,法律是命令的基础,命令须建立在法律基础上,如果行政机关违背法律发布命令,要受立法机关的监督。命令是法律的细化、补充或修正。一方面,由于法律制定的迟滞,立法赶不上外部环境变化;许多法律只是一般性原则,缺乏操作性,需要命令的细化。另一方面,在施政中,不可避免地会出现法律未规定的情况,需要命令的补充。根据功能不同,法律又可分为执行法律、补充法律和中止法律,而命令也可分为执行命令、补充命令和中止命令等。

而且议员代表了议会的意志,即多数国民的意志,官吏代表政府的意志,即行政机关的命令。虽然多数国民意志有时可以变成法律,上升为国家意志;但同样作为国家意志的命令,在必要时可以补充或修改法律;实际上作为国家行为发动机关的行政机关,在开展行政活动时,遵循并执行的往往是命令。在这个意义上,命令是法律的一种转化,是实质上的法律,而实质上的法律,则包括法律和命令这两类国家意志。

最后,立法机关和行政机关的关系还体现在彼此监督上。一方面立法机关对行政机关的监督有:向行政机关提出建议或忠告,通过弹劾或不信任投票等方式,向元首提起对行政机关的国务诉讼,以及否决政府制定的财税案等。另一方面,行政机关对立法机关的监督则主要是:拥有对法案的提起及起草权,即所谓发议权,还可派遣官员到国会陈述意见,并参与法案的讨论等。

总之,宪法体制由元首、立法机关和行政机关主要支撑,彼此地位不平等,大致呈直角三角形结构:元首地位最高,位于立法机关和行政机关之上,元首可以制约立法和行政机关,但立法和行政机关却无法制约元首;行政机关和立法机关地位平等,均位于元首之下,两者各自独立行使职权并彼此监督,而且行政机关直接位于元首正下方,行政权归属元首。此外三大机关本身也是独立的有机体构造,内部的有机体构造自成一体。

第三节　明治宪法的阐释

1889 年 2 月 11 日,明治天皇正式颁布了明治宪法典,标志宪法体制的基本建立,如果按照有贺所谓国家进化论的观点,这还象征着日本由等族国家迈入了公民国家时代,跻身世上先进立宪国家的行列。

然而众所周知,明治宪法体制是一种具有大纲目性质的政治体制,依据不同政治立场和考察视角,可以作出迥异不同,乃至针锋相对的法理阐释。在日本宪法学说史上最明显的体现,即"天皇主权说"和"天皇机关说"这两大学说阵营之诞生、发展与对立。有国内学者对该体制的性质这样评价道:

> 明治宪法体制内部自我调节有极大的伸缩性,可以根据形势发展的需要,采取从最民主到最专制的各种统治形式。而这种看似惊人的改头换面,并不需要伴随外界多大的震动,只需在体制内部根据现有的原理和法则,重新进行"排列组合"就可以很容易地实现。这正是制宪领导者为维新后日本的未来发展设计的一幅蓝图。[31]

前文已述,有贺主张一国宪法体制的构建,应主要依据自身国法的历史演变规律,应符合自身国法沿革的精神所系,并以日本作为研究对象,梳理并探讨了日本国法的历史传统及其特征所在。就明治宪法典而言,其宪法理论主要体现为对于天皇及其辅佐机关,内阁和各级行政机关以及帝国议会的阐释。

一、天皇及其辅佐机关

明治宪法典开篇第一章是天皇,共有十七条规定,第一条是大日本帝国由万世一系的天皇统治之;第二条是皇位依皇宗典范之规定,由皇族男系子孙继承之;第三条是天皇神圣不可侵犯;第四条是天皇为国家元首,总揽统治权,依本宪法规定

---

[31] 武寅:《论明治宪法体制的内在结构》,《历史研究》1996 年第 3 期,第 144 页。

实行之。可见天皇制度是明治宪法体制最重要的内容,有贺的法理阐释大致如下:

第一,天皇拥有对日本的统治权。

有贺所谓统治权,是对主权和支配权的合称,而支配权即一般意义上的国家权力。天皇拥有统治权是指实行主权在君原则,行政权、司法权、立法权、军事权和外交权等权力均归天皇所有。

关于主权问题,君主国的主权归君主所有,日本君主自古以来是天皇,从建国起到现在,从未改朝换代,万世一系,皇位一脉相传是日本国法最大的历史传统。

> 万世一系这几个字通俗易懂,但意味深长。这是大日本帝国宪法中特有的规定,其他国家宪法没有。所以这是我们日本帝国的国体区别于中国及西方国家国体的地方。[32]

日本实行主权在君,既非基于近代西方国家的宪法理论,也不是出于宪法或某部法律规定,依据的是自身国法的历史传统。

关于支配权问题,支配权泛指一切可支配的国家权力,可以分割并且内涵可以变化。日本史上的支配权并非始终掌握在天皇手中,而且在不同的时期,支配权内涵不大一样。例如在血族国家时代,天皇完全拥有支配权,主要包括神事大权、兵马大权、外交大权和族制大权等。在等族国家时代,天皇不完全拥有支配权,一段时间还丧失了支配权。这时期支配权内涵也发生变化,主要包括神事大权、兵马大权、外交大权、民政大权、司法大权、授爵大权、编制大权、叙位大权等。到 1867 年"大政奉还"之后,德川庆喜将军把政权交还天皇,该事件标志着不论名义上还是实质上,支配权均完全回归天皇。

> 大政奉还后,国家一切权力回归天皇,主权和支配权重新合为一体,变成唯一的统治权。从此,天皇可遵循自己的意志,自主建立任何形态的

---

〔32〕有賀長雄:《帝國憲法(明治 22 年)講義》,東京:信山社 2003 年版,第 18 页。

政权制度。这是日本国法沿革史上的重要转折点。[33]

有贺认为从国家进化角度出发,日本通过明治维新,从等族国家迈入了公民国家时代,并通过立宪主义改革,颁布了宪法典而成为立宪国。但主权和支配权的问题,与国家自身进化无关,取决于国法演变结果。主权从建国起到现在,始终归属天皇,而支配权问题虽然在国法史上分分合合,自"大政奉还"后支配权重新回归天皇。所以天皇拥有统治权这一规定,依据的是国法自身的历史传统。

第二,天皇担任国家元首。

元首、立法和行政机关是支撑宪法体制主体机关,元首处于中枢位置,地位高于立法和行政机关,本身也是有机体构造,由元首之位和各宫内机关等构成,天皇担任的即是元首之位。

天皇担任元首,在法理上说明天皇有元首和天皇双重身份。一方面作为元首,天皇需依照宪法规定行使职责,发挥元首的作用。另一方面作为天皇,天皇拥有对日本统治权,即使是宪法典中未列举的权力,也一律归天皇所有,采取权力所在之推定原则。[34]

换言之,有贺认为天皇必须依照宪法规定行使职权,和天皇拥有对日本的统治权,两者并不冲突。前者是从宪法体制出发,将天皇看作元首,凡立宪国,元首均须依据宪法规定行使职责,这是近代西方宪法理论的普遍原则,必须依照。他强调该原则乃宪法关键之处,是君主专制政体和君主立宪政体之区别所在。[35] 后者从法制史角度出发,天皇拥有对日本主权和支配权,是国法历史演变的结果,是历史传统论的体现。

第三,天皇总揽统治权。

宪法典第四条规定:天皇为国家元首,总揽统治权,依本宪法规定实行之。有贺认为这里的统治权内涵是支配权,泛指一切国家权力,包括立法权、行政权、军事权、外交权和司法权等。关于统治权分类,大致包括立法权和行政权两大类,军事

---

〔33〕有贺长雄:《国法学(上)》,東京:信山社 2009 年版,第 140 页。
〔34〕同上书,第 163 页。
〔35〕有贺长雄:《帝國憲法(明治 22 年)講義》,東京:信山社 2003 年版,第 44 页。

权、外交权和司法权等,均可视作广义行政权之分支。可知在明治宪法体制内,除了元首之外的其他机关,均是元首的辅助机关。[36]

表 3-4 有贺长雄宪法理论的统治权概念[37]

统治权	立法权	制定法律(第五条)
		裁可法律(第六条)
		集散开闭帝国议会(第七条)
	行政权	公布执行法律(第六条)
		发布代替法律之敕令(第八条)
		发布执行命令和补充命令(第九条)
		人事权(第十条)
		军事权(第十一条、第十二条)
		外交权(第十三条、第十四条)
		荣典权(第十五条)
		司法权(第十六条)

第四,皇室制度和宪法体制的分离。

有贺认为《皇室典范》和宪法典互相独立、地位并立。《皇室典范》不纳入宪法体制的管辖范畴,宪法关于臣民权利和义务的规定,不适用于皇室成员。所谓皇室成员,除天皇外还包括有太皇、太后、皇太后、皇后、皇太子、皇太妃、皇太孙、皇太孙妃、亲王、亲王妃、内亲王、内亲王妃和王妃等。[38]

《皇室典范》的主要内容,既有皇室成员在身份、司法和行政等方面享有的权利义务,也有天皇的婚姻、继承和摄政等。表面上这些均属皇室内部家事,但有贺认为,天皇对日本的统治从来不是一人一家的私事,而是一种天职,具有神圣意义,属国家公务。[39]

尽管如此,从日本国法的演变进程来看,皇室制度自古实行皇室自治原则,所

---

[36] 参见有贺长雄:《国法学(上)》,東京:信山社 2009 年版,第 204 页。
[37] 依据有贺长雄:《帝國憲法(明治 22 年)講義》,東京:信山社 2003 年版,第 43—44 页整理而成。
[38] 有贺长雄:《国法学(上)》,東京:信山社 2009 年版,第 250 页。
[39] 同上书,第 196 页。

以即使日本迈入公民国家时代，也不影响皇室制度自治，这也是国法的历史传统之一。

天皇制度的构成除了天皇的地位、权力与特征外，还有辅佐机关这一构成。辅佐机关有枢密院、内阁法制局、会计检查院、军事参议会和元帅府等。其中枢密院、内阁法制局和会计检查院辅佐天皇处理国家治理，属于国务顾问机关；军事参议会和元帅府辅佐天皇处理国家军事，属于军事顾问机关。

关于国务顾问机关，枢密院是天皇最重要的国务顾问机关，成员包括议长和国务大臣等，职责是协助天皇对国家大事和国务诉讼作出决议。有贺认为枢密院的功能是解决国家编制、政府和国会冲突以及法律和命令冲突等问题。[40] 枢密院决议只是元首机关的内部决议，不对外发生效力，实质上是提供天皇参考，决定权仍掌握在天皇手中。内阁法制局又叫参事院，直属天皇，专门审判行政诉讼案件，相当于行政法院。会计检查院原属内阁，独立出内阁变为国务顾问机关，职责是检查行政机关的会计，协助天皇监督财政等。

关于军事顾问机关，元帅府是天皇的最高军事顾问机关，由各元帅构成。元帅是天皇从陆海军大将中选任产生，必要时可代替天皇检阅军队。军事参议会是天皇最重要的军事咨询机关，成员包括陆海军大臣、参谋总长、海军军令部部长和教育总监等，负责处理军事各项决议等。

在这里，还值得注意的是，有贺对宪法第十一条和十二条的阐释。一般认为，第十一条是军令大权，第十二条是军政大权，这两条规定是近代日本军事制度的宪法依据，奠定后来"军事二元制"的基础，也是滋生军国主义的法律温床。有贺认为，军令和军政是两类不同事务，宪法没有明确界定军令和军政区别，而且这里的关键问题，是混成事务归军令机关之管辖，还是归军政机关之管辖。[41]

概言之，有贺主张军事事务分为三类：第一类是所谓纯军令事务，即军队调配、动员和作战指挥等事务，由元首直接管辖，由军事顾问机关协助天皇此类事务，内阁和各省等行政机关无权过问；第二类是所谓纯军政事务，即军队日常编制、训

---

〔40〕有贺长雄：《国法学（上）》，東京：信山社 2009 年版，第 274—276 页。
〔41〕有贺长雄：《国法学（下）》，東京：信山社 2009 年版，第 266—267 页。

练和后勤供给等,视作普通行政事务,由内阁、陆军省和海军省协助天皇辅佐施政同时承担责任,实行大臣责任制,但天皇仍有裁决权,国务顾问和军事顾问机关均协助天皇提供咨询;第三类是所谓混成事务,参杂军令和军政,是前两者的混合。

陆海军大臣和内阁总理大臣,在混成事务面前地位平等权力相当,但陆海军大臣有单独上奏权,如果告知内阁总理大臣,那么内阁总理大臣有保密义务,如果和其他各省事务关系密切,则由总理大臣召集其他内阁成员讨论。[42]

由此可见,有贺的观点主张是一种二重内阁制度,即陆海军大臣单独构成一个军事内阁,关于军务方面,表面上内阁单一,但实际上内阁是二重组织。[43] 其实,该阐释的立足点是认为军事权应直属元首,和一般行政权分离的好处,是可以更加灵活自由,最有效率地服务于国家所谓整体利益和目标。[44] 简单概括,这是其宪法理论中的"统帅权"观点。

二、内阁与各级行政机关

有贺认为实行三权分立的立宪国,行政机关只能遵循和执行立法机关意志,受立法机关制约而缺乏独立的意志和地位。在明治宪法体制下,行政机关摆脱了"行法机关"的尴尬,而具有了"政治机关"之性质,是政治的府,不是行政的府。[45] 这里的政治,是指制定国家大政方针的权力;换言之,在明治宪法体制下行政机关不仅可以行使行政权,还可以行使相当的政治权。

关于内阁的阐释。内阁是行政机关的领导,占有重要地位,职权主要有:政治权,内阁是行使政治权的主体,制定国家的大政方针。奏宣权,奏请天皇和宣布执行的权力,制定大政方针后须奏请天皇裁决,并以天皇名义宣布执行。内阁是行政机关和天皇的纽带,是行政机关和天皇沟通的唯一渠道。[46]

另一方面,内阁也有相应责任。明治宪法体制采取元首无责任和大臣责任制原则相结合的做法。如果国会认为内阁的大政方针失误,可以提起国务诉讼由天

---

[42] 有贺长雄:《国法学(上)》,东京:信山社 2009 年版,第 320 页。
[43] 有贺长雄:《国法学(下)》,东京:信山社 2009 年版,第 274 页。
[44] 同上书,第 277 页。
[45] 有贺长雄:《国法学(上)》,东京:信山社 2009 年版,第 290 页。
[46] 同上书,第 321 页。

皇裁决。裁决后果要么是解散众议院,要么是罢免国务大臣。不过有贺也指出,每当发生议会和内阁的冲突,大部分结果均是罢免相关国务大臣,极少解散众议院,这也是日本政治之奇观。[47]

关于各级行政机关的阐释。各级行政机关是行政机关主体,规模庞大,数量很多。职权主要是行政执行权,是指面向外部实施国家意志的行为。[48] 有贺强调各级行政机关须拥有独立的意志和地位:

> 外部环境的势力根据对象不同而不一样。所谓行政即遵循国家和政府的意志,处理或利用各种外部势力,使国家活动实现国家自身的目标。因此行政必然需要与各外部势力相关的专业知识,而政治则不需要这种专业的知识,这也是行政和政治的一大区别。[49]

有贺将明治宪法体制下的行政分成两大类:第一类是大权行政,直接以天皇统治大权为名义开展行政活动。这类事务事关重大,瞬息万变,涉及国家机密,不必拘泥于法律和命令的规定,相关机关可单独处理后再上奏天皇,或直接上奏天皇由天皇裁决。具体而言,主要是指军事事务和外交事务。也就是说,负责军事和外交的行政机关直属于天皇,拥有单独上奏权,可以绕开内阁或地位平行的行政机关。

第二类是准则行政,即须遵循并执行相关法律或命令的行政活动,又细分为必须遵循命令的行政,主要指必须遵循内阁的大政方针和各省政策等,如财务、内务、教育、交通、工商和农业等,以及不必遵循命令,但须遵循相关法律的行政,主要是司法类的行政事务。这里的准则包括了法律、命令和方针政策等,是广义上的实质法律。

由上可知,有贺将司法事务视为一种特殊的行政事务,即准则行政之一种。他认为受三权分立学说影响,司法权在西方许多国家归法院单独所有,司法是一种和行政并列的特殊事务。但在日本,天皇拥有立法权和命令权,只是将行法权委托给

---

[47] 有贺长雄:《国法学(上)》,东京:信山社 2009 年版,第 343 页。
[48] 有贺长雄:《国法学(下)》,东京:信山社 2009 年版,第 227 页。
[49] 有贺长雄:《国法学(上)》,东京:信山社 2009 年版,第 302—303 页。

政府,将司法权委托给法院,这是宪法的规定,日本的司法权是天皇主权一部分,不能看作是独立的一种国家权力。[50] 换言之,司法符合广义上的行政定义,服务国家大政方针,本质是消极行政事务,归属行政范畴,因此司法权附属行政权。可见在诉讼体制选择上,有贺倾向于设立单独的行政法院,主张建立二元制的诉讼模式。

三、议会的地位与功能

帝国议会是明治宪法体制的立法机关,日本采取两院制分为众议院和贵族院。前者议员由国民选举产生,年满 25 岁,交纳直接税 15 元以上男子拥有选举权;后者议员一般不经选举产生,主要由皇族、华族和被敕任议员等构成,并且有些议员实行终身任期制。两院权限大致相当,主要区别在于众议院拥有预算先议权,而且天皇如果行使国会解散权,只是针对众议院而言,不会解散贵族院。

关于议会职权的阐释。有贺指出,在君主立宪制国家中,议会和立法权的关系分为三种类型:议会单独拥有立法权;议会和君主共同拥有立法权;君主单独拥有立法权。日本则是第三种,立法权本来属于天皇,议会只是协助天皇行使立法权,不是共同拥有等。[51]

议会对行政机关的监督主要通过财政监督,如审查预算和决算等来影响行政机关的施政。这也是议会参与国家政治的主要方式。此外,议会还可通过提起弹劾或不信任投票等方式,对内阁或某位国务大臣提起国务诉讼等。[52]

议会拥有管理内部日常事务的权力,拥有接受国民请愿书的权力,还拥有审查议员资格、制定议事和内部规章的权力等,议会在公法上具有法人资格,享有自治权等。[53]

关于议会作用的阐释。有贺认为议会职权须严格限定在宪法范围内,不允许超越宪法。如议会不能自行开会闭会、不能扩张权力,不能最终决定法案以及不能

〔50〕有贺长雄:《帝國憲法(明治22年)講義》,東京:信山社 2003 年版,第 381 页。
〔51〕同上书,第 58 页。
〔52〕有贺长雄:《国法学(上)》,東京:信山社 2009 年版,第 460 页。
〔53〕同上书,第 460 页。

执行法案等,更重要的是,议会不能解释宪法。

有贺强调明治宪法典的解释权不归议会所有,而归天皇所有。最主要的原因在于,该宪法是一部真正意义上的钦定宪法。这部宪法从起草到修改再到颁布,议会从未参与过;事实上议会的成立要晚于宪法典颁布。所以在日本,天皇拥有对宪法唯一的解释权。[54]

议会对行政机关的监督权须受到一定限制,宪法体制确立以来,议会通过手中的财政预算监督权对历届内阁的施政造成了消极影响,有贺对此写道:

> 已被认为是陈腐之制的弹劾制度在日本却兴盛起来,不信任投票制度都不太适合民主立宪政体,更不要指望能适合我们这种君主立宪政体了。至于预算否决权,根据宪法上的规定,本来是帝国议会的一项财政监督权。但是议会却利用这项权力,间接地将自己的意志,附加在政府或某一省的施政方针……如果得不到议会的认可,则极大影响了政府进一步开展行政活动,实施大政方针。所以议会的预算监督权,对政府施政的进退造成了难以想象的影响。这也是明治二十三年以后内阁发生数次更迭的一大原因。[55]

而且有贺认为议会不能代表全体国民意志,不能代表国家整体利益。贵族院代表保守主义势力,众议院代表进步主义势力。但实际上不论贵族院还是众议院,议会只能代表部分国民的意志,是多数党意志;而且众议院经常代表的是占人口比例最大的平民意志,而由于这些人口本身素质之低,无法更多地考虑国家整体利益,所以天皇和内阁应提防议会的意志,避免受议会制约等。[56]

关于明治宪法体制的选举制度,有贺主张坚持代议制,反对直接选举和普选,对政党政治持排斥态度,特别对可能造成的议会专制弊端抱有警惕,他这样写道:

---

〔54〕有贺长雄:《国法学(上)》,東京:信山社 2009 年版,第 178—179 页。
〔55〕同上书,第 343—344 页。
〔56〕有贺长雄:《帝國憲法(明治 22 年)講義》,東京:信山社 2003 年版,第 237 页。

如果采取一般选举法，那么议员总数之中在比例上占大多数的会是最下层的人民，即没有什么优秀的能力处于最低程度的社会阶层。这种社会阶层的人如果比上层阶级的人拥有更多权力的话，社会等级考虑的顺序就颠倒了。在这种倒逆下，社会上层的人必然对现政体心怀不满，会想方设法颠覆政权，这样他们就不会去磨练自己的能力，谋求业务发达，丧失进取的锐气，这样非常不利于实现国家的目标。损害国民整体之发达。国民之发达主要还是依靠优秀元素之发达。[57]

四、构建宪法体系的观点主张

有贺宪法理论体系主要以国家有机体论和历史传统论这两个学说为支撑，从一般国法学角度出发，该体系主要由国家元首、立法机关和行政机关这三大发挥主体作用的机关构成，而从特殊国法学角度出发，则针对明治宪法典及其宪法拟定高层的构想进行阐释发挥，寻找明治宪法体制的合理性，并描述该体制在理想状态下的运作方式等，其关于构建宪法体制的观点主张，简要归纳如下：

第一，反对三权分立学说，主张元首统揽权力为前提的行政与立法分立。

有贺指出，孟德斯鸠的三权分立学说已落后于时代，19 世纪在德国兴起的国家有机体论是西方最先进的宪法理论。基于该理论的立宪国，被视作灵活能动的有机体构造，本身具有独立意志并可独立开展活动。

司法权从属行政权，司法事务属于行政事务一种类型。在国家权力分立上，实际是立法权和行政权的两权分立；而且这两权彼此独立、互不侵犯，特别要避免行政权受立法权制约；彼此职责及其关系由元首统筹协调分配等。

关于国家和个人关系，有贺主张先国家后个人，国家发展优先个人发展，当国家处于危难之际，个人应牺牲自己以保全国家等。[58] 表面上反对的是孟德斯鸠的三权分立学说，实质上反对的是国家权力间的制约平衡；主张元首统揽国家权力，

---

〔57〕有贺长雄：《国法学（上）》，東京：信山社 2009 年版，第 434 页。
〔58〕同上书，第 83 页。

将国家视为独立能动的有机体构造,其实是主张效率优先、国家利益优先的国家主义思想。其观点主张带有明显的国家主义倾向,符合明治时代日本推行的国家主义政策。

第二,反对直接选举和普选,排斥政党政治,建立行政权主导下的精英治国理念。

有贺认为政府应拥有政治权,而且不能受立法机关制约。行政机关须有独立地位,并可依据自己意志独立开展行政活动,严格限制国会作用并排斥政党政治等。

有贺对立法机关的不信任,主要是对众议院的不信任。众议院采取少数服从多数原则,最终意志往往是多数党意志,政党政治不可避免。他写道:"政党分立为反对党和政府党,它们经常互相倾轧,这是立宪政体的一大恶弊。政党是国民最大利益的不完全代表,这种代表未必是积极代表,也可能是消极代表。政党不利于政府制定长久的大政方针,反而会起到破坏作用等。"〔59〕由此主张国家的政治生活能始终在行政机关主导下,实行精英治国模式以避免受平民意志之干扰等。

第三,反对元首亲政并承担责任,主张元首无责任和大臣责任制相结合,建立所谓超然内阁制的政体模式。

一方面元首作为国家代表,地位须稳固并要摆脱议会、政党及政府等团体牵连,始终保持政治超脱性。只有这样才能确保政治局面稳定、社会秩序有序以及元首自身威严。在这个意义上,有必要采取元首无责任原则。

另一方面,虽然元首统揽国家统治权,但实际施政的应是国务大臣。国务大臣直属元首,由元首任免并对元首负责,不受国会或政党制约,负责施政还须代替元首承当相应责任,即大政方针失误则需受到弹劾或被提起诉讼,因此有必要采取大臣责任制原则。

有贺主张实行主权在君的立宪国最理想的政体模式,应是同时采取元首无责任和大臣责任制原则的政体,即所谓"超然内阁政体"。这种政体模式下的关键问题,是处理好元首与国务大臣的关系。他这样写道:

---

〔59〕 有贺长雄:《国法学(上)》,東京:信山社 2009 年版,第 346—347 页。

大臣完全由元首随意任免。凡是聪明的君主一定会舍弃自己的爱憎感情,从国家的利益出发去协调政府和国会的关系;而不会由于国会大多数议员的意见,在大臣任免问题上受到不必要的约束。[60]

从本质上看,关于明治宪法体制,有贺心目中理想状态下的政体运作模式,是实质上的内阁政治与名义上的天皇亲政之融合,以内阁为首的行政机关作为国家治理的中枢机关,不是天皇本人亲政,更不应是国会或政党干政,该构想与明治政府在宪法典颁布初期推行的"超然主义"政策吻合。

总体而言,有贺拥护天皇制,是本国传统政治的捍卫者,另一方面也认可近代西方宪法理论的某些原则,譬如将元首看作是一个有机体的机关构造,须依据宪法和法律规定行使职权、承担义务等,承认设立议会的必要性,强调议会的地位和职责对于立宪国具有的意义等。可见其理论兼有立宪主义和君权专制的因素,以至于在近代宪法学说史上的阵营派别定位上摇摆不定、处境尴尬。

---

〔60〕有贺长雄:《国家学》,東京:信山社 2009 年版,第 239 页。

第四章　宪法理论的特征与地位

第一节　挑战穗积八束的君权理论

一、穗积八束的绝对君权理论

近代日本的宪法学说大致分两大流派：一个是绝对君权派，另一个是自由立宪派。前者试图强化天皇大权，减弱国会的地位作用，尽可能压缩立宪因素并增强专制因素，代表学者有穗积八束和上杉慎吉等；后者则试图限制天皇大权，增强国会的地位作用，尽可能扩大立宪因素并削弱专制因素，提倡保障国民权利，推动明治体制朝民主政治的方向转变，代表学者有末冈精一、高田早苗、美浓部达吉和副岛义一等，其中又可细分为以美浓部达吉为首的东京学派和以佐佐木忽一为首的京都学派等。[1] 而在绝对君权派阵营这边，穗积八束是最重要的代表学者。

穗积八束（1860—1912 年，以下简称穗积）是明治时代日本著名的法学家。[2]

---

〔1〕小林直树：《憲法講義（上）》，東京：東京大学出版会 1980 年版，第 106—107 页。

〔2〕1860 年，穗积八束生于现今日本爱媛县，在传统的国学世家成长，二哥穗积陈重也是明治时代著名法学家。1873 年前往东京求学，1879 年进入东京大学文学部主修政治学专业。1883 年毕业在同大学攻读研究生。1884 年留学德国。1889 年回到日本担任东京大学法科大学教授。1897 至 1911 年担任法科大学长。1901 年当选为高等文官考试委员会成员；1906 年当选为学士院会员。此外还担任过法制局参事官、临时帝国议会书记官、枢密院书记官、贵族院议员、帝室制度调查局专员和宫中顾问官等。在生活方面几乎没有业余爱好，沉默寡言不修边幅。1910 年起身体状况恶化不得已辞去教职退休养病。1912 年去世。主要参考文献是長尾龍一的《日本法思　（转下页）

其生平著作颇丰，代表著作有《宪法大意》(1896 年版)、《行政法大意》(1896 年版)、《国民教育爱国心》(1897 年版)和《宪法提要》(1910 年版)等，代表论文有《国家全能主义》(1889 年)、《民法出忠孝亡》(1891 年)、《家制及国体》(1892 年)、《立宪制的本旨》(1899 年)和《宪法的精神》(1900 年)等。

在明治日本学界，穗积是官方有意培养的对象，被认为是御用学者。早在东京大学期间，被校长加藤弘之内定为将来宪法学讲座教授候选人，并在前往德国留学前夕还受到了伊藤博文和井上毅等高层接见，将原计划攻读的欧洲制度沿革史改成政府急需的宪法学专业，被寄予重托。

穗积学成回到日本后，迅速成为学界领袖，常年担任东京大学法科大学长职务，其学说也长期为政府官方所采纳，成为称霸学界的主流观点。他也由此背负"御用学者"、"曲学阿世"和"富豪驸马"等名号而受到质疑。

尽管如此，穗积的宪法理论在近代学说史上仍占有重要位置，有日本学者将其出版的《宪法大意》(1896 年版)一书视作近代宪法学诞生的标志。[2] 粗略梳理其学说的演变史，有两次占据学界主流地位。

第一次是明治后期，以国体论学说为核心的理论受到明治政府认可，诸如《宪法大意》等著作成为宪法学领域的官方教科书。穗积不仅当选为高等文官考试委员会成员和学士院会员，还以宫中顾问官身份成为皇室家族的授业导师。[3]

第二次是 1935 年的"天皇机关说事件"，以美浓部达吉为首的立宪主义学派被压制后，穗积的国家全能主义和天皇主权论等观点再次被官方采纳，并为军国主义势力裹挟，为法西斯主义意识形态的确立提供了理论支撑，二战结束后其学说逐渐销声匿迹。

中日学界关于穗积的宪法理论均有一些研究积累。[4] 例如，日本学者铃木安

(接上页)想史研究》(創文社 1981 年版，第 114—127 页)和《穗積八束》(载長谷川正安編《憲法学说史》三省堂 1978 年版，第 152—163 页)等。

〔2〕鈴木安藏：《日本憲法学史研究》，東京：勁草書房 1975 年版，第 42 页。

〔3〕長尾龍一：《日本法思想史研究》，東京：創文社 1981 年版，第 121 页。

〔4〕日本学界的代表学者是长尾龙一，相关著作包括《穗積宪法学杂记》、《穗積八束传笔记》、《穗積八束》、《关于法思想的"国体论"》和《用八束的精髓窥视明治史》等；国内学界的代表性论文是：林来梵《国体宪法学——亚洲宪法学的先驱形态》(载《中外法学》2014 年第 5 期)和邹皓丹的《从"民法出，忠孝亡"看穗積八束的法思想——以穗積八束的家族国家观为中心》(复旦大学历史学硕士学位论文 2009 年)等。

藏、长谷川正安和长尾龙一等人均有深刻论述：

> 穗积的宪法学思想不承认近代西方宪法学的普遍性，而依据的是其自身所理解的日本固有不变的原则——国体……关于国家理论的本质，是对国家权力的绝对支配，即天皇拥有绝对主义统治权，与近代西方的立宪主义精神格格不入。[5]
>
> 穗积是阐释《明治宪法》最正统的学者……《明治宪法》的颁布象征君主立宪制政体的确立，在穗积的宪法学思想中，立宪制仅仅意味着权力的分立，并没有限制君权的内涵……日本是一个将家和国、家长和天皇视为一体的家族制度国家，穗积在这种国家论和宪法论之间搭建了一座桥梁，变成所谓天皇即国家的国体论。[6]
>
> 家族国家和进化论，拉邦德和鲁道夫索姆，权力分立论和社会君主制，实际上很难用一句话概括穗积宪法学的本质，此前学界关于穗积的观点给人留下过于简单的印象。[7]

简言之，穗积的宪法理论兼具日本传统的尊皇思想和近代西方的宪法理论，整体上偏重前者，在学说史上属于君权主义保守派的代表学者。其中最为人熟知的理论观点，莫过于"天皇主权论"学说。该学说服务于天皇制度和国家公权力，被称为"旧官僚宪法学"。[8] 由于其建立在国体论基础上，又被称为国体宪法学。有学者写道：

> 穗积八束正是将"拉邦德研究法"和"历史法学派"的取向结合起来，即在理论的形式意义上吸收了拉邦德法律实证主义的方法论，对已然存在的实定宪法进行精致严密的逻辑建构，即以宪法解释学的样式，形成自

---

〔5〕铃木安藏：《日本宪法学史研究》，東京：劲草书房1975年版，第228、232页。
〔6〕長谷川正安：《宪法学史(中)》，载鹈饲信成等编《講座近代日本法发达史》，東京：劲草书房1959年版，第167、170、173页。
〔7〕長尾龍一：《日本法思想史研究》，東京：創文社1981年版，第159页。
〔8〕何勤华：《20世纪日本法学》，北京：商务印书馆2003年版，第257页。

己的理论体系;而在理论的价值导向上,则秉持历史法学派的立场,并未直接"照搬照抄"当时德国最前沿的宪法学理论,而是一开始便着力于建构一套可谓符合"日本国情"的,颇具"日本特色"的宪法学理论。其中,最具代表性也最为核心的内容就是他的国体学说,"国体宪法学"正因此得名。[9]

所谓国体宪法学的内涵,实际是一套二元论式的体系,包括国家和社会二元论、国体和政体二元论,以及国体概念本身的性质等。而"国体"一词,则是穗积宪法理论最重要的概念。这一概念在近代日本有复杂的演变过程,从原先伦理和文化意义上的概念,逐步被用作阐释国家政治体制,最终演变为宪法学概念。可以说,穗积在建构理论体系中给"国体"赋予了全新内涵,从而对日本乃至中国的宪法学说均造成了影响。[10]

穗积对国体概念的创造性阐释,主要依据日本自身传统的祖先教文化。他写道:"祖先教是日本国体的基础,祖先崇拜是日本历史传统中的特征,这是日本建国基础,至今没有发生过变更,也是在国体问题上日本之所以跟西方国家不一样的根源。"[11]以下就其宪法理论的君权观点作简要概括。

第一,天皇即国家与国家即天皇。

穗积融合了天皇制度与日本的祖先崇拜文化,将国家看作一个血缘共同体,作为主权者的天皇是该共同体的维系者和持续存在的源动力。实际上,这是将家庭和国家概念绑在一起,将天皇视为日本家长,倡导家国一体化。家族国家观在近代日本之确立,可以说穗积发挥了重要作用。[12]

第二,天皇权力无限制与天皇亲政。

穗积认同建立宪法体制,但天皇大权不能因此受到任何限制。由于"国体"等

---

〔9〕林来梵:《国体宪法学——亚洲宪法学的先驱形态》,《中外法学》2014 年第 5 期,第 1131 页。

〔10〕林来梵:《国体概念史——跨国移植与演变》,《中国社会科学》2013 年第 3 期。

〔11〕穗積八束:《家制及国体》,载松本三之介编《明治思想集(一)》,東京:筑摩書房 1976 年版,第 20 页。

〔12〕旧民法典的论争和《教育敕语》颁布直接促成家族国家观的确立,穗积八束是旧民法典论争"延期派"的代表人物,将日本传统的家族制度思想导入了近代民法学领域。参见李卓:《日本传统家族制度与日本人家的观念》,《世界历史》1993 年第 4 期。

历史传统不一样,日本的君主立宪政体跟西方国家的区别,主要体现为天皇总揽统治权下的"权力分立主义"。而且在行政权方面,采取天皇大权独立统治模式,国务大臣无权干涉,这堪称该宪法体制的最大特征。[13]

第三,权力分立是立宪政体的标志。

穗积指出,专制和立宪属于政体概念的范畴,与国体概念无关。立法、行政和司法等国家权力完全掌握在一人或一个机关手里,则为专制政体;如果分别由各自独立的机关行使,则为立宪政体。[14]

还指出,专制政体除了传统的君主专制外,还有国务大臣专制和国会专制等形态,孟德斯鸠的三权分立学说被证明为会导致国会专制。可见其主张权力分立主要是为了强化行政权的地位作用,确保行政权不受国会或政党制约等。

值得一提的是,明治后期随着日本政党政治兴起,穗积学说不可避免地走向衰落,最终被"天皇机关说"阵营压倒,而一度丧失主流地位,在二战结束后,更是被视作需要深刻反省的意识形态学说,遭到学界批评和摒弃。

二、有贺长雄与穗积八束的背景比较

有贺和穗积均是明治政府自主培养的知识精英,同为近代日本第一批宪法学者,对比两人的生平境遇和学术生涯大致如下:

在家庭背景方面,两人同岁且均为国学世家出身,祖父和父亲均为当地国学艺术家,在传统尊皇的学家氛围中成长;在求学深造方面,两人均接受过寺子屋教育和洋学教育,毕业于东京大学且在欧洲留学,学术理论源于 19 世纪德国宪法理论;不过主要的师承对象,分别是石泰因和拉邦德。

有贺比穗积早一年入学东京大学,主修专业分别是哲学和政治学,但同属于东京大学文学部;不过在校期间,穗积就受到胞兄穗积陈重和校长加藤弘之的关照,还未毕业即被内定为宪法学讲座教授的人选。

1883 年,穗积公派留学德国,1889 年初回到日本,不到 30 岁就成为东京大学

---

〔13〕穗积八束:《憲法の精神》,载松本三之介编《明治思想集(一)》,東京:筑摩書房 1976 年版,第 41 页。

〔14〕同上书,第 27 页。

宪法学讲座的教授。从学术生涯来看,有贺主要在早稻田大学任教,而穗积常年在东京大学担任法学大学长职务,可谓执学界牛耳。不过,有贺在宪法研究领域之外,还在国际公法学、外交史学、社会学和历史学等领域也取得了一定建树。

当然穗积的研究领域也不局限于宪法学,在民法学、行政法学和教育学等领域也取得了成绩。例如在民法学,他参与旧民法典论争,作为延期派的代表学者将传统的家族制度导入民法学领域,为明治政府推动确立家族国家观起到了促进作用。

在教育学,他长年致力研究国民道德教育,建议政府强化道德教育,并亲任修身教科书编纂委员会成员,参与教科书编纂还发表系列演讲等,出版了《国民教育爱国心》和《国民道德的要旨》等著作,也拥有较大的影响力。

须知,有贺在任教早稻田大学之前,在明治政府担任官僚十余年,在政界和军界拥有较广的人脉关系。这也同是穗积学术生涯的特征,一个是在仕途道路耕耘多年,另一个是政府培养的御用学者,两人均与政府官方保持有密切联系。

相关生平经历有:他们均担任帝室制度调查局的研究专员,共同参与修订《皇室典范》的调研,有贺出版了《帝室制度稿本》,穗积则出版了《皇室典范讲义》;又如两人均为清廷考察团讲授过宪法课程。

关于清廷的两次出洋考察,穗积均担任日本讲师团的讲师,有贺则是在第二次考察团中担任授课讲师。不过就宪法课程主讲而言,第一次是穗积,到了第二次换作有贺。具体而言,穗积为戴泽一行人讲授了十二回宪法课程,讲义译为中文后以"日本宪法说明书"为题,刊载于清廷的《政治官报》。有贺为达寿和李家驹等授课,讲义以"有贺长雄博士讲述宪政讲义"为题,收录在《伊东已代治关系文书》中。

关于有贺和穗积的宪法理论,与清末预备立宪之间的关系,目前中日学界均有所研究,例如有日本学者和国内学者分别论述道:

> 达寿回国后关于国体论和政治体制的权力分立论等主张,显然是受到穗积的影响;然而建立以权力分立论为基础的政治体制,大权政治的性质是最重要的内容。关于大权政治,穗积的解释是天皇亲政论,而有贺的解释则是内阁中心论……立宪政体下的君主与行政机关的关系,是政治和宪政考察团一大重要考察项目,而恰恰穗积和有贺两位学者对该问题

的看法有所不同。穗积不承认国务大臣各自独立地直属于天皇施政，主张天皇亲政论；而有贺提出以内阁为中心的"间接政治"构想，意图是以避免天皇对行政事务的直接参与。[15]

有贺长雄对清政府预备立宪的主要建议是建立责任内阁制。他所说的责任内阁制，并非议会政党政治下的责任内阁制，而是模仿日本的二元制君主立宪制。在这种制度下，立法、行政、司法三者的制衡关系被扭曲了，过分突出内阁的行政权，而无论是行政权、立法权还是司法权，最后都由天皇统揽，形成所谓的"大权政治"。但即使在当时的日本，对于大权政治也存在不同理解，即如何看待内阁与天皇的关系。同为考政大臣讲授宪政的有贺长雄和穗积八束在这一问题上也有分歧……相对于穗积，有贺更倾向于将君主视作一种公法意义上的国家机关。从宪政大臣奏折以及官制编纂草案来看，基本上采纳了有贺的主张。而具体情况稍有区别，如达寿和李家驹虽然都反对议院政治，主张先立内阁，但后者明显强调责任内阁，似有以总理大臣制约君主的意图。[16]

概言之，有贺宪法理论的影响，主要体现为"二元式"君主立宪的政体构想，那么穗积的影响则体现为国体概念在近代中国的导入。就生平经历而言，有贺比穗积幸运的是，他在穗积弥留之际接受了北洋政府抛来的橄榄枝，来华担任所谓宪法顾问，并亲身参与构建民初宪法体制的历史进程，本有机会将自身理论付诸实践。

三、第一次"天皇机关说"论争

1889 年初，穗积结束德国留学回到日本，即受命担任东京大学宪法学讲座教授，运用所谓拉邦德方法论阐释明治宪法典的法理知识，并构建自身的理论体系。虽然很快便称霸明治宪法学界，但学术评价见仁见智，其实质疑之声不绝于耳。其本人在《宪法提要》一书序言中写道：

---

〔15〕曾田三郎：《立宪国家中国への始動：明治宪政と近代中国》，東京：思文閣 2009 年版，第 80 页。

〔16〕孙宏云：《清末预备立宪中的外方因素——有贺长雄一脉》，《历史研究》2013 年第 5 期，第 114—115 页。

我虽然倡导国体论已有三十年之久，但我知道它并不符合时代潮流发展的方向，眼看这一学说将要后继无人，我只剩下孤城落日下的感慨了。[17]

当然日本学界反对穗积的代表人物是美浓部达吉。美浓部达吉是穗积的晚辈和学生，同样留学德国，1902 年学成回到日本后也任教于东京大学，担任比较法制史和行政法讲座教授，其在宪法学领域的目标便是驳倒穗积的理论学说。[18]

1912 年，美浓部发表《宪法讲话》，系统提出了"天皇机关说"理论，以抨击穗积为首的"天皇主权说"理论，并与穗积爱徒上杉慎吉进行争论，即学说史上的"天皇机关说"论争。当时正值明治末年，大正民主运动已悄然兴起，"天皇机关说"得到越来越多支持，以至最终压倒了"天皇主权说"，成为学界主流观点。

另一方面，在政界，虽然穗积作为御用学者得到官方支持，但不意味受到明治所有高层认可。据学界研究，其学说未得到伊藤博文的赞赏，当伊藤博文为《宪法义解》成立审查委员会之际，得知穗积声称是德国法学家拉邦德爱徒的言论后，便从委员会名单中将其剔除，不肯为其代表作《宪法大意》作序等，而且对其"天皇即国家"、"君主权力无限制"和"国家全能主义"等观点持沉默态度。[19]

事实上穗积学成回到日本之初，在学界就遭到公开质疑甚至批驳；有贺正是当年使穗积颜面大失的勇者。他们这场学术对话，也被称为史上第一次"天皇机关说"论争，在学说史上具有一定价值。

1889 年 3 月起，穗积受加藤弘之委托，在《国家学会杂志》连续发表题为"帝国宪法的法理"的论文，主要对明治宪法典进行法理阐释。对此，有贺发表了题为"穗积八束君帝国宪法的法理存在谬误"这样一篇论文，公开指出穗积的阐释存在错误。

〔17〕穗積八束：《宪法提要》，東京：有斐閣 1935 年版，序第 1 页。
〔18〕奥平康弘：《美浓部达吉》，载長谷川正安编《宪法学说史》，東京：三省堂 1978 年版，第 197—208 页。
〔19〕長尾龍一：《日本法思想史研究》，東京：創文社 1981 年版，第 119 页。

当下关于宪法的阐释很多,有些人的阐释,根据的是英法国家的法学理论,那么,他们对于一些问题的看法自然会与我不一样,我也不作评价。但是,唯独我的同学穗积,一直在德国留学,世人一般将他看作是运用德国宪法学理论阐释宪法的代表,认为他所传播的即德国的宪法学理论……作为同样师承德国宪法学理论的我,必须向世人说一句,德国宪法学理论其实并不是像穗积关于宪法的法理阐释那样倾向于专制主义。穗积所主张的国家即朕等观点,实际上是在法国引起革命的路易十四专制主义理论。[20]

有贺试图阐述自己的观点主张,天皇不是国家本身而是国家机关之一;作为主权者的君主也须遵循宪法和法律规定;如果君主随意违背法律、更改法律或否定法律会引起全体国民反抗,造成秩序混乱和政局动荡等。总之他反对穗积的绝对主义君权论,倡导一种保守主义的君权观点,在一定程度上具有"天皇机关说"理论的特征。

相应地,穗积发表了题为"对于有贺学士之批评,明确主权之本体"一文予以回应。穗积在文中坚持自己的观点,进一步明晰天皇是日本主权本体、是统治主体,日本国土和全体国民是统治客体等概念。此后他继续发文阐释法理,构建起了一套以国体论为核心的理论体系。另一方面,有贺虽未继续回应,转而从注解明治宪法典入手,通过撰写《国家学》、《帝国宪法讲义》、《日本古代法释义》、《行政学讲义》和《国法学》等著作,也开始构建自己的一套理论体系。

有贺因这次公开叫板付出了代价,本来有望进入东京大学,接替末冈精一担任国法学讲座教授,但在穗积的暗中阻挠下,最终错失了这个机会。此后有贺却在国际公法领域取得意外的成绩,通过在战争期间担任随军法律顾问和在西方舆论上撰文等方式,转型变为在国际上知名的国际公法学者。

---

〔20〕有贺长雄:《穗积八束君帝国宪法の法理を誤る》,载松本三之介编:《明治思想集(一)》,東京:筑摩書房 1976 年版,第 73 页。

四、有贺长雄与穗积八束的观点差异

尽管有贺和穗积的学术生涯各有千秋,但两人在宪法学领域的观点分歧多年以后仍未消解。有贺在《国法学》一书中调侃道:

> 东京帝国大学开设国法学讲座的历史已久,聘请专家讲授这门学问;眼下诸位专家的学说在国内已成为权威学说。因此在这里先作反省:我没征求诸位专家同意,独自著书立说,需要承担僭越之责。而且我是从日本历史入手探求日本的国法,在研究方法上跟诸位专家略有不同,这也是犯下了不逊之罪,恳求诸位专家见谅……统治权行使需要受到限制,这种限制大致有两种,一种是权力的行使必须经过特定机关的辅助,另一种是必须遵守特定的形式。值得注意的是,德国有些宪法学者主张的却是君主权力无限制的学说,然而在日本,竟也有人为这种学说布道。[21]

回溯有贺和穗积在宪法典颁布初期的那次学术对话,即所谓史上第一次"天皇机关说"论争,可知两人的观点分歧主要体现如下:

第一,关于国家主权概念的理解。

穗积融合了日本传统国学、水户学理论和西方的社会进化论、国家学说等,认为主权者是超越法律的权威存在,国家是拥有共同生命与目的之独立团体,主张个人利益必须服从国家利益,主权即国家生命,拥有主权的君主即国家本身,君主权力不受任何限制等。[22]

有贺立足于石泰因的国家有机体学说,主张有形实体和无形精神之结合。[23]作为国家神识的元首,是国家内部机制一部分,本身也是有机体构造,日本元首之位由天皇担任。一方面天皇必须依宪行使元首职责,这是遵循宪法的规定;另一方

---

〔21〕有贺长雄:《国法学(上)》,东京:信山社 2009 年版,序第 3—4 页,第 206—207 页。
〔22〕穗积八束:《宪法の精神》,载松本三之介编《明治思想集(一)》,东京:筑摩书房1976 年版,第 32—47 页。
〔23〕同上书,第 4 页。

面,主张宪法未列举权力默认归属天皇,即权力所在之推定,这是遵循天皇总揽统治权的历史传统。[24]

有贺反对穗积所谓"君主即国家"和"君主权力无限制说"等强调君权绝对主权的观点,认为这本质上是法国路易十四的专制理论,不是欧洲最新宪法学理论的内核,认为日本通过立宪改革建立起宪法体制,君权则必须遵循宪法规定受到必要限制。[25]

第二,关于政体模式取决的因素。

政体模式设计上,有贺与穗积均主张遵照本国法制历史传统,认为世上没有普遍适用的模式,应因地制宜设计合适国情的政体。但立足点有所区别,穗积开创国体论学说,明确区分国体和政体概念,核心观点是国体不能变更,而政体可变更,穗积写道:

> 所谓国体,是根据主权所在之不同而不同;而政体则按统治权行使形式之不同而不同。日本而言,天皇皇位是主权所在属君主国体,那些以全体国民为主权之所在国家属于民主国体。另一方面所谓专制和立宪属于政体概念范畴,与国体概念无关。统治权掌握在一人或一机关归为专制政体;立法、行政和司法分别由独立机关行使为立宪政体。[26]

可见穗积依托日本传统思想,建立国体宪法学的理论体系,核心观点是祖先教是日本国体之基础,是区别于西方国家的建国根基,万世一系的天皇制度是日本祖先教持续存在最重要的体现,也是维系社会秩序和国民团结的基础,千万不可动摇。[27]

有贺则主张基于本国法制自身演变的传统,挖掘适合的政体模式,认为日本通

---

[24] 有贺长雄:《国法学(上)》,東京:信山社 2009 年版,第 163 页。

[25] 有贺长雄:《穂積八束君帝国憲法の法理を誤る》,载松本三之介编《明治思想集(一)》,東京:筑摩書房 1976 年版,第 73—74 页。

[26] 穂積八束:《立憲制の本旨》,同上书,第 27 页。

[27] 穂積八束:《家制和国体》,载松本三之介编《明治思想集(一)》,東京:筑摩書房 1976 年版,第 20 页。

过明治维新,从等族国家时代迈入公民国家时代,宪法体制是公民国家时代特征。天皇拥有主权是历史传统,拥有支配权基于"王政复古"的演变事实,不同于其他君主立宪制国家的明治政体模式,应具有日本传统特征。穗积偏好探讨历史理论而有贺倾向挖掘历史传统,但均强调本土法制的独特,均带有历史主义法学的特征。

第三,关于国家职权的分立构想。

国家职权分立构想上,两人在许多问题上持相同观点。例如,均反对三权分立学说和责任内阁政体,均主张行政的主导地位和二元制诉讼体制,以及行政权、立法权的二权分立等。不过在具体主张上有分歧:在国会立法权上,穗积认为国会没有主动性和制约性,国会和臣民无权监督国务大臣,否定国会的地位和作用;有贺认为法律出台须经过国会协赞,天皇和国会的立法权力是五五平分,国会和臣民均有权问责政府并监督国务大臣,国会可以上奏请求裁决,臣民也可以行使监督权等。[28]

又如大臣副署权上,穗积认为大臣辅弼只限署名不等于征求大臣意见,大臣名义无权参与国务事务决议,主张天皇大权内阁制政体,即天皇亲政或大权直接政治。[29] 对此,有贺也反对议会主导下的责任内阁政体,侧重点是发挥大臣作用,结合天皇无责任和大臣负责制原则,拥有统治权的天皇不必亲政,由内阁代为施政并承担责任等。

在学说渊源上,两人均师承德国的宪法学,对实证主义和历史主义等理论均有吸收,在维护天皇制度、职权分立和行政主导上等构想基本相同,不过穗积主张"天皇即国家"观点。有学者这样写道:

> 穗积的宪法学思想不承认近代西方宪法学的普遍性,而依据的是其自身所理解的日本固有不变的原则——国体……关于国家理论的本质,是对国家权力的绝对支配,即天皇拥有绝对主义统治权,与近代西方的立宪主义精神格格不入。[30]

---

〔28〕有賀長雄:《穗積八束君帝国憲法の法理を誤る》,同上书,第81—82页。
〔29〕穗積八束:《憲法の精神》,同上书,第47页。
〔30〕鈴木安藏:《日本憲法史研究》,東京:勁草書房1975年版,第228—232页。

可以说,绝对主义君权论是两人理论观点的最大分歧。有贺认为天皇是国家有机体中的元首机关,也须遵循宪法规定履行职责,坚持元首无责任和大臣负责制原则的政体模式,反对绝对君权论中过于专制的观点,在某种程度上,这一观点确实体现了责任政治的宪法理念,似乎符合"天皇机关说"流派的理论特征。

在宪法学说史上,恐怕不宜将有贺归入以穗积为首的流派阵营,但也不意味着其理论就可以归入以美浓部达吉为代表的另一派。就整体而言,其宪法理论中的君权主义色彩要多于立宪主义因素,与"天皇机关说"流派观点更格格不入,可谓在学说史上两大主流阵营之间定位模糊,其理论目的究竟何在。

第二节　推崇伊藤博文的施政理念

一、明治宪法典的官方解释书

伊藤博文(1841—1909 年,以下简称伊藤)堪称近代日本最著名的政治家之一,对明治宪法体制的拟定和建设起到了举足轻重作用,被誉为"明治宪法之父"。日本学者有这样的描述:

> 他是亚洲首个立宪主义体制的创立者,被认为是立足于明治立宪体制的政治家,还被认为是日本早期的国会政治家,得到西方国家高度的评价。伊藤数次获得明治天皇的理解,挽救宪法危机维持了宪法体制,在1900 年创办立宪政友会后也推进了政党政治的发展。相较于德国的宪法曾一度遭到停摆,明治宪法却始终保有效力,之所以如此离不开伊藤个人的努力和坚持,所以英国为首的西欧诸国称其为日本立宪主义和议会政治之父。[31]

---

〔31〕伊藤之雄:《伊藤博文——近代日本を創った男》,東京:講談社 2009 年版,第 581—583 页。

大致而言,在伊藤主导下的宪法体制确立进程为:1881 年"明治十四年政变"确立萨长藩阀政府;1882 年率团前往欧洲考察;1884 年设立制度调查局并担任局长兼宫内卿,同年确立华族制度;1885 年废除太政官制度确立内阁制度,担任内阁总理大臣兼宫内大臣;1886 年实行学院制度;1887 年确立近代官僚制度;1888 年设立枢密院并担任枢密院议长。此外还发布了《市制町村制》《府县制》《郡制》和《皇室典范》这些配套法规等。

明治宪法典的拟定过程是:1887 年德国宪法顾问罗斯勒提交了宪法草案,同年井上毅等人也提交了甲乙宪法草案,伊藤与井上毅、伊东已代治与金子坚太郎等人在夏岛别墅商讨宪法条文拟定并完成了"夏岛草案"。1888 年将宪法修正案呈奏天皇,采取宪法钦定原则,设立枢密院作为国务顾问机关。宪法典在枢密院主导下得以完稿,并于 1889 年由天皇正式颁布。1890 年国会成立,伊藤又担任贵族院议长。

1889 年 6 月,日本国家学会刊行了《帝国宪法皇室典范义解》一书,由伊藤和井上毅等人撰写,内容包括《宪法义解》和《皇室典范义解》,针对宪法典和《皇室典范》进行阐释,堪称宪法典最权威的官方解释。该书观点可归纳如下:

第一,关于天皇制度。

在主权方面体现为序言、第一条和第二条,基本立场是君民分离主义,主张天皇制度是日本的历史传统。这样写道:

> 我国君民之别,于建国之时既已确定。然历经中世,变乱频发,以致纲常废弛,政令不统。终使我皇降下大命,开展维新运动,颁布焕发兴隆之圣诏,确立立宪之洪范,遂致皇运日盛。使上有元首大权之一统,下有股肱大臣之辅弼,国会之助力,各级机关各得其所,而臣民之权利义务亦日益明晰,举国共期幸福之实现。此皆依祖宗之遗业,疏源流通者也。[32]

该书还阐明了宪法典采取钦定宪法原则是为了:"揭示我皇大权,将其明记条

---

〔32〕伊藤博文:《日本帝国宪法义解》,牛仲君译,北京:中国法制出版社 2011 年版,第 3 页。

章,巩固固有之国体,而不在于据其对帝位加以新解。"〔33〕这里的国体即万世一系的天皇制度,不是由宪法规定的,而是固而有之,宪法只是加以强化。日本的统治权属于皇位,实行主权在君制度,皇位实行自律主义,依据的是《皇室典范》。

在天皇地位方面体现为第三条,不仅阐释了天皇无责任原则,还神化了天皇的地位,以进一步强化其权威。这样写道:

> 故君主者,不言而喻,法律敬重之存在也。法律非但无责问君主之权力,对天皇亦不可不怀敬之意,冒犯身体,甚或指责非难,议论评价之行径必不允许。〔34〕

在天皇职权方面主要体现为第四条到第十六条,先看对统治权概念的阐释:

> 统治大权者,实为天皇继承自祖宗,传于历代子孙,掌立法行政,统百官之事也。故行使治御国家,安抚臣民之事,纲领大权皆需集于至尊一身,正如人之四肢百骸,神经脉络均需首脑之源掌控一般。〔35〕

有日本学者认为,统治权根据德国宪法理论,对应的意思大致是国权或主权,而伊藤认为天皇拥有行使主权的权力,即"行使治御国家,安抚臣民之事"来源于天皇本人,倾向"天皇主权说"而不是"天皇机关说"。〔36〕

而且该书还运用所谓体用二分论方法:"盖总揽统治权者,主权之体也,宪法之条规者,行使之用也。有体无用,则导致专制,有用无体,则易生散漫。"〔37〕这是伊藤对宪法体制体用结合特征的形象归纳,体现了其宪法思想中关于三权分立原则的理解,其实是基于天皇总揽统治权下的权力分立主义。

再看立法权,主要体现为宪法第五条到第九条。

〔33〕伊藤博文:《日本帝国宪法义解》,牛仲君译,北京:中国法制出版社 2011 年版,第 3 页。
〔34〕同上书,第 4 页。
〔35〕同上书,第 5 页。
〔36〕鈴木安藏:《日本憲法学史研究》,東京:劲草書房 1975 年版,第 51—52 页。
〔37〕伊藤博文:《日本帝国宪法义解》,牛仲君译,北京:中国法制出版社 2011 年版,第 5 页。

立法属于天皇之大权，其行使必有赖于国会之同意。天皇可命内阁起草或经国会提案，两院审议通过之后，圣裁许可始成法律。故至尊不仅为行政之中枢亦是立法之渊源者也。[38]

盖国会为立法之参与者，非主权之分割者也，有讨论法律之职能，无确定法律之权能。国会之参议只能限于宪法原文赋予之范围，不存在无限之权能。国会作为立宪大政之相关机构参与立法，且国会非只参与立法，亦间接负有监督行政之任务。[39]

虽然立法权归属天皇，但行使须经国会协赞。宪法第五条原文使用"协赞"一词。事实上在宪法尚未颁布前，围绕国会和天皇在立法权上的关系，各方观点不一致。在草拟阶段，德国顾问罗斯勒使用"承诺"一词，井上毅的甲乙宪法草案均用的是"辅翼"，伊藤一度将甲案改为"赞襄"一词，而宪法审议阶段，起初是用"承认"，后又改为了"协赞"，主要原因是枢密院认为"承认"一词会提升国会地位，改成被动含义更强也更稳妥的"协赞"。[40]

其实关于立法权，除了包含国会所谓协赞权之外，还有更重要的天皇裁可权（第六条）和命令发布权（第九条）：

我国宪法源自积极主义学说，法律必为王命之所属。故批准之后始成法律。王命有批准与不批准之权限，虽貌似彼之否决权，实则有天壤之别。[41]

本条揭示了行政命令之大权。盖法律必须经国会之审议通过，而命令专指天皇之裁定。命令发布之目的有二：一者规定为执行法律所必需之方法及详细说明；二者为保持公共安宁、秩序稳定，增进臣民之幸福所

---

〔38〕伊藤博文：《日本帝国宪法义解》，牛仲君译，北京：中国法制出版社 2011 年版，第 5 页。
〔39〕同上书，第 23 页。
〔40〕鈴木安藏：《憲法制定とロエスレル——日本憲法諸原案の起草経緯と其の根本精神》，東京：東洋経済新報社出版部 1942 年版，第 427—428 页。
〔41〕伊藤博文：《日本帝国宪法义解》，牛仲君译，北京：中国法制出版社 2011 年版，第 6 页。

必要。此皆为依据行政大权,不必经法律程序,设立一般遵守条规之事。盖法律与命令者,均为臣民必须遵守之义务也。只法律可以变更命令,而命令不可变更法律。如两者发生矛盾时,法律通常具有高于命令之效力。[42]

关于行政权,主要体现为宪法第十条到第十六条。其中第十条是官制大权,该书的阐释是,大臣须经天皇亲自任免,敕任以下之高等官员,亦须大臣之上奏,经圣裁后方得任免,此皆出自至尊之大命。可见国务大臣的任免权完全归属天皇,而普通官员的任命则由各大臣负责,但须上奏天皇批准。关于第十一条、第十二条的军令和军政大权,有日本学者对该书阐释这样评价道:

> 在宪法第五十五条和第五十六条中,规定天皇行使统治权必须经过国务大臣的辅弼和枢密院顾问的咨询,但伊藤在《宪法义解》中,坚持将军队看作是天皇个人的军队,而非国家或国民的军队,导致统帅权独立,欠缺近代宪法国家观念。[43]

该书还强调:"元首之大权,除此等宪法条文之外,无有任何其他限制,正如太阳之光线,遮蔽之外无有阻挡一般,原本不必逐一列举。宪法所示者,只举其大纲,罗列条目之要领及昭示标准。"[44]

第二,关于国民权利和义务。

该书写道:"盖自上而言,饱含重爱之意,以谓邦国之宝,自下而言,服从大君,尽显幸福之臣民者也。此为我国之典故旧俗,本章所示之臣民权利义务,其源流即在于此。"[45]虽然明治维新破除身份等级制度,全体臣民权利平等,并对"公权"和"私权"概念作了区分,但权利认识主要还是依据古代神权思想,认为臣民权利来自

---

〔42〕伊藤博文:《日本帝国宪法义解》,牛仲君译,北京:中国法制出版社 2011 年版,第 9 页。
〔43〕鈴木安藏:《日本憲法学史研究》,東京:勁草書房 1975 年版,第 61—62 页。
〔44〕同上书,第 13 页。
〔45〕同上书,第 14 页。

天皇恩赐，强调的是臣民义务和个体对国家的服从等，具有国家主义理论的特征。不过该书特别强调信教自由，主张国民应享有充分的信教自由：

> 信教自由可谓近世文明之一大美果也，而人类最至贵至重之本心自由及正理之伸张者，经过数百年间沉沦茫然之境界，于今日终发璀璨之光辉。任何宗教均不得为侍奉神明而立于宪法之外，享逃避国家臣民义务之权利。故各人均有完全且不受限制之内部信教自由，然外部礼拜、传教自由则须依照法律、规则受到必要之限制并必须服从臣民一般义务。[46]

第三，关于国会和内阁等机关。

立法机关方面，国会不是立法权主体，只拥有协赞权，默认天皇和国会共同行使立法权这一事实。除立法权之外，国会还拥有监督权："国会作为立宪大政之相关机构参与立法，且国会非只参与立法，亦间接负有监督行政之任务。"[47]国会监督权包括接受请愿权、行使上奏及建议权、质问政府要求其严格命令权以及财政监督权等。

关于国会制度，贵族院不仅是王室的屏障以及汇集保守分子之所在，更重要的是贵族院代表国家整体利益；众议院代表的只是政党或部分民众利益，两者性质上有本质区别。可见该书强调贵族院的地位作用，是为牵制众议院和政党政治。

行政机关方面，体现为政体构想模仿德国采取"二元制"君主立宪模式，国务大臣和枢密顾问共同辅佐天皇行使行政权："国务大臣身负辅弼之重任，负责宣奉敕命，思考政务。而枢密院顾问负责回答重要之咨询，策划枢密之谋议。国务大臣与枢密顾问皆为天皇之最高辅佐之臣。"[48]换言之，内阁由国务大臣组成，完全由天皇任免并对天皇负责，还须承担相应责任以及不实行总理大臣负责制和连带责任制等。

---

〔46〕鈴木安藏：《日本憲法学史研究》，東京：勁草書房1975年版，第21页。
〔47〕同上书，第23页。
〔48〕伊藤博文：《日本帝国宪法义解》，牛仲君译，北京：中国法制出版社2011年版，第31页。

故我国宪法采取以下之结论：第一，大臣固有之职务在于辅弼之责任，非代行君主制责任也。第二，大臣对君主负直接之责任，对人民负间接之责任。第三，裁判大臣之责者，在于君主而非人民，因国家之主权属于君主。第四，大臣之责任，为政务上之责，与刑事及民事之责无相关之事，且无相互抵触及加减乘除之情况也。[49]

该书关于司法机关方面的阐释主要如下：

行政者，执行法律，或为保持公共秩序之安宁，增进人民幸福所采取之管理及处分措施也。司法者，针对受侵害之权利，以法律为基准加以判断之措施，然司法非单依法律加以斟酌考量之事……欧洲上世纪末出现之三权分立学说，已遭学理上及实际上之排斥。司法权作为行政权之一支派，均应属于君主统揽，针对立法权而言，行政权有概况之含义，司法者不过为广义上行政之一部分。如进一步论及行政权中之职责分派，司法与行政则各占一部分也。此为近年来国法学者普遍认可之看法，在此无需详细论及。[50]

也就是说，广义上行政权包含司法权；司法权属于天皇大权一部分，法院只是代表天皇行使司法权；并认为三权分立学说已落伍于时代，司法权独立是指法院独立于行政权威之外，独立开展审判工作，依据的是权力分立主义原则，而非三权分立学说等。在司法体制方面，宪法第六十一条的规定，实际采取的是"二元制"体制，即建立专门的行政法院负责审理行政诉讼案件。这样写道：

行政权亦同样有必要保持独立，如行政权之实施受司法权之监督，法院可以判定行政处罚是否得当，决定其取舍，则将不免出现行政官隶属于

---

〔49〕伊藤博文：《日本帝国宪法义解》，牛仲君译，北京：中国法制出版社 2011 年版，第 33 页。
〔50〕同上书，第 36—37 页。

法官之情况，使其丧失为确保社会便利与人民幸福之管理余地也⋯⋯然行政事宜，通常非法官所熟知也，其判决则不免陷入危道，故行政之诉讼，必须要由密切熟知行政事务之人来加以断定。此乃司法审判之外有必要设置行政审判之原因二也。[51]

可知"二元制"诉讼体制的出发点，是使政府行使行政权免受法院制约，以确保行政权独立于国会和法院。以上是对《宪法义解》一书的归纳。可知伊藤宪法思想的立足点，主要是维护传统的天皇制度，选择性采取近代西方宪法理论中一些普适性原则，立宪目的不是真正出于保障国民权利和限制君权，而主要是为了建立一个高效稳定的政府，实现富国强兵这一国家目标。

二、伊藤博文期望中的宪法体制

作为明治宪法体制主导设计者的伊藤，堪称近代日本最有影响力的政治家，但毕竟不是法学家，除了上述《宪法义解》一书以外，其实没有其他法学作品。不过凭该书及其主导下的立宪改革，还是可以大致勾勒出其宪法思想的主要观点，以窥探其期望的宪法体制及其运作模式。

第一，天皇中心主义。

按日本学说史上"天皇主权说"和"天皇机关说"两大流派划分，伊藤的观点主张还是更接近前者，认为日本应采取主权在君原则，天皇不仅拥有主权，还拥有统治权。

统治权不限宪法规定涵盖一切国家权力。天皇在宪法体制居最高位置，在国家治理中发挥的是中枢作用，主张维护日本国体，确保天皇统治在政治生活中的权威性，但也强调作为主权主体的不是天皇本人，而是万世一系的皇位，基于固而有之的历史传统等。

实质上，伊藤不希望天皇真正亲政。"天皇总揽统治权"这句话的意图，是希望

---

〔51〕伊藤博文：《日本帝国宪法义解》，牛仲君译，北京：中国法制出版社 2011 年版，第 39 页。

天皇起到统领协调的作用。[52] 有学者这样写道：

> 从宪法制定时起，作为"现人神"的天皇就不被期望成为一切统治大权的实际拥有者，也不被期望介入复杂的政治纠葛……明治宪法的新制度就是借助于天皇这一日本传统政治文化而建立起来。明治政府的新制度的设计者和推行者发挥了旧瓶装新酒的政治艺术，尽可能化解了宪法制度在实施过程中的阻力，使得敌视宪政体制的力量暂时蛰伏于天皇的巨大精神权威之下，新制度也在传统文化下获得最大程度的接受。[53]

在某种意义上，明治维新的性质暗示了天皇本人不会成为亲政主体："推翻德川的理论就是要恢复天皇的直接统治。但是实际上大家并不想让天皇统治，而只是要他使大臣们的决定生效而已。"[54] 对此日本学者家永三郎同样指出：

> 不管天皇的行为是形式上的立宪君主，还是专制君主，他在实质上都是一种法律之外的社会性机构，是一种权威性的存在。从法律的角度来看，天皇拥有与一般立宪国家君主不同的超法规性的精神权威。[55]

伊藤所追求的，正是这种不同于其他立宪国的"超法规性精神权威"，即天皇具有超然性和权威性。

然后是天皇相对的权力无限制。虽然天皇名义上拥有一切权力，但仍须依宪法规定行使，不能随意违背。上述《宪法义解》一书在宪法第四条阐释中写道：

---

〔52〕日本学界关于天皇亲政大致有两种观点：一种认为天皇只是超脱世俗权力的精神权威，天皇统治是垂拱主义式的委任政治，天皇亲政是名义上的君主亲政；另一种认为天皇亲政是绝对意义的君主亲政，否定天皇对日本政治起到决定作用和实际参与，则为天皇逃脱责任等。

〔53〕魏晓阳：《制度突破与文化变迁：透视日本宪政的百年历程》，北京：北京大学出版社 2006 年版，第79—80 页。

〔54〕赖肖尔：《日本人》，孟胜德等译，上海：上海译文出版社 1980 年版，第 82 页。

〔55〕家永三郎：《歴史の中の憲法（上）》，東京：東京大学出版会 1977 年版，第 72 页。

立宪主义的本质是限制君权,保护民权,宪法详细规定了天皇所拥有的种种权力,也意味着天皇的权力并不是随心所欲,无限大的,而必须在规定的权限范围内行使。假如没有这一条规定,日本就不是立宪政体,而变成专制政体了。[56]

第二,权力分立主义。

权力分立与天皇中心可谓相辅相成,是指将"统治权"拆分成若干部分,由不同的机关代为行使:作为立法机关的国会行使"立法权",作为行政机关的政府行使"行政权",作为司法机关的法院行使"司法权"。

权力分立构想的学术渊源,主要是 19 世纪德国的宪法理论,持该主张的法学家很多,譬如格纳斯特、石泰因、拉邦德和耶利内克等。依据伊藤本人的欧洲考察过程,不难推测伊藤受到的影响,应该来自格纳斯特和石泰因,而且主要是受石泰因影响。《宪法义解》一书对此有间接体现:

> 纲领大权皆需集于至尊一身,正如人之四肢百骸,神经脉络均需首脑之源掌控一般。故大政之统一,如人心唯一,无二无三者也……欧洲近年有倡导政治理论之士言:国家大权从大处分为二,为立法权、行政权也。司法权实为行政权之支派。三权依各自机关之辅翼行使,渊源皆出自元首。盖国家之大权,体现国家,如集于元首一身,则易导致生机之丧失。宪法即为面向国家各部机关,适当分权,保持其经络机能者也。君主为依宪法之条规,履行天职者。故彼之罗马所行无限权势之说,本非立宪主义。西历 18 世纪末以来行使之三权分立,君主执行政权之说,非国家之正当解释也。此说为我宪法主义之相应补足之物,故在此附记,以供参考。[57]

---

〔56〕大日本帝国憲法制定史調査会:《大日本帝国憲法制定史》,東京:サイケン新聞社 1980 年版,第602 页。
〔57〕伊藤博文:《日本帝国宪法义解》,牛仲君译,北京:中国法制出版社 2011 年版,第 5 页。

上述"倡导政治理论之士"很可能暗指其当年推崇之至的石泰因。此外伊藤还反对三权分立学说，认为广义上的行政权应包含司法权；国家权力机关是分工明确并有机地联系在一起这些属于"国家有机体论"的观点：

> 因高尚之有机组织者，非只单单集合各种元素以形成一整体，且必须通过各种机构器官发挥作用以辅佐中心。如双目各自寻找特殊之位置，则无法确保视力之焦点，两耳各自听取不同方向之声音，则不免导致听力之偏音。[58]

第三，政体设计立足历史传统。

在立宪主义改革过程中，明治政府逐步确立了以德国政体为蓝本的方针。但伊藤等人最终建立起来的政治体制，并非完全照搬德国模式，许多方面还是立足日本自身历史传统，堪称开创性地建立起一套符合日本国情和特色的体制。

> 我日本帝国以 2500 年的历史为根本，以 2500 年的国体为基础，吸收世界上通用的立宪政治即国会政治的一部分——只附和日本国体和日本历史的部分，以保全 2500 年的君权即天皇陛下的统治权，不变更国体，不割断历史，但却能加入欧洲宪法国的行列。[59]
>
> 日本的帝国宪法不是照抄德国或英国的，而是由皇祖皇宗的不成文宪法发展而来……欧洲人于二百年前发明的公法与私法的区别，早在日本的太古时代就已明确，而它正是皇道的根本。[60]

综上可知，伊藤宪法思想带有 19 世纪德国历史主义法学派的特征，受石泰因"国家有机体"和"历史传统论"的影响。其强调以日本国情，即天皇为制宪的渊源

---

〔58〕伊藤博文：《日本帝国宪法义解》，牛仲君译，北京：中国法制出版社 2011 年版，第 24 页。
〔59〕肖传国：《近代西方文化与日本明治宪法：从英法思想向普鲁士·德意志思想的演变》，北京：社会科学文献出版社 2007 年版，第 139 页。
〔60〕大日本帝国宪法制定史调查会：《大日本帝国宪法制定史》，東京：サイケン新聞社 1980 年版，第 507 页。

和基轴,同时吸收西方立宪的因素,在两者融合基础上建立日本特色的政治,宪法典无论是在起草还是审议阶段也均贯穿着这一指导原则。[61]

三、"超然主义"政策的学界声音

前文已述,石泰因学说在明治政府着手建立宪法体制过程中受到追捧,甚至一度起到指导思想的作用;伊藤是明治宪法体制构建的核心决策者,尽管声称自己的立宪理念和实施方案深受石泰因启发,但这种启发在某种意义上,也是其名正言顺遵从日本实情以及传承本国所谓"机轴"的法理依据。

如果将伊藤主导下的立宪改革措施,视作对石泰因学说的一种付诸实践,那么主要师承石泰因学说建起宪法理论体系的有贺,与伊藤在宪法观方面拥有许多共通。事实上,有贺在宪法领域孜孜不倦的重要原因,便是为伊藤等人在宪法典颁布初期推行"超然主义"施政理念提供学术支撑,试图在明治学界扮演体制顶层设计代言人身份,其理论之所以拥有这样的时代特征,主要因为与众不同的学术背景;换言之,有贺具备同时代其他学者难以比拟的研究优势。

一是拥有师承石泰因的学术渊源。

1882 年伊藤率考察团返回日本后,石泰因笔记被伊东巳代治整理成《斯丁氏讲义笔记》一书出版,为政府内部参阅,并形成"向石泰因学习"的风潮。有贺在留欧深造期间与石泰因结下师承关系。而这样的学术渊源是同时代其他宪法学者难以获取的;如果石泰因理论与明治宪法体制的关系越密切,那么在阐释明治宪法体制方面,拥有直接师承关系的有贺则越有学术话语权。

二是常年任职明治政府的实践经验。

有贺不是纯粹埋头象牙塔的书斋型学者,而是拥有深厚官方背景的实践参与型学者,对现实政治怀有热情,主动参与政治活动,而该特征与其职场经历有很大关系。[62] 在成为真正意义上的学者前,他已在明治政府做了十余年官僚,而且供职单位均称得上是有决策权力的中枢部门,伊藤博文和伊东巳代治等人均是其直

---

〔61〕陈伟:《伊藤博文宪政思想的形成与明治宪法体制的建立》,《史林》,2013 年第 2 期,第 170 页。

〔62〕李廷江:《民国初期における日本人顾问——袁世凯と法律顾问有贺长雄》,《国际政治》1997 年第 115 号,第 183 页。

接效力过的领导。即使在全职担任早稻田大学教授期间,还不时接到官方派遣任务,甚至连赴华担任北洋政府宪法顾问一事,在性质上也大抵如此。

尤其是 1893 年,有贺跟随伊东已代治调往内阁,担任书记官兼总理大臣秘书官,当时伊藤是内阁总理大臣,也即在内阁期间,两人有过直接的接触。此后有贺生平的许多大事,诸如在战争期间受命担任顾问,担任达寿等官员的宪法课程主讲,以及担任帝室制度调查局研究专员等,均或多或少得到伊藤的赏识或指示。

在学术渊源上,有贺和伊藤均奉石泰因为宪法学导师,并均为其学说在日本的传承作出了贡献。伊藤主导下的立宪改革,被认为基本上遵照了石泰因的思路而建立起来,石泰因学说在很大程度上"征服"了伊藤,对此中日学者均有论述:

> 石泰因对伊藤博文产生的影响:一是对近代立宪国家的整体把握,即制定宪法只是宪政的一部分,应提高行政在宪法体制中的地位;二是吸收了当时欧洲新型社会与国家相关的理论,找到了对付英法自由民权派理论的理论武器;三是形成了制定文教政策的构想,将大学作为国家机关,成为宪政不可缺少的因素。[63]

> 一是国家的整体理念以及宪法,需要尊重和体现国家固有的历史传统;二是宪法制度需要根据时代的变化而调整;三是行政权必须优越于立法权。[64]

伊藤通过德国宪政调查,强化了自己在德国模式主流路线的地位,同时通过"石泰因热"放大了他的威望和个人的自信。随着石泰因国家学说、宪法思想、行政理论等的影响力的扩大,以伊藤为中介众多政治家和官僚、文人等拜访石泰因形成热潮,增加了伊藤的政治资本。在 1881 年以后日本开始立宪君主制的制度建设。其后伊藤具体领导了明治宪法的起草和宪政制度的建设。更重要的是,伊藤在石泰因的国家学、行政学理论中学到了具体设计宪政制度的思想。这个思想不仅影响了伊藤的政治

---

〔63〕龍井一博:《ドイツ国家学と明治国制度》,京都:ミネルヴァ書房 1999 年版,第 207 页。
〔64〕伊藤之雄:《伊藤博文——近代日本を創った男》,東京:講談社 2009 年版,第 191 页。

生涯,同时影响了日本的宪法建设。[65]

可以说,两人在宪法学领域受到石泰因很大影响,均不同程度含有石泰因提倡的"国家有机体论"和"历史传统论"特征。具体而言,两人均将国家比喻为人体,将宪法体制的组成部分看作是各自独立的有机体,并认为有机组成部分是有机地联系在一起的。所谓天皇中心主义和权力分立主义,在某种意义上也可看作建立在"国家有机体论"基础上对权力配置的构想。

两人均强调国家利益与目标,强化行政权的独立地位,优先考虑政府的效率权威,降低国会的地位作用等;均强调国家自身的能动性,主张由国家带领国民追求幸福发展,忽略普通民众作为个体的利益诉求,有国家主义的理论倾向等。

两人均认为立宪改革须首先立足国情和历史传统,天皇制度是日本最大的历史传统,改革必须维护天皇制;两人均不主张照搬西方国家既有的政体模式,主张发掘日本自身传统因素,探寻适合日本的模式,建立有日本特色的政治体制等。此外在宪法学著作上,有贺的《帝国宪法讲义》和《国家学》,几乎完全建立在《宪法义解》基础上,可视作该书观点主张的再阐释。

总之,有贺的宪法理论,特别是政体模式的设计,在伊藤《宪法义解》一书中可以找到相似阐述,特别是有关统治权的构想,足以说明两人对于理想状态下的宪法体制持相近观点,即以超然内阁为基础的政体模式,排斥议会和政党的干预,吸纳司法机关的权力地位,使行政在体制中居于主导地位,使大臣责任制与元首无责任原则相辅相成等,实际上这些构想,也正是石泰因当年关于日本建立宪法体制的主张。

宪法典颁布后,伊藤和黑田清隆等人发表"超然主义"演讲,推行"超然主义"政策,以反对国会和政党干政,强调政府施政所谓"不偏不倚",但有研究表明:"伊藤的演讲使井上毅和伊东已代治等制宪者感到为难,因为宪法本身没有关于超然内阁模式的规定,该构想未得到井上毅等人认同。"[66]可知明治宪法体制本身的伸缩

---

〔65〕毛桂荣:《石泰因在日本》,《山西大学学报(社科版)》2012 年第 5 期,第 42 页。
〔66〕小林昭三:《明治憲法史論》,東京:成文堂 1982 年版,第 279 页。

性,使得实际运作比构建过程更为复杂。进入 20 世纪初,历史表明该施政理念逐渐破产,使伊藤等人不得不重新考虑政党政治的治国道路。

> 至于意见相异,势必产生政党。所以党派在议会中的兴起在所难免,但是政府里面是不能有党派之分的……君主应位于臣民之上,立于党派之外,既不倾向于某一政党,也不排斥其他政党,即不偏不袒,政府有向天皇推荐总理的责任,有辅佐天皇履行职责的功能,但政府决不能轻易被政党所左右。[67]

然而在学界,所谓"超然主义"理念却为有贺所推崇,并一以贯之地坚持下去,在乔装打扮后,还带到了民初中国的试验场上。"超然主义"主要目的是排斥政党政治,使政府独立行使行政权,同时避免大政方针受到国会或政党制约。本质上"超然主义"提倡的是国家利益优先个体利益,精英决策优于大众决策,不过并非完全否定国会和政党的地位,只是加以严格限定和控制。

此外,有贺和伊藤的"超然内阁"政体模式憧憬,除了包含"超然主义"内涵之外,还有另一层含义,即维持传统天皇制,确保天皇地位稳定性和精神权威性,不必亲政,也不用承担责任,只需起到必要的协调和统揽作用等。

---

[67] 大津淳一郎:《大日本宪政史(第三卷)》,東京:原書房 1979 年版,第 263 页。

第五章　民国首位外籍宪法顾问

第一节　接受北洋政府聘请始末

一、袁世凯聘请顾问的政治策略

1912 年 2 月 12 日颁布的清帝逊位诏书中这样写道：

> 袁世凯前经资政院选举为总理大臣，当兹新旧代谢之际，宜有南北统
> 一之方。即由袁世凯以全权组织临时共和政府，与民军协商统一
> 办法。[1]

袁世凯凭借该诏书，既获得了自行组建新政府的权力，也解决了权力来源合法
性问题，还在一定程度上撇开南京临时政府的法统地位。2 月 15 日，袁被参议院
选为临时大总统，开始正式组建新政府。另一方面仍以内阁总理大臣身份发布官
员任免令。[2] 3 月 10 日，袁就任临时大总统；3 月 13 日，唐绍仪被任命为国务

---

[1] 近年学界证实该诏书在颁布前夕被修改这一史实。根据"袁世凯手批清帝逊位诏书"原件，诏书中
"即由袁世凯以全权与民军组织临时共和政府，协商统一办法"这句话被改为"即由袁世凯以全权
组织临时共和政府，与民军协商统一办法"。骆宝善、刘路生：《袁世凯全集（第十九册）》，郑州：河
南大学出版社 2013 年版，第 545 页。

[2] 《临时筹备处规约》，《临时公报》1912 年 2 月 22 日。

总理。

关于新政府的组建,国内有学者指出:袁世凯想方设法将"新旧交替问题"转移到"南北统一问题"上,以至于在政府人事安排过程中,前清官员们堂而皇之获得与南方革命派相同的权利。[3]

> 旧政权在其阁揆袁世凯摇身变成统一共和政府的临时大总统之后,由于袁世凯及其部署的有意扶植,名分上似乎也呈现出脱却王气演变成与南方临时政府对等的权力机构之势。犹如戴罪之身在等待宣判行刑的过程中不仅成功脱罪,而且莫名其妙地成了正统的化身。南北政权同时解散实际上意味着双方均不具备或已经结束法理正统地位,无形中剥夺了南方临时政府的正当性,而赋予北方旧政权以某种合法性。[4]

诞生伊始的共和制政权还不稳固,袁世凯摆脱内忧外患的政治局面,使国家步入有序发展轨道,当务之急是根据《临时约法》规定出台宪法典,正式建立政治体制,因此法政建设成为各派势力的角逐对象,宪法问题随之成为社会舆论的关注焦点,其中以袁为首的北洋派和以国民党为首的革命派围绕制宪权进行了激烈争夺。

《临时约法》是民初第一部根本法,第五十三条和第五十四条规定了宪法拟定事项:"本约法施行后限十个月内,由临时大总统召集国会。其国会之组织及选举法由参议院定之。中华民国之宪法由国会制定。宪法未施行以前,本约法之效力与宪法等。"

可见根据规定制宪权应属国会,而以国民党的势头,很可能在首届国会大选中抢到多数席位;这样名义上制宪权归属国会,实际是由以国民党为首的革命派掌控,从而出台的正式宪法必然遵循《临时约法》精神,继续采取议会至上的责任内阁政体并严格限制大总统职权,也即立法权及立法机关主导下的政治体制。显然该宪法体制极大违背了以袁世凯为首的北洋派势力的政治诉求。

---

〔3〕桑兵:《接受清朝与组建民国(上)》,《近代史研究》2014 年第 1 期,第 5—31 页。
〔4〕桑兵:《接受清朝与组建民国(下)》,《近代史研究》2014 年第 2 期,第 42 页。

1912 年 12 月,蔡锷密电时任张国淦主张联合各省都督争夺制宪权,建议由袁世凯召集梁启超等名流速将宪法草案拟定,联合各省都督先期提出,期收先入为主之效。[5] 当时认同蔡锷主张的人不少,如周自齐、张镇芳、程德全以及国民党的李烈钧和胡汉民等。程德全和胡景伊先后公开通电全国建议由各省和中央组织宪法起草委员会,除了少数省份提出异议外,大部分都督均表示赞同。

1913 年 1 月,程德全等都督联名致电向袁世凯建议设立宪法起草委员会,由国会、国务院、省议会和省都督分别推举产生起草委员。袁向临时参议院提交《编拟宪法草案委员会法案》。但以宋教仁为首的革命派势力激烈抨击,黎元洪和谭延闿等都督也表示反对。1913 年 3 月,临时参议院开会否决该法案,该起草委员会胎死腹中。虽然想方设法,但北洋派势力试图夺取制宪权的行径最终未能得逞。[6]

在上述角逐过程中,以新生政府急需人才的名义,聘请外籍专家来华担任顾问,也是北洋派采取的政治策略之一。该策略导致来华担任各种头衔的外籍专家数量剧增,几乎遍及各行各业,俨然成为一种"顾问政治"。

其实从清末起,袁世凯就有聘请洋人幕僚的经验,特别是在军事领域,北洋军队的顾问中就有不少洋人,特别是日本军事专家的身影。而且从中央到地方,出于官方性质或私人关系,当时洋人幕僚数量之多到了惊人地步。[7] 但在总体上,清末洋人幕僚主要负责的是实务性更强的领域,如外语教学翻译和工程类专业技术等,在新式学堂、新式军队和洋务企业等较为常见。[8]

到了民初,除了使用外籍顾问一词取代洋人幕僚这一变化外,以政府名义的官方聘请也取代官员名义的私人聘请成为一种主流趋势。1912 年 4 月,北洋政府正式发布告示聘请法律、币制、铁路和邮政等领域的外籍专家来华担任顾问,同年 12 月,又发布了更为详细的招聘公告。[9] 据统计,到 1913 年 5 月为止,北洋政府聘

〔5〕曾业英编:《蔡松坡集》,上海:上海人民出版社 1984 年版,第 627 页。
〔6〕张学继:《民国初年的制宪之争》,《近代史研究》1994 年第 2 期,第 48—52 页。
〔7〕李宗一:《袁世凯传》,北京:中华书局 1980 年版,第 112—115 页;张玉法:《民国初年的政党》,长沙:岳麓书社 2004 年版,第 22—23 页。
〔8〕张敏:《论晚清幕府中的"洋人"》,《史林》1993 年第 3 期,第 20—26 页。
〔9〕《大公报》1912 年 4 月 24 日;《顺天时报》1912 年 12 月 17 日。

用的在华外籍顾问已达 21 人，具体如下：

> 总统府及中央政府各机关，所聘外国顾问官，据最近调查，凡计有 21 人，其人名国籍如下。宪法顾问，日人有贺长雄、法人伯洛特、美人顾特纳；政治顾问，英人莫理循；司法顾问，英人布朗诗司比克德、比人戴克德；军事顾问，日人坂西利八郎、法人普利昭德、德人丁介尔曼；交通顾问，日人平井晴二郎、中山龙次郎，原有之顾问法人沙海昂氏前已归化中国，为交通部技正；总统府顾问，德人孟德；审计处顾问，俄人高纳罗夫；公债处顾问，德人龙伯（已逝世）；监政处顾问，英人李瓜德、日人郑永昌、河野般雄，德人毛尔、丹人金伯尔、英人巴尔特仁。[10]

有学者认为，这一方面是袁世凯个人惯用的一种政治手腕；另一方面对当时中国面临的国内外形势而言，聘请顾问，特别是聘请外籍顾问确实成为客观需求。[11] 而且值得注意的是，民初外籍顾问群体，从清末的技术指导型逐渐转向了政治参与型。最突出的例子即所谓法律顾问和政治顾问。1913 年来华担任这两类顾问的外籍专家是：日籍宪法顾问有贺长雄、美籍宪法顾问古德诺、法籍宪法顾问巴鲁、英籍司法顾问毕葛德、比利时籍司法顾问戴克德，以及澳籍政治顾问莫理循。

另一方面，上述外籍专家顾问的来华赴任，大多数是带官方性质的聘请，即经过当事人母国的官方审核或授意。譬如，从香港高等法院大法官任上退休的毕葛德应聘法律顾问时，英国政府考虑到其精通治外法权，又拥有日本明治政府宪法顾问的履历背景，担心其来华赴任对英国在华治外法权造成不利影响，表现出了一种不满的态度。又如在德国方面，官方认为北洋政府先前招聘许多英籍和法籍专家来华担任顾问而表示反对，反而希望更多德籍专家来华赴任这类要求。[12]

---

[10]《中央外国顾问一览表》，《东方杂志》1913 年第 5 期，第 42 页。

[11] 李廷江：《民国初期における日本人顾问——袁世凯と法律顾问有贺长雄》，《国际政治》1997 年第 115 号，第 185 页。

[12] 熊达云：《有贺长雄と民国初期の北洋政権との関係について》，《山梨学院大学法学論集》1994 年第 29 号，第 93—94 页。

总体而言,民初来华赴任顾问的外籍专家基本不是母国政府在职官员,与北洋政府的聘用关系,主要是当事人双方之间的合同关系,虽然其间不可避免要承受母国施加的压力,需要考虑母国在华利益的诉求等;但目前未有证据表明,这些人均是母国政府伪装派遣来华的政治间谍。就有贺的顾问职位而言,面对中国政府抛来的橄榄枝,其始终没有主动争取,那为何会被选定为顾问人选并来华赴任呢?

二、民初北京政界的旧识新交

有贺担任的顾问职位,隶属于民初北洋政府的国务院法制局;从行政编制上看,法制局的职责是承国务总理之命,拟定法律命令案,对于法律命令应有制定、废止或改正者及审定各部拟定之法律命令案等,归国务总理的管辖范围。[13]

不过如果从聘请顾问的过程及目的来看,有贺的加盟显然是服务于以袁世凯为首的北洋派势力。可以说,名义上是国务院法制局聘请的外籍专家,但实际是袁世凯推行"顾问政治"策略的工具。有贺之所以会被选为袁的顾问人选,主要是因为在北京政界,有一帮旧识和学生的推荐,例如坂西利八郎、莫理循、熊希龄、达寿、李家驹、曾彝进、李景龢、汪荣宝和曹汝霖等人。

首先来看袁世凯的日籍军事顾问坂西利八郎。坂西利八郎毕业于有贺兼职任教过的陆军大学校,是其直接授课过的学生,在清末担任过北洋新军的练兵顾问和督练公所总翻译官等职务,与袁世凯拥有密切的私人关系。[14] 关于推荐有贺一事,他写道:

> 当时袁一心想制定出优秀的宪法,认为必须聘请专家担任宪法顾问……经过众人议论,有贺博士成为众望所归的合适人选。于是,我通过早稻田大学校长高田早苗,来试探有贺博士的意愿,起初并不顺利,但最终在大隈重信和西园寺等人的劝说下,有贺还是接受聘请来到了

---

〔13〕钱端升:《民国政制史》,上海:上海人民出版社 2011 年版,第 27 页。

〔14〕山根幸夫:《袁世凯と日本人たち——坂西利八郎を中心として》,《社会科学討究》1985 年第 4 号,第 483—501 页。

北京。〔15〕

然后来看袁世凯的澳籍政治顾问莫理循。莫理循原是英国《泰晤士报》的驻华记者,1912 年 8 月应北洋政府聘请担任总统府政治顾问,是民初知名度最大的外籍顾问之一。关于推荐有贺一事,他写道:

> 有贺长雄教授于 3 月 8 日到达北京,他有 5 个月的国际法顾问任期,专门帮助政府起草宪法。我在就任之初,劝告过袁世凯任用有贺教授……在向有贺长雄提出这项任命时,他借口体力不佳谢绝了。他的身体不成问题是虚弱的,但是,他不肯接受任命的真正原因是,当时许多日本人都抱有不愿同任何与建立中华民国有关的事发生联系的情绪。袁世凯起初反对批准这项任命,理由是有贺长雄来自一个君主政体性质的国家。这项任命,特别是因为它与起草宪法有关,会使那些正在扬言袁世凯本人想攫夺君主权力的人们更加惊疑……我最近听说,对拒绝接受任命一事,他已重新考虑,中国政府通过大隈重信,再次向他提出了这一任命,然后他接受了。〔16〕

最后来看北京政坛的官僚群体。熊希龄、达寿、李家驹、曾彝进和李景龢等人称得上有贺的旧识,前文已述有贺与清末预备立宪有过两次生平交集,熊希龄是他为端方等考察团代笔考察报告时认识的,而达寿和李家驹等人是他在日本法政讲师团的授课学生。这些人均是清廷官僚出身,到了民初又活跃在共和政权的官场上。有贺对此写道:

> 曾彝进和李景龢两人,合作将他当年授课的讲义笔记翻译为中文,李家驹还特意作序,他们几人与我此次聘请一事均深有关系。〔17〕

---

〔15〕坂西利八郎:《有贺博士と袁世凯》,《外交时报》1933 年第 686 号。
〔16〕骆惠敏编:《清末民初政情内幕(下卷)》,陈霞飞译,上海:知识出版社 1986 年版,第 101—102 页。
〔17〕有贺长雄:《入燕最初の所感》,《外交时报》1913 年第 203 号。

另一方面,汪荣宝和曹汝霖等人均拥有在日本法学专业留学的履历,特别是毕业于早稻田大学法科班的汪荣宝等人,是有贺直接授过课的学生,而且在北京政坛的官僚群体中,拥有日本留学背景的占到相当比重,其中又以早稻田大学毕业生人数最多。例如,在首届国会议员中,拥有留学日本经历的共 193 人,占全体议员总数的 41.5%,而留学早稻田大学的议员人数则超过了 89 名。[18] 在 71 名制宪议员中,留日学生共 51 人,其中有 15 人留学早稻田大学。[19]

话说袁世凯应熟知有贺担任早稻田大学法学教授的身份,也意图通过有贺这样一位在年轻官僚群体拥有威望的日籍法学家,既可在理论指导上起到一定统揽作用,也可对以国民党为首的革命派势力起到威慑效果。这一点正如张国淦回忆的那样,即"吾国法律家几奉有贺为导师"。[20] 对此有贺也有自知之明:

> 现时居中华民国之要津,而号称有为之士者,昔尝负笈于日本,学宪法及国法于早稻田学园者,居大半数。本年四月,因议定宪法,将开国民会议于北京,其由各省选出之代议士,据闻,亦多往时修业于我早稻田大学者,则民国政府必欲罗致在早稻田担任宪法讲义最久之高田博士与余,亦不足深怪。而高田博士以精神困惫,校务纷繁,不克如命。此余之所以决然应聘也。[21]

莫理循对此有类似回忆:

> 有贺的任命是很有趣的。因为即将在参议院和众议院占有席位的议员中,有相当一部分人是有贺长雄以前的学生。现在,确切地说有多少议员是受过日本训练的,还为时过早。据有贺长雄估计,在日本高等院校念过书的,肯定每五个人中至少有两个。一张曾在日本受教育的中国中央

---

[18] 李廷江:《民国初期における日本人顾问——袁世凯と法律顾问有贺长雄》,《国际政治》1997 年第 115 号,第 189 页。

[19] 严泉:《失败的遗产:中华首届国会制宪》,桂林:广西师范大学出版社 2007 年版,第 317—324 页。

[20] 张国淦:《北洋述闻》,上海:上海书店出版社 1998 年版,第 80 页。

[21] 有贺长雄:《中国新法制与有贺长雄》,《言治》1913 年第 1 期,第 154 页。

和省级官吏、国会、省参议会议员名单,会使你大吃一惊。[22]

又如日本驻华公使的伊集院彦吉在发给外务大臣内田康哉的电报中写道:

> 前一段时间,袁世凯找坂西谈话,阐述了中国的现状,并表示要聘请一位外国人专家担任法制局顾问,以统领政府内部年轻人的意见。关于专家的人选,政府内有许多人推荐了有贺博士。[23]

有学者认为,袁世凯之所以会相中有贺并想方设法聘请他主要有三个原因:一是有贺与中国政界要人有交情;二是有贺在政府留日官员群体中拥有较大威望;三是袁世凯认可有贺的政治理念和制宪主张。[24]

三、半官方性质的聘用邀约

虽然有贺成为袁世凯聘请顾问的推荐人选,但聘请过程并非一帆风顺,主要原因在于有贺本人对于抛来的橄榄枝持迟疑和犹豫的态度,自始至终没有表现出跃跃欲试。

袁世凯对于日籍宪法顾问的聘请,主要通过坂西利八郎和日本外务省进行。在日本外务省方面,驻华公使伊集院彦吉是主要的联络人。1912 年夏,袁世凯先通过坂西利八郎向有贺发出了聘请邀约,但有贺未予以直接回应,而是向外务省打探消息、了解情况,外务省也持暧昧不清的态度。[25]

另一方面,有贺也试图通过坂西利八郎打探薪酬待遇问题,当坂西利八郎告诉他该职位可以领取到双份收入,一份是国务院法制局的账面工资,另一份是袁世凯

---

〔22〕骆惠敏编:《清末民初政情内幕(下卷)》,陈霞飞译,上海:知识出版社 1986 年版,第 101—102 页。
〔23〕日本外交史料馆:《伊集院公使より内田外務大臣宛の電報》,1912 年第 514 号。
〔24〕熊達雲:《有賀長雄と民国初期の北洋政権との関係について》,《山梨学院大学法学論集》1994 年第 29 号,第 94—97 页。
〔25〕以伊集院彦吉为代表的外务省误以为北洋政府聘请有贺长雄担任外交顾问,认为此举会影响到对华政策等。日本外交史料馆:《内田大臣より伊集院公使宛の電報》,1912 年第 271 号;《伊集院彦吉全権公使より内田外務大臣宛の電報》,1912 年第 529 号。

单独提供的咨询酬金,合计约有两千大洋。[26]

尽管上述数目令有贺颇为心动,但碍于外务省的态度也只好不为所动,以身体欠佳和教学繁忙等理由予以推脱,于 1912 年 8 月委婉拒绝了袁世凯的邀约。

然而袁世凯的聘用计划没有中止。1912 年冬,北洋派势力联系上了任教于东京大学的美浓部达吉,试图换其作为顾问人选,但美浓部达吉既没有打听薪酬待遇,也没有向外务省试探官方态度,当即予以拒绝。

1912 年 12 月,伊集院彦吉在发给外务大臣的电报中写道:

> 袁世凯最近又与坂西利八郎谈话,并希望通过我们来寻找合适人选。袁开出两个条件,一个是希望聘请有贺或美浓部达吉,或其他有同样名望的学者来北京四五个月帮助起草宪法草案,除工资外还有额外慰劳金。另一个是允许学者自行配备年轻助手。[27]

1913 年 1 月,外务省通过文部省联系上任教于京都大学的井上密。与美浓部达吉不同的是,井上密当即表示愿意接受聘请;但这一次,聘用方袁世凯政府却表现出冷淡的态度,不太愿意聘请外务省主动推荐的人选。

与此同时,坂西利八郎联系上了早稻田大学校长高田早苗,试图邀请高田早苗来华担任顾问。虽然高田早苗也拒绝了聘请邀约,但表示可以继续给有贺做工作,帮助北洋政府劝说有贺来华赴任顾问一职,还建议袁世凯通过大隈重信给有贺施压等。

于是,袁世凯通过驻日公使汪大燮发电报给大隈重信,希望通过日本官方渠道给有贺抛橄榄枝。1912 年 2 月,在大隈重信和高田早苗的共同劝说下,有贺最终答应接受聘请来华赴任宪法顾问。[28]

关于这次聘请始末,有贺本人回忆道:

---

[26] 日本外交史料馆:《伊集院公使より内田外務大臣宛の電報》,1912 年第 547 号。
[27] 日本外交史料馆:《伊集院公使より内田外務大臣宛の電報》,1912 年第 775 号。
[28] 日本外交史料馆:《加藤外務大臣から伊集院公使宛電報》,1913 年第 82 号。

此次聘请之举，始于客岁七月。时余方避暑他处，因此事促回东京者三度。故时多传余已就聘，其实殊不然也。余以前年大病之后，元气未复，坚不之许。七月二十五日，遂以不能应聘之旨，呈报外部。其后，民国又欲敦请美浓部博士。博士亦以公务羁身，辞之。殆客岁十二月，民国政府又短缩期限，务于余与美浓部博士两人之内，敦请其一。然二人均以不得已之事，辞退。今者，民国国民议会召集之期已迫。宪法虽应为国民议会发案议决之事，而国务院则有预为筹备各方面调查之必要。于是，袁大总统电达汪代表大燮。代表转嘱大隈伯，力促余出，一月二十日，大隈伯及高田学长，恳切敦劝。余以担任东京帝国大学文科帝制史帝室制度之教授，事甚重大，欲一意专心于此，雅不愿另就他事。然，大隈伯则以应聘之事，关系于将来者颇重，极力怂恿之。而我国当局者，亦以半公半私之事件处理之。凡关于应聘之障碍，悉为除去，余不忍重负各方面之厚意，应聘之事遂决。[29]

由上可知，大隈重信和高田早苗起到了决定作用。关于是否应邀，有贺从起初拒绝到最终接受，最主要的考虑因素不是袁世凯开出的薪酬待遇，而是日本政府的态度，大隈重信和高田早苗的说服，不仅代表了早稻田大学的校方意见，很大程度上还代表了日本内阁和外务省的官方意见。可以说，有贺将来华任职顾问一事，视作背负日本政府援助民初中国建设立宪政体的一次半官方性质之任务。

此外，袁世凯与大隈重信素有私交，通过私人关系聘请到有贺这样一位日籍法学家来华加盟制宪争夺战，也正好符合北洋派势力的预期。事后，大隈重信还特意写信通过青柳笃恒递交袁世凯一表心意，大致内容是：

中日两国一衣带水、休戚与共，中国当下处在维新和中兴的关键时侯，日本提供人才方面的帮助，是义不容辞的事情。在下很赞成袁大总统聘请有贺博士为法律顾问。有贺博士学识渊博，名冠全球，被认为是东方

---

〔29〕有贺长雄：《中国新法制与有贺长雄》，《言治》1913 年第 1 期，第 159—160 页。

学界的泰斗,并与前清立宪改革有所交集;此次作为北洋政府的法律顾问,必定可以派上很多用场。不过,有贺博士前年得了场大病,至今未完全康复,而且在东京大学有授课任务,为了使他能安心赴任,也为了中日间的密切关系能继续保持,在下与桂太郎首相、文部省大臣柴田家门等人反复协商,最终成全了这桩聘请,望袁大总统多加关照,也愿有贺博士能为中国的法制建设作出贡献。[30]

袁世凯为表达谢意回信大隈重信,这样写道:

中国当下的建设千头万绪,法制建设当属重中之重。承蒙有贺博士千里迢迢来华赴任宪法顾问,袁某感激涕零。有贺博士著作等身、学高八斗,堪称当今法学界之翘楚,袁某钦佩不已、如获至宝。关于这桩聘请之事,袁某十分感谢大隈伯爵的帮助。[31]

有贺本人评价:"余本担任文科大学帝室制度讲义,此次请假就聘,煞费经营。"[32]"此事初时固非余所深愿,然既经承诺,且已着手任事矣。"[33]可见对于这次来华赴任,在有贺的心目中,其实更接近于完成日本官方摊派的一次任务。

1913 年 3 月初,有贺携妻女在神户港搭乘轮船启程,同行的还有青柳笃恒这位中国通助手。[34] 3 月 7 日一行人抵达北京,正式赴任北洋政府国务院法制局的宪法顾问,是民国第一位外籍宪法顾问。

〔30〕早稻田大学出版部:《早稻田讲演》,1913 年 5 月,第 127 页;转引自熊達雲:《有贺長雄と民国初期の北洋政権との関係について》,《山梨学院大学法学論集》1994 年第 29 号,第 104—105 页。
〔31〕早稻田大学出版部:《早稻田讲演》,1913 年 5 月,第 128 页;同上书,第 105—106 页。
〔32〕《有贺顾问之宪法讨论及总统月旦》,《宪法新闻》1913 年第 8 期,史第 2 页。
〔33〕《有贺青柳二氏之民国宪法谈》,《宪法新闻》1913 年第 14 期,宪史第 1 页。
〔34〕近年来国内有学者研究指出,青柳笃恒跟随有贺来华后暗地变成袁的高等间谍,接受袁的秘密使命故意破坏南方革命党人和日本实业界间的联系,并追踪南方革命党人的反袁活动,搜集日本政府的对华情报以及在社会舆论方面提供援助等。尚小明:《青柳笃恒:一个被湮没的袁世凯的高等间谍》,《近代史研究》2014 年第 6 期。

第二节　顾问角色中途悄然转变

一、袁世凯的"外交密探"

根据有贺和北洋政府签订的聘用合同,聘期是从 1913 年 2 月中旬到 7 月中旬,不足半年。不过事实上,有贺来华赴任后,一再续聘,直到 1919 年 7 月,才最终卸任顾问回到日本,是民国史上任职最久的外籍宪法顾问。

1913 年 6 月,北洋政府就与有贺商讨合同续聘事宜,主要由总统府秘书李景龢和曾彝进负责。结果双方续聘一年,合同从 1913 年 7 月延展至 1914 年 7 月。有贺提出的条件,是先回日本休息一段时间,并允许其在东京大学完成规定的授课任务等。[35]

1913 年 8 月,有贺再次来华赴任。1914 年 7 月,有贺与北洋政府再次续签合同,聘期从 1914 年 7 月延展至 1915 年 6 月。1914 年 8 月,有贺第三次来华赴任,其助手由原先的青柳笃恒换成日本史上更为知名的中江丑吉。

值得注意的是,在有贺与北洋政府的第二次续聘合同期间,有贺经常往返于中日两国,一方面是为了完成在东京大学的授课任务,另一方面更为重要的是,他扮演了袁的"外交密探"这一角色,在中日围绕"二十一条"进行外交交涉过程中,利用自身在日本政军界的人脉关系,帮助北洋政府打探消息,并私自与松方正义和山县有朋等元老取得联系,发挥所谓中间人的沟通作用;一度由半官方性质的宪法顾问,悄然转变为袁世凯的私人外交顾问。曹汝霖回忆道:

> 余以会议僵持已久,终须设法打开,遂向总统建议,请密遣公府顾问有贺长雄博士,回国向日本元老疏通。总统问,此着有效否? 余答有贺博士在日本不但学者地位很高,他在明治初年设元老院时即是元老的干事,

---

[35] 尚小明:《有贺长雄与民初制宪活动几件史事辨析》,《近代史研究》2013 年第 2 期,第 132—133 页。

与陆奥宗光同事,故于元老方面,颇有渊源……我曾与有贺谈过此次交涉情形,他亦很以为然。请总统召见有贺,假以词色,恳切相托,他必肯效力。总统遂特召有贺进府……有贺果然自告奋勇,愿回国尽力向元老报告,力说利害……时日本元老以松方正义侯最关心中国情形,有贺见松方侯陈说此次中国政府已尽力商结日本觉书之各条,日置公使又要商议希望条件之第五项,未免逼人太甚,难怪中国政府为难不肯商议……加藤知是有贺进言,遂令监视有贺,不许行动,幸有贺已完全报告矣。[36]

有贺在中日政府之间发挥的沟通作用,客观上为北洋政府确认日本元老对"二十一条"的真实态度提供了有价值的参考信息,在很大程度上对化解或缓和两国的外交危机起到了积极的效果,总体上有利于东亚地区的稳定与和平局势。

在二十一条交涉过程中,有贺接受了中国政府的请求,通过秘密交涉活动,发挥了在中国政府与日本元老之间疏通意见的作用,事实上,这不见得是对中国有利而对日本造成损害的行为。应该认为,有贺的活动实际上是有利于中日两国的长期亲善乃至互相提携的关系。而大隈内阁及日本社会对于有贺所施加的批判,不但过于情绪化,而且可以说,体现的是一种狭隘的爱国主义。[37]

然而,有贺的个人生平境遇,却因这段外交顾问的经历付出了代价,不仅因此受到大隈重信内阁和外务省的指责,还遭到日本社会舆论的攻击,自己和家人一度承受人身威胁的压力。其学生信夫淳平回忆道:

因为这件事,老师遭到政府方面的鄙视和斥责。而且,也受到社会舆论的口诛笔伐,背负非国民、袁仆和国贼等骂名,声名扫地。还有人写匿

〔36〕曹汝霖:《曹汝霖一生之回忆》,北京:中国大百科全书出版社 2009 年版,第 131—132 页。
〔37〕熊達雲:《对华 21 箇条要求的交涉における有贺长雄について》,《山梨学院大学大学院社会科学研究年报》2009 年 2 月,第 60 页。

名信威胁老师及其家人,以至于老师一家人有段时间不敢住在自己家中。[38]

有必要注意的是,已重新组阁担任首相的大隈重信之态度。有贺之所以接受袁世凯的聘请邀约来华赴任,应该说大隈重信的说服起到了决定作用。表面上,大隈重信对有贺赴任顾问的态度,正如其捎给袁世凯的电报所言,出于睦邻友好,希望为民国的法政体制建设提供帮助等;但实际上作为政治家的大隈重信,归根结底还是考虑本国的利益和目标,至少不会希望有贺站在中国政府的政治立场,以破坏日本的外交策略。

　　清末民初,各国势力已深入中国,由各国推荐选派政府顾问安插于政界要人身边,已成为各国操纵满清和北洋政府的重要手段。袁世凯于这一时期所聘的古德诺、莫理循、有贺长雄等虽非正式由政府派遣,但他们忠实地为所属国利益服务,在很大程度上反映了该国政府的政治意向。[39]

然而事与愿违的是,关于中日"二十一条"交涉一事,有贺非但没有站在母国利益的政治立场上,反而为中国政府的外交工作提供帮助,令大隈重信备感失望;在外务省和早稻田大学的施压下,有贺不得已辞去了教职,继续滞在中国担任所谓宪法顾问一职。

二、一再续聘的顾问合同

虽然有贺因为充当"外交密探"一事被立功,还收到袁世凯亲笔的感谢信。但另一方面他作为宪法顾问,对民初法政建设事业不拥有真正的话语权,对政治走势无法起到实质影响,宪法顾问头衔名过其实。

---

〔38〕信夫淳平:《有贺长雄博士的十三回忌に際し》,《外交時報》1933 年第 685 号。
〔39〕张敏:《论晚清幕府中的"洋人"》,《史林》1993 年第 3 期,第 26 页。

1914 年 5 月 1 日，袁世凯颁布《中华民国约法》，俗称"袁记约法"。新约法关于制宪的程序在第五十九条、第六十条和第六十一条规定是："中华民国宪法案，由宪法委员会起草。宪法起草委员会，以参政院所推举之委员组织之，其人数以十名为限。中华民国宪法案，经参政院审定之。中华民国宪法案，经参政院审定后，由大总统提出于国民会议决定之。"可见新宪法由参政院负责起草并审定。

1914 年 5 月 26 日参政院成立，在过渡时期代替国会起到立法机关的作用，该机构持续到了 1916 年 6 月，其间经历了袁世凯的帝制复辟运动，即袁去世之后才被正式撤销。如所周知，在明治政府立宪改革过程中，枢密院对于宪法典的起草和审议起到了关键作用，所以在参政院成立前夕，有贺提议将参政院视为大总统的国务顾问机关，相当于明治日本枢密院的地位功能。[40]

然而，在 1914 年至 1915 年期间，袁记政治体制的建立过程中，由于种种原因，制宪工作进展艰难，有贺等外籍宪法顾问不仅没有能真正参与其中，而且也没能真正影响到政局的走势。1915 年 2 月，参政院成立宪法起草委员会，委员分别是李家驹、汪荣宝、达寿、梁启超、施愚、杨度、严复、马良、王世徵和曾彝进。但宪法起草委员会缺乏积极性，虽然在 1915 年 8 月底，有贺和古德诺加入起草委员会——而且在起草委员会中，与有贺观点基本一致的汪荣宝、李家驹和达寿等人提议有贺的制宪主张具有很多参考价值。[41] 但是以杨度为首的其他委员持反对意见，两派势力的意见冲突，使起草工作一度陷入僵局，最后李家驹、汪荣宝、梁启超、达寿和马良被剔出了委员会。

另一方面，袁的复辟运动，约从 1915 年下半年起愈演愈烈，以杨度为首筹安会的舆论造势，使北洋政府已经无心制宪工作，包括有贺在内的外籍顾问，也随之趋炎附会那场复辟运动。可以说当北洋派势力彻底夺回制宪权后，有贺的顾问职能便退出了舞台，正如 1915 年 5 月他接受报纸采访时讲道：

这次前往北京赴任跟之前没有多少区别。中国政府邀请我担任宪法

---

〔40〕《高等咨询委员会》，《申报》1914 年 5 月 18 日。
〔41〕《大公报》1915 年 9 月 7 日。

顾问,只是为了装点门面,并不真正让我参与宪法的起草,也不真正听取我的意见。距离这次聘期结束,还剩下大约 15 天,到期之后,我想马上辞职,带中江丑吉回国,不打算续聘了。而且,我最近每天都受到外界的各种威胁,很多人以为我已被袁收买,或已经投靠了中国政府,不惜充当卖国贼。所以,我在这里正式宣布,今后不再参与这种政治活动,安心继续做学问。[42]

还有许多回忆文章均提及外籍顾问与那场复辟运动的关系。

日本的公使日置益、顾问坂西利八郎、有贺长雄,英国的公使朱尔典、美国的公使芮恩施、顾问古德诺,德国的公使穆默,他们对袁世凯的帝制自为都不仅怂恿推动,而且催促得很厉害⋯⋯后来一位日本著名的政治学家有贺长雄到了中国,几次见袁世凯,向袁世凯陈说中国应当实行君主立宪,劝袁世凯自己就皇帝之位,对袁世凯备极推崇。袁世凯这才相信日本朝野都赞成中国恢复皇帝制,拥护他做中华帝国皇帝。因为有贺长雄过去与中国本无甚关系,袁世凯虽久仰其名,但没有通过消息;他来中国,从袁世凯和他周围的人们看来,是日本政府所指使的,所以有贺长雄的态度对袁世凯来说是个极大的鼓励。[43]

(设立筹安会后)讨论君宪与共和政体的利弊。先由晳子(杨度)以此问题与美国顾问古德诺讨论,古氏不知晳子用意,即发表自己意见,谓民主政治,岂可一蹴而就,即如美国,经过多少年后才立了民主政治。以中国今日情形而论,还是宜于君主立宪,若行民主立宪,为时尚早等语。晳子请他作一论文,古氏哪知有为人利用之意,遂写了一篇中国民主政治尚早之文。虽是事实,然不应发表于中国已成共和政体之今日。参议曾叔度,又由晳子示意,请有贺长雄写了日本由立宪而强之文。有贺到底知道

---

〔42〕《東京日日新闻》1915 年 5 月 29 日。

〔43〕唐在礼口述、戚叔玉整理:《辛亥以后的袁世凯》,《武汉文史资料》2008 年第 10 期,第 11—12 页。

中国人作风,故此文不着边际。岂知皙子以日本立宪即指为君主立宪,以此两文为论据,在筹安会说,中国民主共和,连东西学人都不赞成,将两氏论文发表于报纸,且为文引申其说,皙子本能文者也。[44]

1915 这一年,有贺公开发表的言论,主要是《新式国家之三要件论》和《皇室规范》。前者认为建立民主政体须具备三大要件:运作正常的国会,独立审判的司法制度以及发达的初等教育;但他认为当下民国并不具备这些要件。后者是他以日本《皇室典范》为蓝本从中抽取可以适用民初中国的原则,共计十条规范。[45]

同年 12 月,有贺在收到袁赠予的唐代文人墨迹和宋代金石拓本后,在一封感谢信中自称"外臣长雄",又遭中日社会舆论的夹击。[46] 不过自称"外臣"一词,其实也可以解释为日本臣民之意,不必然意味对母国日本的背叛,或是期待袁早日登基的谄媚心情。[47] 但就当时政治局势而言,围绕在袁周边的附庸者,并非有贺一人,以此很难认定有贺自赴任伊始便存助袁称帝之故意。事实上袁去世后,有贺和莫理循、韦罗贝等外籍顾问还去拜见黎元洪,表达愿继续留华担任顾问的想法,他们在一封声明中这样写道:

> 我们几个签名于下的人,作为您阁下的顾问,深信作为国家主人的中国人民,毫无疑问业已表明,他们赞成按南京约法建立政府。我们强烈主张,阁下立即发布一份由国务总理和国务委员副署的公告,南京约法业已确认具有完全的法律效力,并声明将遵照约法,尽可能迅速地召开国会,以便依法制定必要的法律,并为制定永久宪法采取行动。我们建议立即行动,庶几恢复和平,使全中国得以永久团结。[48]

---

〔44〕曹汝霖:《曹汝霖一生之回忆》,北京:中国大百科全书出版社 2009 年版,第 140—141 页。

〔45〕刘成禺:《洪宪纪事诗本事簿注》,太原:山西古籍出版社 1997 年版,第 87 页。

〔46〕天津的日本侨民集会认为日本政府还未表态承认所谓中华帝国,有贺便公然对袁行所谓外臣礼,是抹黑母国形象的行为,决议将其从侨民名录中除名。李新等主编:《中华民国大事记(第一册)》,北京:中国文史出版社 1997 年版,第 406 页。

〔47〕黑龍会:《東亜先覚志士紀伝(中卷)》,東京:原書房 1966 年版,第 352 页。

〔48〕骆惠敏编:《清末民初政情内幕(下卷)》,陈霞飞译,上海:知识出版社 1986 年版,第 578 页。

另一方面,日本外务省对有贺仍持不满态度,林权助和加藤高明等人甚至阻挠其与北洋政府的续聘一事。[49] 好在伊东巳代治等人出面为有贺疏通关系,使其可以继续在北京担任所谓宪法顾问。例如,1917 年章宗祥在发给黎元洪的电报中写道:

> 顷据伊东子爵面称,有贺顾问将于 7 月满约归国。该顾问学识均优,就聘以来亦颇能尽职。此等人才不易再觅,极有势力。有贺事,渠既有此意,似宜稍与周旋,希商定见覆,以便转告。[50]

有贺最后由于身体健康恶化,于 1919 年 7 月卸任顾问一职回到日本,1921 年 6 月,因脑溢血在家中去世,葬在今东京港区青山陵园。

---

〔49〕骆惠敏编:《清末民初政情内幕(下卷)》,陈霞飞译,上海:知识出版社 1986 年版,第 582 页。
〔50〕张黎辉编:《北洋军阀史料·黎元洪卷(第七册)》,天津:天津古籍出版社 1996 年版,第 1072—1073 页。

第六章　针对民初体制的理论构想

第一节　提出先行理论

一、宪法研究谈话会的成果

有贺来华赴任初期,总统府开设了所谓宪法研究谈话会的研讨班,由有贺主持,成员除了助手青柳笃恒外,还有陆宗舆、曹汝霖、章宗祥、汪荣宝、李景龢和曾彝进等人。该活动从 1913 年 4 月持续到 6 月,场地主要在陆宗舆的住宅内,内容是当时的宪法问题及对策等。

该活动结束后,以有贺名义推出了一部叫《观弈闲评》的册子,该书是有贺在华担任顾问期间针对中国宪法问题的唯一著作,集中体现了他关于民初体制的构想,虽然未公开出版发行,但在《宪法新闻》和《顺天时报》这两份报刊上均有连载,又称为"有贺长雄宪法意见书"。

该书与同年涌现的"私拟宪草"一样,堪称有贺的"私拟宪草"。书名据说是陈宝琛所起,署名日本法学博士、文学博士有贺长雄述,1913 年 8 月北洋政府校印,提供内部参阅,即为上述谈话会的研究成果。有学者写道:

> ……该书实际上是有贺长雄根据他到京后历次所作有关中华民国宪法要旨讲演汇集而成。二、有贺长雄至迟在 1913 年 6 月中旬就已经完成

书稿,并且自己印刷了一些,分送各界阅览。从他 3 月 8 日到京,到完成书稿,大约花了 3 个月时间。三、由于有贺长雄不具备用汉文写作此书的能力,1913 年 8 月校印本实际上是李景龢、曾彝进等人根据日文翻译而成。四、1913 年 8 月校印本系由总统府秘书厅代为印刷,具体承印者可能就是报告中提到的法轮印字局,而印刷经费则由财政部主计处拨付。五、1913 年 8 月校印本印数为 3000 部。之所以要印这么多,除了印数越多,每册成本越少外,恐怕主要还是为了扩大影响。[1]

该书原有十章,第十章是民国和前清皇室的关系,但未予刊印,现存九章是:革命时统治权转移之始末、宪法上必须预先防范社会党之弊害、北方续养其保守力以调节南方之进步力、共和组织论(超然内阁主义)、大总统之资格任期及选举、大总统职权、共和宪法上之条约权、共和宪法上之陆海军和省制大纲。

每章独立成文,有些还发表在民初报刊上。另一方面,有贺在来华赴任初期对顾问职责这样说道:

余等民国于制定宪法上所担当者,并非草定宪法案事。不过就中国年来之历史、风俗、习惯上,调查其于此时之民国者,究为何种宪法而已。盖余所执者,即法制上顾问之役。[2]

中国此次宪法问题,颇耐研究……其中问题最巨者,蒙藏自治问题,南北问题,大总统权限问题,均极烦难,而余则颇研究一恰当之法,以解决之,使宪法确能定中国百年之大计。盖中国如定,则世界发生危险之问题,即少一处,尤日本之大利也。[3]

根据《观弈闲评》一书内容,并结合有贺自身的学术观点和顾问职责认识等,可以发现,虽然其针对民初中国宪法问题,提出了别具一格的理论构想,该理论表面

---

[1] 尚小明:《有贺长雄与民初制宪活动几件史事辨析》,《近代史研究》2013 年第 2 期,第 134 页。
[2]《有贺青柳二氏之民国宪法谈》,《宪法新闻》1913 年第 14 期,宪史第 1 页。
[3]《有贺博士之宪法谈》,《宪法新闻》1913 年第 4 期,宪史第 1 页。

是所谓统治权转移论,实质上与其在早年建立的那套宪法理论一以贯之,该构想声称基于民初国情和历史传统量身定制,其实是试图将常年主张的理想政体模式,移植到民初法政的试验场上。

二、统治权转移论的内涵

国内学界关于民国成立的法理基础,素有"暴力建国论"和"契约建国论"这两种观点之分。前者强调辛亥革命的历史意义,后者则以清帝的逊位诏书作为法理依据,又被称为"国权授受说"。有贺提出的所谓统治权转移论,则被视为该论点的始作俑者,对此民初的报刊上已有评论:

> 革命后勉强支撑民国以至今日者,不外两大主义:一、自南京制定约法以至二年冬国会解散,皆本诸共和立宪之理想,而以国权在民为国家之组织也。二、自三年春总统制施行,继续至于今日,皆本诸有贺长雄国权授受之说,而以国权在总统为国家之组织也。[4]

回到《观弈闲评》一书,所谓统治权转移论的内涵大致如下:

一是将民国的成立史分为四大时期:清帝钦定宪法慰谕民军;君主立宪、共和立宪两者以何为宜,付之国民会议公决;商议将共和承认与皇室优待各条交换;关乎南北统一条件折冲讨论。有贺将民国成立史起点,从武昌起义与南京临时政府成立,转移到南北议和与清帝退位。

> 袁总理一方面虽于取消南京临时政府一事让一步,然竟由清帝付托之全权合于南方,以完成共和政体,是系当时履行之法承,而关乎民国建设之历史最为重大之要点也。[5]

---

〔4〕《吾人对于国体变更必要之注意》,《新中华》1915 年第 1 号。
〔5〕有贺长雄:《观弈闲评》,1913 年 10 月校印本,第 9 页。

二是从国法学角度提出民国成立的法理基础,一个是"南北议和",依据当时一封公文电报内容:"大清皇帝既明诏辞位,业经世凯署名,则宣布之日为帝政之终局,即民国之始基,从此努力进行,务令达到圆满地位,永不使君主再行于中国。"

> 盖据北京所履行之法理,南京政府未能正当寸立,认为统治中国全体之政府,须俟统治全国之清帝宣布辞位后,方能发生完全支配全国之正当法理也。[6]

另一个是清帝逊位诏书的内容:"特率皇帝将统治权归诸全国,定为共和立宪国体,近慰海内厌乱望治之心,远协古圣天下为公之义。袁世凯前经资政院选举为总理大臣,当兹新旧代谢之际,宜有南北统一之方,即由袁世凯以全权组织临时共和政府,与民军协商统一办法。"

上述是有贺提出民国成立在国法学的法理基础。换言之,清帝对国家的统治权未被辛亥革命所灭,只是发生"统治权之转移"。而转移的前提条件是"由袁全权组建临时共和政府,并与南方革命派协商国家统一之办法"。可见统治权直接转移到了全体国民身上,袁世凯的职责是全权负责组建临时共和政府。[7]

三是从国法学角度指出民国成立史的特征:民国发端于武昌起义,再由前清皇帝让与统治权,转移至全体国民后才正式成立。所以清帝让与统治权是民国成立史最大特征。可见民国与其他共和制立宪国有本质区别,有贺结论是:

> 第一能将不参与革命、不赞成共和之地方暨诸外藩仍包于民国领土之内。第二无须遵据普及选举法开国民会议。第三中华民国宪法不必取法于先进共和国宪法。[8]

值得注意的是,所谓统治权转移论,一方面是退位诏书的"袁全权组织临时共

---

〔6〕有贺长雄:《观弈闲评》,1913 年 10 月校印本,第 10 页。
〔7〕同上书,第 11 页。
〔8〕同上书,第 13 页。

和政府"这句话,但目前学界已证实了袁世凯篡改原文这一史实,将原先的"由袁世凯以全权与民军组织临时共和政府,协商统一办法",改为"由袁世凯以全权组织临时共和政府,与民军协商统一办法"。

袁世凯由此获得全权组织共和政府的权力,并在法理上撇开南方革命党人之干预及法统地位等。而且在北洋政府组建过程中,袁世凯也想方设法使"南北统一问题"盖过"新旧交替问题",试图达到"全权组织临时共和政府"目的。

另一方面是"统治权"这一概念。"统治权"一词来自日语的汉字造词,是近代日本学习德国国家学理论带来的一个概念名词,一般解释为强制个人或团体服从命令的权力。统治权是指对国家的支配权,俗称国家权力。在一些场合包括可拆分的支配权和不可拆分的主权,可以理解为主权和支配权的统称。有国内学者认为有贺是日本宪法学者,对统治权的使用有着日本特定的法政语境。[9]

的确,有贺对宪法学领域术语的概念理解,除了明治时代特定法政语境外,离不开自身对该术语的理解和运用习惯。作为近代日本第一批宪法学者,有贺在师承石泰因学说回到日本后,通过著书立说的方式逐渐构建起了一套自成体系的宪法理论;统治权概念在这套体系中占有重要地位,在其相关著作中均有说明。

简言之,有贺理解和运用的统治权概念,包括了主权和支配权两层含义,也就是说,民国的主权属于全体国民,并且国家权力也来源于全体国民,这是君主制变为共和制这一事实的法理阐释,有贺写道:

> 无论何国其制定宪法均不能置其国之历史于不顾。盖现在国家权力之关系乃由其过去之关系发展而来,非分析其过去则莫由明现在之由来。徒采取外国之现在,而编纂宪法则遗祸将无穷。故同是立宪国,而其国中之治权颇有参差不同之处。民国自武昌起义至召集国会间,其统治权移转之次节大与他国异其历史,则将来民国编纂宪法亦当与他国宪法不同。[10]

---

〔9〕杨天宏:《清帝逊位与"五族共和"——关于中华民国主权承续的"合法性"问题》,《近代史研究》2014年第2期,第7页。
〔10〕《有贺博士对于制定宪法之意见》,《宪法新闻》1913年第16期,宪史第1页。

无论何国宪法一律不得与历史相离。现在国家权利之关系乃从已过之关系自然发展而来者也。以故先将已过之始末,根由分解剖开,以明现在之所以然。然后确定将来国权编制之基础实不易之道也。若将本国之过去置而不顾,仅观外国之现在,操切从事宪法之编纂,深恐法理上无须采用之规条亦一并采用,致遗后日莫大之祸源亦未可知也。[11]

中国四千余年之历史习惯等实有其特别之点,在若置此不顾,但以国体之名称同为共和国,即直然取则于法或模仿于美皆属不可能之事,盖民国苟不因其历史习惯上制定一种独特之宪法则未有能适用者也。[12]

综上可知,有贺提出该先行理论,不但为"契约建国论"的发酵打下了基础,而且更重要的是,为自己的体制构想提供了一种学理支撑。

三、"天坛宪草"的法理批驳

1913年6月,民国首届国会的制宪工作取得新进展。参众两院成立了宪法起草委员会,重心转移到宪法起草委员会。随着宪法草案条文的披露,北洋派和革命派两股势力的争斗进入白热化,在袁世凯对制宪工作进行干预的同时,以有贺为首的外籍顾问团也开始发声,在舆论层面上争夺话语权。

大总统职后十六日,即提出增修约法案,又咨宪法会议争宪法公布权时,国会议员因赣宁事失败,离京者多,一时不能开会。在京议员皆主张速将宪法全部议定,不必增修约法,近于画蛇添足⋯⋯乃有咨请宪法会议派员出席陈述意见之举,起草委员会拒之,又派梁启超、周自齐、朱启钤等连日宴请宪法起草委员于宣武门内之中华饭店,疏通意思,冀于草案有所改正也。各委员以草案既经二读会,无修改意思余地答之,连日不得要领,最后乃令汤化龙再从事疏通,并示以致各省军民长官,令条陈宪法意

---

〔11〕有贺长雄:《观弈闲评》,1913年10月校印本,第1页。
〔12〕《有贺青柳二氏之民国宪法谈》,《宪法新闻》1913年第14期,宪史第2页。

见。电稿谓"疏通无效",电即发出,时汤化龙已密定破坏国会之计,受袁命后,次日谒已疏通无效。于是,袁世凯致各省军民长官,令条陈宪法之意见电稿,第一次国会非法解散之事实,而宪议亦告停顿矣。[13]

虽然在"天坛宪草"出台前,袁世凯也曾经提议试图增修《临时约法》:

> 盖约法上行政首长之职任不完,则事实上总揽政务之统一无望,故本大总统之愚,以为《临时约法》第四章关于大总统职权各规定,适用于临时大总统已觉有种种困难,若再适用于正式大总统,则其困难将益甚……本大总统一人一身之受束缚于约法,直不啻吾四万万同胞之身命财产之重,同受束缚于约法。[14]

但是首届国会不仅否决了袁世凯的上述提议,还快马加鞭地推出草案,也即俗称的"天坛宪草"。北洋派势力对于该宪草发动了攻势,最终使其作废,袁世凯说道:

> 纵观全文,比照约法皆变本加厉。而宪法之提案修正及解释统纳入国会权力范围之中,行政机关无复裁量之余地。况责政府以进行,而又束缚惟恐其不至,故削大总统及政府之威信,使对内对外均无保其独立之精神,而为国会之役使。夫何足以当国民委托之重寄,而维持国家之安全,且一经成立永无提议改正之希望,前途危险不可思议。[15]

另一方面,有贺等外籍顾问则从法理角度出发,撰文抨击"天坛宪草"的精神,以驳斥首届国会在宪法拟定上存在的诸多问题。发表的文章有:《不信任投票之危险》、《宪法问题演说辞》、《宪法草案之误点汇志》、《共和宪法持久策》、《关于民国

---

〔13〕吴宗慈:《中华民国宪法史》,北京:法律出版社 2013 年版,第 171—172 页。
〔14〕白蕉:《袁世凯与中华民国》,北京:中华书局 2007 年版,第 58 页。
〔15〕吴宗慈:《中华民国宪法史》,北京:法律出版社 2013 年版,第 180 页。

宪法制定之社会党被害的预防》《宪法应明文规定孔教是国家教化之本》《革命时统治权转移之本末》以及《共和宪法上之条约权》等。

值得一提的是《共和宪法持久策》一文,是针对"天坛宪草"而作,由当时官办印铸局单独刊印,在《法学会杂志》《宪法新闻》和《申报》等报刊均刊载过。但早前国内学界误认为该文发表于 1915 年秋,是特意为复辟活动造势而作。近年来一些研究者已撰文指出该文的实际发表时间,而且文字内容也无鼓吹帝制之意。[16]

大致梳理有贺驳斥"天坛宪草"法理的撰文,主要体现为两个观点:

一是反对立法权制约行政权。有贺在《宪法草案之误点汇志》一书中,指出"天坛宪草"存在如下九个误点:

大总统任命国务总理须经众议院同意;规定了不信任投票制度;大总统没有制定官制官规的权力;大总统没有规定军队编制的军政大权;设置国会委员会;参议院议员的产生方式;行政诉讼归属普通法院管辖;参众两院的预算议决权不均衡;规定国家支出命令须先经审计院核准。

现在国会议员利用其有制定宪法全权,务扩张国会权力,显违三权分立之旨,偏向二权分立主义……国务员不能承大总统之意思施行政治,必须承众议院之意思施行政治,行政实权在众议院而不在大总统,所谓大总统行政权独立,亦有名无实。其真正独立者,只有余国会与法院而已。故此种制度,只能称之为二权分立主义,不得谓之三权独立主义。而行政权依国会之意思行动,故又可称之为国会政府制度。似此组织,实与了解共和之国民所预期之政体组织,大相悬殊,即与国民之心理不合。[17]

其实来华赴任后,有贺对首届国会一直有所警惕:

幸哉!中华民国虽系共和国至其国法之沿革,既如第一章所述,一般

[16] 尚小明:《有贺长雄与民初制宪活动几件史事辨析》,《近代史研究》2013 年第 2 期,第 135—137页。
[17] 有贺长雄:《共和宪法持久策》,《法学会杂志》1913 年第 8 号。

人民未尝一试普及选举之真味,从未有自与政治之欲望,故当将来制定正式宪法之时尤须利用此幸福之事实,俾其永无施行普及选举法之必要是实至要之事也。[18]

　　议会种种主张得大多数之通过即便实行,然所代表之利益未必皆国家之利益,劳动者亦有选举权,由劳动者选出之议员占多数,劳动者所谋之利益亦未必为国家之福。[19]

　　二是反对司法权制约行政权。"天坛宪草"规定行政诉讼归普通法院管辖。根据《临时约法》,民初的司法制度仍沿袭清末大陆法系"二元制"诉讼体制。但"天坛宪草"旨在改变《临时约法》确立的行政法院制度。有贺对此明确反对,认为行政法与民刑法不同。本质上,行政法应归行政权范畴,划归法院管辖不但会给法官造成业务上的困扰,还会妨碍行政自由裁量权的行使等。

　　各部行政事务,初亦犹民事刑事之须依据法律而行,然审判民事刑事适用之法律(司直法),与为各部行政事业施行之法律(行政法),其间大有差异……自由裁量为行政官不可少之职权。然因自由裁量之故违背根本之法律,亦非法治国之所宜。故于司法审判以外,另设行政审判制度,凡人民因行政官自由裁量害其依法律应有之权利者,使其有出诉而受审判之途。此法院以外另置平政院之议所由起也。[20]

　　另外,有贺认为沿袭"二元制"诉讼体制是遵循本国历史传统的体现。清末预备立宪改革是以明治日本为蓝本而采取大陆法系的司法制度。通过设立平政院将行政诉讼和普通民刑诉讼分离。清政府之所以采取该模式也是经过了多方权衡。

　　以行政诉讼混于民事诉讼,各国中匪无行者。英与美实取此制,第民

---

[18] 有贺长雄:《观弈闲评》,1913 年 10 月校印本,第 21 页。
[19] 有贺长雄:《宪法演说》,《法学会杂志》1913 年第 8 号。
[20] 有贺长雄:《共和宪法持久策》,《法学会杂志》1913 年第 8 号。

国法院,将採英美制耶,抑循日本德意志奥大利主义,以行政诉讼别于民事而自为一部耶。此为重大问题,取舍从违,各有所见,吾第异夫草案条文中,已明明将民事刑事行政等诉讼名目分别区划,已明明承认行政诉讼为一特别审判机关,而仍附设于寻常法院之中。此其不可解耳。英美主义原非不可,唯民国各事既已竞取日本德奥制度,独此採用英美,杨銮不相容,弊多而利少耳。[21]

司法诉讼体制问题是民初宪法争论的焦点之一,有贺是持"二元制"相关论述的代表人物,不过所谓的行政法院隶属政府系统,归行政权管辖缺乏独立性,本质上是为了使行政权避免受到司法权的制约作用。

第二节 超然内阁政体

一、超然内阁主义的特征

一般而言,共和制国家的立宪模式,主要是内阁制和总统制这两大类。有贺针对民初的政体设计试图突破这两类模式,另辟蹊径提出了所谓超然内阁政体,堪称别具一格的政体构想。关于这点,有贺来华后有过多次论述:

民国宪法若全模仿乎美,则党争之极南北必致分离;若全模仿乎法则总统与民国尤嫌悬隔过甚,应远鉴中华四千年历史,近去法美宪法缺点,诚心诚意而成最适当之宪法。[22]

中国四千余年之历史、习惯等实有其特别之点,在若置此不顾,但以国体之名称,同为共和国,即直然取则于法或模仿于美,皆属不可能之事,盖民国苟不因其历史习惯上制定一种独特之宪法,则未有能适用

---

〔21〕有贺长雄:《宪法草案之误点彙志》,1913 年 11 月校印本,第 6 页。
〔22〕《有贺博士对于制定宪法之意见》,《宪法新闻》1913 年第 16 期,宪史第 1 页。

者也。[23]

余意则主于研究宪法，以为平生从事于君主国宪，而民主国宪尚系初次。中国此次宪法问题，颇耐研究。盖民主国宪，亦无一定形式，中国之宪法，或不成为法国式，不成为美国式，竟成一中国式之宪，为世界特开新例，亦未可知。[24]

有一部分人士无视这样一件清楚的事实，主张民国的建立要沿袭美国独立和法国大革命那样的道路，殊不知民国民主共和的历史和美法两国不一样，不一定要模仿美法两国的做法，真的不如下工夫设计一套适合中国国情的制度为好。[25]

超然内阁主义是有贺所谓新政体模式的内核，《观弈闲评》一书第四章专门阐释了这一政体构想的特征。前文已述"超然主义"，一般指日本明治政府在宪法典颁布初期推行的施政理念，以伊藤博文、黑田清隆和山县有朋等为代表，主张行政权的行使不受国会与政党制约，建立高效权威的政府。有贺在学术生涯建立的那套理论体系，也可看作为了宣扬该施政理念而作的一种学术背书。

有贺的超然内阁政体，正是基于伊藤博文等人主张的施政理念。形式上属于内阁制的框架，但缺失内阁制的精髓，不仅在内阁组建、制定及政策施行等不受国会政党的制约，就连内阁成员的地位职权，也超然于国会及其所属政党等。[26]

有贺认为，共和制国家历史上曾有过一次不成功的实验：1875 年法国颁布了《参议院组织法》、《政权组织法》和《国家政权机关相互关系法》，建立法兰西第三共和国。当时宪法规定采取内阁制模式，但大总统麦克马洪仍掌握国家大权，独立自主组阁不受国会政党制约。该模式即有贺主张的政体构想。

有贺指出，法兰西第三共和国的尝试之所以失败，主要在于麦克马洪的个人因

---

[23] 《有贺青柳二氏之民国宪法谈》，《宪法新闻》1913 年第 14 期，宪史第 2 页。
[24] 《有贺博士之宪法谈》，《宪法新闻》1913 年第 4 期，宪史第 1 页。
[25] 有贺长雄：《北京滞在中の余の事業》，《外交時報》1913 年第 210 号。
[26] 作为民国第二届内阁的陆徵祥内阁，一度也被称为"超然内阁"，主要是为了形容陆徵祥不遵循党派意见的组阁方式。

素,不是该模式自身存在缺陷。[27] 关于该模式特征,有贺总结道:

> 大总统先行决定政治方针,不问国会内外之人,但有愿依此方针,行其政治者,则举之组织国务员,至其方针之当否,一归国务员负起责任,虽有时出于不得已,更迭内阁,然未必因国会失多数之赞成而以之为辞职之准绳,考其政治方针之成绩何如,征诸国内舆论之向背何如,大总统独断特行,而使内阁更迭,是为超然内阁组织之大概情形也。[28]

换言之,超然内阁政体下的内阁,由大总统任免并对大总统负责,大总统作为国家元首,地位稳固,总揽国家大权,但不承担政治责任,由内阁代为施政并承担责任。可见该模式的优势在于:能确保元首地位稳固,同时避免元首因个人能力强弱而影响到施政效果与国家利益。对此他这样写道:

> 民国将来如何人物充为大总统,在未可知之数,若现在订立如美国之宪法,使凡庸之士,当选大总统,则国被其害必矣。又若订立如法国之共和组织,即使大总统为不世出之英杰,亦无用其能力之余地。若夫,超然内阁组织,大总统能得人杰,国家固得利益,即使不得人杰,国务员负责辅佐国家,所受不利,亦属无几。就民国视之,将来形势不可逆料,若采此伸缩自在之组织,尤为策之得宜者矣……是以大总统为人活泼有为,如卢斯福,然则可自行筹划,立定方针,将此教示国务总理;反之,大总统为人敦厚,如卢伯,然则凡百政事委任国务总理,但垂拱以治而已。[29]

而且,该模式兼取总统制和内阁制优势,内阁超然国会和政党之外,可以兼顾大政方针的效率和公平。

---

〔27〕有贺长雄:《观弈闲评》,1913 年 10 月校印本,第 47 页。
〔28〕同上书,第 44 页。
〔29〕同上书,第 49 页。

此第三组织,实兼取他两组织之利益,而除其弊害者也。此第三组织,超然于国会之外,秉公决定方针,故得将现在因选举法不备,而发生之不公平,加以匡正。如所立方针,不生良善纳果,则内阁即引责辞职,内阁时时更迭,不使人心厌倦,举国中多数政治家习于政治,是亦一利益也。[30]

综上可知,超然内阁政体的特征是,总统掌握国家权力,实际施政的内阁直接服从于总统并承担相应责任。在本质上,该模式以明治宪法体制为蓝本,参照的是"二元制君主立宪"模式。可以说,有贺另辟蹊径的主张,是将民初政体模式的参照对象,从共和制国家转移到了君主制国家,然后在明治宪法体制的基础上,融入古代中国传统政治的若干元素,加以乔装改造而成,其实并无真正的创新。

1912 年,有贺在早稻田大学一次演讲中,发表了如何建立民初体制的看法,提出一种"强人治国"的观点,这样讲道:

首先考察中国四千多年的历史,可判断中国不是一个法治国家,而是一个伦理国家,历代统治者都试图建立一个人际关系融洽的社会,伦理是其统治的基础。所以中国人向来都崇尚古代,期待圣人的出现,希望出现几百年一遇的伟人,建立一个理想的社会,以德行征服民众,使国家团结。这点特征与西方社会截然不同。其次从这样的国情出发,共和制也好君主立宪制也好都不适合中国。将来如果出现一位非常有德行的人,这个人带领人们使整个社会逐渐形成道德高尚的风气,然后团结一致创造出一个合适的政体。所以我觉得必须要出现那样一位圣人君子才行。至于这位领袖被称呼皇帝也好大总统也罢并不重要,关键是能带领国民创造出适合中国国情和历史传统并能永久维持的政体。[31]

---

[30] 有贺长雄:《观弈闲评》,1913 年 10 月校印本,第 48 页。
[31] 有贺长雄:《大聖人の出現を待つのみ》,《早稲田講演》1912 年第 12 号;转引自熊達雲:《有賀長雄と民国初期の北洋政権との関係について》,《山梨学院大学法学論集》1994 年第 29 号,第 11 页。

一般认为,民初最有实力的政治强人,非袁莫属,有贺来华赴任后也多次谈论到袁世凯:

> 要解决当下政局的困难,恐怕要出现拥有华盛顿那般才能的领袖才行。据我观察,袁大总统并不具备这样的才能,又缺乏有能力、可辅佐他的下属。令人感慨的是,偶尔看到有才华的人,但由于能力不足,在政府某些部门看似活跃,但其实并未起到多少作用。[32]

> 总统之为人,世间议论甚多,甚至有诋为极恶人者。余见似未必然。民国始创一年,于今有大失,功不可没。吾人以历史的眼光观察人物,置袁于世界政治家中,虽非第一流,然亦不落第二流。但其注意专重目前,未有高远之理想,亦东洋流豪杰之常态也。[33]

> 总统不过欲中国得有完美之宪法,俾将来不至复起种种之骚乱,而共享郅治之乐……绝无帝制自为,或自比于迪克推多独裁者之奢望。袁若称帝则将来必至一败涂地,此亦袁所深知者。袁自视当选第一任总统为非常荣幸,曾为袁所切盼者,在本届国会会期以和平而得宪法之成立,且此项宪法最好能使行政立法司法三部各尽其职而无相冲突。[34]

二、大总统的选举方案

在有贺的超然内阁政体构想中,大总统的设计是关键内容,这里的"超然"一词,表面上是内阁的超然,其实更主要的是大总统的超然。大总体的人选和产生,是有贺首先需要解决的问题。他说道:

> 此项重大问题万不可专据学理以为衡,极须审度中国现在之大势,折衷拟定,庶与法理事实均无妨碍。仍以先定宪法关于选举总统之一部。

---

〔32〕有贺长雄:《民国政界现状》,《外交時報》1913 年第 207 号。
〔33〕《有贺顾问之宪法讨论及总统月旦》,《宪法新闻》1913 年第 8 期,宪史第 2 页。
〔34〕《有贺长雄回国后之民国谈》,《时事新报》1914 年 5 月 1 日。

即日将总统选出,实为救时之要义,凡在院诸人,无论党派为何亦当一致
共喻此义,方能达利国福民之目的,至诸友邦承认问题,刻正视此问题为
进止云。[35]

为此,有贺自己拟制了一份《大总统选举法案》,内容详见本书附录资料,在此
不予摘录。

由此可知,其关于总统选举的法案特征大致是:第一,德行是大总统重要的任
职条件。总统人选必须公认德行崇高,还将各地孔庙作为选举地,旨在强调德行的
重要性。第二,通过分阶段选举储备大总统人选,先由"仰德会"选出候补大总统作
为储备人选任期十年,相当于正式总统的两届任期。第三,由政府和国会均分选举
权,"戴德会"选举正式大总统或下任大总统,成员由政府和国会指定,均分名额任
期十年。

表 6-1　有贺长雄与首届国会关于大总统选举的构想[36]

	有贺长雄	首届国会
任职条件	累世有民国国籍,年满四十岁以上,四海之内莫不仰其德者。	享有完全公权之中国国民,年满四十岁以上,并住居国内满十年以上。
任职期限	五年,可以连任一次。	五年,可以连任一次。
选举方式	先由仰德会选出候补大总统,再由戴德会选出正式大总统。	国会议员组织总统选举会选举。
副总统	不设副总统。	设立副总统。

关于总统人选问题有贺讲道:

超然内阁政体下,大总统能得人杰,国家固得利益,即使不得人杰,国
务员负责辅佐国家,所受不利,亦属无几。就民国视之,将来形势不可逆

────────────────

〔35〕《有贺博士对于选举总统之建议》,《宪法新闻》1913 年第 3 期,宪史第 1 页。
〔36〕该表格主要根据吴宗慈:《中华民国宪法史》,北京:法律出版社 2013 年版,第 305—306 页文字内
　　 容整理而成。

料,若采此伸缩自在之组织,尤为策之得宜者矣。[37]

概言之,总统能力高低与否不重要,有崇高德行才能保证不谋私利,选举过程平缓不激烈,才能保证地位稳固和政局的安定。可见他提出的总统构想,在继承方式方面,带有传统君主制的特征,而为了体现重视所谓德行的选举方式,某种意义上可视为对古代中国"以德配天"政治传统的一种改造。

三、大总统的地位职权

在有贺关于民初体制的政体构想中,大总统居于最高地位,不仅握有国家大权,还采取元首无责任的原则,以保证最高地位的稳固性和权威性。

元首无责任原则,是有贺在宪法学研究生涯中一以贯之的主张。早年他对清末预备立宪的建议即持这种主张,认为清政府未能使清帝超然于改革,导致清帝最终承担改革失败的责任,造成政权颠覆,还使延续两千多年的传统君主制消亡。[38]

> 中国国民革命不仅仅是中国国民的革命,也是顺应世界文明潮流的革命。革命证明了爱新觉罗氏的朝廷终究缺乏统治中国国民的能力,这个事实已不可逆转。伴随满洲朝廷的崩溃,之后是要建立君主立宪政体,还是民主共和政体,我觉得是次要的问题,因为首先要确保的是,新建立起来的政体能长久安定。所以,我觉得要根据中国国民的特征,历史传统与经验,以及人情、地理等诸多因素,来考虑和设计一个能永久维持的国家制度。[39]

> 大总统旷废职守,则由国会弹劾,受大理院审判之制,约法第四十一条既有明文。然凡关于政治之得失,国务员负其责任,大总统不可负责任也。又关乎一般刑事上之犯罪,亦宜置之于无责任之地位,以使其保持威信其关系重大,孰若将区区罪状纠弹之。惟至意欲推翻共和政体叛逆大

---

〔37〕有贺长雄:《观弈闲评》,1913年10月校印本,第49页。
〔38〕有贺长雄:《清国内閣制度改造の機至る》,《外交時報》1909年第143号。
〔39〕有贺长雄:《大局を誤る勿れ》,《外交時報》1912年第175号。

罪,固须即行纠弹,断勿稍有踌躇,因是之故,民国宪法立文如左为宜:大
总统不负政治及刑事上之责任,但大逆罪不在此项。[40]

可见有贺主张元首无责任原则,主要是为确保国家元首的地位稳固。另一方
面,关于大总统的职权有:总揽政务之权、公布及执行法律之权、拒否法律及决议
之权、提出法律案之权、发交教书于国会之权、命令权、特赦、减刑及复权之权、宣告
戒严之权、制定官制官规且任免文武百官之权、外交权和军事权等。

第一,总揽政务权,也叫"政治权",不等同于行政权,指制定大政方针的权力。

　　一言以蔽之,美国宪法所谓执行权者,兼政治行政二事而言者也。而
行政系属依法律所行之事务,各部总长专当其局。至政治,则大总统自行
之。所谓政治者,是系不准以法律规定,军事、外交属其主要者,然而将各
种行政事务计较其轻重缓急,决定大政方向,亦属大总统一大任务,自
明矣。[41]

有贺将政治和行政分离,由大总统负责"政治",由行政机关负责"行政","大总
统所以为其职权者专在政治之上,故又称之曰大总统之政治权。"[42]

第二,拒否法律及决议权,也叫法案否决权。国会通过法案须由大总统裁决,
大总统有权否决法律案。

　　今为民国计,本拟不采议院内阁制,而采超然内阁组织,故如遇到国
会将与大总统所定政治方向大戾之法律案悍然可决,则大总统不可不有
极力与之相争之权,而欲为之,则非有拒否权不可也。[43]

────────────

〔40〕有贺长雄:《观弈闲评》,1913 年 10 月校印本,第 72 页。
〔41〕同上书,第 64 页。
〔42〕同上书,第 63 页。
〔43〕同上书,第 67 页。

第三,提出法案权。对普通法案有提议权,对制宪也有发言权。

> 大总统参与制定宪法之权,《临时约法》虽无明文,而就事实论,固不得不谓大总统应有是权也。况《临时约法》之精神,实许大总统参与制定宪法事业。《临时约法》第 55 条规定临时大总统有提议增修约法之权。盖制定《临时约法》时,临时大总统始在北方就职,不能与议,故许其制定后有提议增修之权。事后尚许其提议增修,事前反不许其主张意见,揆诸约法之精神决不如此……宪法之最终决议权在由国会,而成之宪法会议固应由国会独立行其职权,不容他人干预,然最终决议之先,遂保讨议之时务广益集思,以昭公允,大总统派遣对于宪法陈述意见之委员,务与以主张意见之机会,以免偏倚。[44]

第四,照会国会权,即"发交教书于国会之权"。"教书"一词是日语词汇,是大总统给国会的照会文,即大总统有权向国会提出意见。

第五,命令权。是指临时命令,相当于紧急命令权,指大总统有权发布临时命令。在有贺宪法理论中,命令和法律这两个概念,本质上均是国家意志,只是形态不同。广义上法律包括行政机关发布的命令,这里的命令,是指紧急状态下的临时命令。

> 关乎法律未存之事件发布命令之权,即宪法学者所谓发布独立命令之权,虽属必要,而与共和民主之宗旨拂戾太甚,属君主政体之国,犹且以设当面之规定,于宪法为难,矧民国只可姑从断念耳。[45]
>
> 大总统为维持公共治安或为捍御非常灾患,当国会闭会以后,且不及召集时,制定与法律有同一效力之命令。前项命令不论继续执行与否,至次期国会开会时须迅速提出于国会,求其承认,若有不承认之决议时,本命令当然归于无效。[46]

---

〔44〕有贺长雄:《共和宪法持久策》,《法学会杂志》1913 年第 8 号。
〔45〕有贺长雄:《观弈闲评》,1913 年 10 月校印本,第 69 页。
〔46〕同上书,第 71 页。

第六，人事任免权，制定官制任免百官权，也叫编制权。一般官吏的任免须遵循官制规定，大总统亲自任免的主要是内阁成员、外交官员和军事将领。而且，大总统任免官员无须经过国会批准。

> 一、此项条件系美国宪法专为预先防范大总统随意任命便于推翻共和政体之官吏藉为爪牙所设者，而关乎国务员几属有名无实，元老院未尝对于各部总长之任免挟持异议；二、官制官规须得国会之同意，则与所以将执行权与立法权分离之义相戾；三、又与使国务员负责任之义相反，何则，如使得国会之同意任命之国务员有失职或违法等情事，前表同意之国会亦不可不引咎而同负责也。[47]

第七，外交权。外交权和军事权关系国家安危与前途，必须直属大总统。

> 厘定共和宪法之组织，最为困难者，在乎关于军事、外交两项。订定大总统与国会之权限是也。是以军事、外交两项事务，必将无须国会决议，临机应变、便宜行事之职权，委任之于大总统者，诚不得已也。然从一方面观之，如大总统此项职权全无制限，则不免有流于专制，致使共和政体之存立，危殆之虞；而从他一方面观之，如以国会监督权制限大总统此项职权，稍有失当，又恐外交不振，兵力不张，或致启外国纷乘，以危国家之祸。则应如何筹拟，始得中庸，而能冀其达到国家之目的乎，洵重要问题也。[48]

可知外交事务方面，大总统可以独立制定外交政策，任免外交官员，还可以签署除了涉及立法外的外交条约。外交条约分正式和略式，前者与立法相关，后者与立法无关，主张只要是略式条约，大总统无须事先征求国会同意。

第八，军事权。军事权直接关系到国家军事制度。

---

〔47〕有贺长雄：《观弈闲评》，1913年10月校印本，第72页。
〔48〕同上书，第74页。

以民国视之,赋予大总统以日本宪法第十二条一般之职权固属困难。然如以两属事务尽数为国会所容嗏,则大总统统帅权之大部分必然受抵制以致民国陆军势甚脆弱。以是之故,今拟特置军防会议作为日本宪法第十二条规定之效用,似为共和政体最合宜之组织。[49]

上述"军防会议",是直属大总统的军事顾问机关,成员由国务员、军队高级将领和国会议员代表组成,凡涉及编制和经费等行政性事务,只需该会议决议便可颁布执行。不难发现,这种军事制度显然是以日本明治体制的军事制度为蓝本,主张大总统同时拥有"军令大权"和"军政大权",通过设立所谓"军防会议"使军事权独立于政府和国会。本质上,该制度不可避免导致"二重内阁"出现。有贺阐释道:

> 自从清朝之季以迄今日,陆海军制度其规模大致采之日本及德意志,将关于陆海军统帅权之事务,特置于一般行政事务之外,另设参谋本部,使之当计划之。虽然此制本系君主国所行者,与共和政体之宪法组织不相容。如将中华民国宪法取法于法美共和宪法而制定,则现在兵制与宪法枘凿不相容,将归废绝也……余谓将来中东两国军队,难保无共同作战之必要,及至其时,两国兵制如有著大差异,则虑诸多不便。[50]

综上,超然内阁政体在大总统的地位职责上有淋漓尽致体现。一方面大总统地位"超然",居于体制最高位置,采用元首无责任原则以确保地位稳固,含有超脱之意;另一方面,大总统职权"超然",可以直接任免内阁成员,还掌握有外交权和军事权,是为了摆脱国会与政党的制约,带有超越之意;这种政治责任的超脱与立法机关的超越,即共同构成了其所谓"超然"一词的内涵。

四、国会与政党的作用

首届国会在有贺来华不久后开幕,并且宪法问题成为社会舆论关注热点。"当

---

〔49〕有贺长雄:《观弈闲评》,1913 年 10 月校印本,第 106 页。
〔50〕同上书,第 90 页。

下各党派、各团体都在起草宪法草案,有的已公之于众,有的还在讨论协商阶段,关于宪法的研究会也遍地开花,据观察只要几个人在一起聚餐,必然要讨论宪法话题。"[51]"辛亥革命后北京聚集着从各地而来的有志之士,这些人三五成群聚会颇为认真地讨论宪法问题,而且这些国家大事貌似成为唯一话题。"[52]

尽管国会开幕,制宪工作还是进展缓慢,其实许多人对首届国会议员的评价并不高。

> 今观我国国会,所有政党,类皆朝秦暮楚,唯利是图,党人附逆,议员卖身,视为寻常生活。恬不为怪,果为社会缩影,则吾民族尚足以有为乎?毋亦党中组织未备,训练未周,人民政治观念,复太缺乏,未能选出良好议员,严密以监督其后,使悉归正规也。自今而后,国人果欲继续施行代议政治,愚敢断言,最低限度,必须先养成人民普遍的政治常识,先组织有训练的政党,庶可涤荡以往之瑕秽,收拾此土崩瓦解之局。[53]

初来乍到的有贺也不例外,一开始也有过正面评价:

> 第一届国会议员确实代表的是拥有主权的广大国民,而非只是听从于各自所在地总督的旨意……议员们貌似不会屈服于眼前各种各样的困难,心胸比日本人宽广。[54]

然而当国会运作了一段时间,有贺对于民初政坛有所了解后,对于议员们的资历和能力产生一定怀疑,评价日趋消极。

> 这些国会议员,有相当部分是毫无经验的年轻人,这些人大多沽名钓

---

〔51〕有賀長雄:《民国憲法開議前の形勢》,《外交時報》1913 年第 203 号。
〔52〕有賀長雄:《入燕最初の所感》,《外交時報》1913 年第 201 号。
〔53〕谢彬:《民国政党史》,北京:商务印书馆 2007 年版,第 128 页。
〔54〕有賀長雄:《中華民国第一次国会開会》,《外交時報》1913 年第 204 号。

誉、唯利是图,对于民国未来构想,没有承担起应有的责任。[55]

日本宪法由伊藤公起草,辅以井上毅、伊东巳代治、金子坚太郎诸人多通汉学国学。而副岛种臣、元田永孚、寺岛、土方、东久世、河野诸伯子爵均在枢密院与闻审议。今民国老儒多伏而不出,料理国事全仗少年,而能知国情者甚少,是可忧也。[56]

如果国会继续今日这般混乱无能的状态,那么,革命政治家的信用也将消散,再加上行政上缺乏经验,弊害百出,前清时代的知力社会便逐渐抬头。[57]

事实上,《东方杂志》就有贺关于国会的态度也有描述:

有贺博士尝谓归国后再阅二十年,恐中国宪法尚未确定也。闻之曷胜慨叹。此次编订宪法时,博士亟欲访求富于中国政治经验者与之商榷一切。惜乎见者皆系一般留学生。在博士面前,演述此旧习之讲义,博士辄莞尔而笑,谓此种学说,鄙人所知,尚较诸君为多,鄙人所缺乏者,中国政治之实地经验而已。诸君见饷,窃望在彼而不在此,但京中老旧散佚,谘访无从,惟与徐菊人晤谈一次。[58]

有贺对首届国会的态度,从观望到怀疑,再到大失所望的转变,与袁为首北洋派争夺制宪权过程的进度大致相符,随着袁派势力逐渐失去宪法草案拟定的话语权,其愈加感到国会中应存有所谓保守势力之必要性。

国会两院皆以国民党占多数矣,国民党植其根据于南方,颇有进而不已之势,倘拟进步趋势之下,操切而成宪法,深恐进步主义与保守主义互

---

〔55〕有贺长雄:《民国正式国会开会后二週间》,《外交時報》1913 年第 205 号。
〔56〕《有贺顾问之宪法讨论及总统月旦》,《宪法新闻》1913 年第 8 期,宪史第 2 页。
〔57〕有贺长雄:《民国政界现状》,《外交時報》1913 年第 207 号。
〔58〕《有贺长雄博士之官制谈》,《东方杂志》1913 年第 1 期,第 27 页。

失权衡,则宪法将为民国发展情形之阻碍……惟今制订宪法乃民国前途万年长计,奠定大局之始基,将取中国固有之文物制度,以革命的精神尽数委之于破坏殆尽乎,抑利用保守之势力,以调节之两者之间,乃最要研究之问题也。[59]

关于参众两院议员的任职和选举方式,有贺认为太过宽松。

凡参议院议员,以中华民国男子,年龄满四十岁以上,具有左开资格之一者,为有被选之资格。第一为众议院议员已经三会期以上者,或曾为众议院议员过六年以上者;第二曾为国务员或出洋大使、公使者;第三为中央政府或地方官厅高级官员,已过五年以上者;第四有举人以上之学位或有中外专门大学校毕业之久凭者;第五按年缴纳直接国税过五百元以上者。凡此皆于改订上院组织法而得保守势力者也。[60]

有贺试图通过修改任职条件,使参议院变为所谓"保守势力"大本营,"于立法上有酌留相当保守势力,俾其有效之必要。"[61]其实,所谓"保守势力",是指拥护袁的权贵群体,而"进步势力"则指革命党人。主张国会应增强保守势力,实际上是指北洋派势力在国会的地位与实际力量不匹配,需要加强在大总统在国会的话语权。关于这一点,国内外学界均有所探讨。

民国国会的组成与政治力量格局的相背离,主要表现为最强大的政治力量北洋派在国会中没有相应比例的代表,也是民初议会政治失败的具体原因之一。民初国会基本上只包括立宪派和革命派两大派别,由于内部和外部的各种主客观原因,力量最强大的北洋派,反而没有足够的代表进入国会。因此国会制定的法律必然在北洋派的抵制下成为一纸空

---

〔59〕有贺长雄:《观弈闲评》,1913年10月校印本,第24—25页。
〔60〕同上书,第36页。
〔61〕同上书,第34页。

文,并且最终还是在与北洋派的冲突中被强制解散,这样一个残缺的国会不可能称为有权威的政治中心,维持有效的政治秩序。[62]

另一方面,是国会的职权问题。有贺赞同《国会组织法》相关规定,参众两院分工合作地位平等。"国家岁出岁入由政府编成预算案,于国会开会后十五日内先提出于众议院,参议院对于众议院议决之预算修正或否决时,须求众议院之同意;如不得同意,原议决案即成为预算。对于预算案,参众两院职权宜相均一。"[63]国会拥有立法权,还有权监督政府或代表普通民众行使监督权,监督方式主要是弹劾,但不包括不信任投票,也不能主动干预政治权和行政权,更不能左右内阁的组建和任免。

> 众议院代表一般人民利益,参议院宜代表国家全体利益。众议院为进步力之代表,参议院宜为保守力之代表。循是旨趣。[64]

不难发现,有贺关于国会和政党作用的构想,带有明治宪法体制下帝国议会的特征,与其阐释日本帝国会议及政党的功能作用基本吻合:主张参议院相当于贵族院,议员任职条件一般拥有特定身份,是国家全体利益代表;而众议院任职条件相对宽松,由普通民众选举产生,并参与政党政治,认为仅代表所属政党利益,而政党利益和普通民众意志无法代表国家的整体利益和目标等。

第三节　政体配套措施

一、"第三种特别制度"构想

首届国会的宪法起草委员会在宪法草案的拟定过程中,围绕地方制度和国教这两个问题有过激烈争论,无法达成共识。对此,北洋派和其他政治势力也发表过

---

[62] 张永:《民国初年的进步党与议会政党政治》,北京:北京大学出版社 2008 年版,第 383 页。
[63] 有贺长雄:《宪法草案之误点汇志》,1913 年 11 月校印本,第 7 页。
[64] 同上书,第 6 页。

一些观点,如何规定中央和地方的权限关系,采取中央集权抑或地方分权,是否军民分治、省制存废、省长简任或民选等,相关主张各持己见、相持不下。

> 中华民国成立后,其第一发生之大问题,悬于吾等之目前者,即地方制度是也……清之季世,行省分权,不能举改革之实,遂主张集权,即是受人民之反抗,其祸均足以亡国。今后之谋国者,不可不折衷于二者之间以求调剂之方法。[65]

> 汪彭年主张地方制度关系重大,然未有具体的提案,即不能加以讨论。吴宗慈主张地方制度可让之于单行法,不必以宪法拘定之。众均赞同,而民国二年之下发草案遂将此重大问题无形搁起矣。[66]

就地方制度案来看,虽然是宪法体制中不可或缺的内容,但在民初的制宪进程却被人为搁置,各派势力在中央集权和地方分权两种方案之间争论不休。值得注意的是,有贺提出所谓“第三种特别制度”,即兼取中央集权和地方分权特征优势的一种折衷方案。该方案内容包括“省制”与“行省组织法案”,详见本书附录资料,在此不予摘录。

此外,有贺特别强调,在少数民族聚居地,应另外制定单独的条例管理:“民国边氓顽梗,编订宪法时,于青海蒙藏等处,应别订条例,以为政治上活动之余地。”[67]上述所谓“第三种特别制度”的地方制度构想,内涵和特征大致如下:

第一,将行政事务分为国家和地方两类。国家行政事务是与国家利益密切相关,以及有必要统一筹划的事务,包括军事、外交、财政、司法和交通等,由中央政府管理;地方行政事务是与国民生活密切相关,以及有必要因地制宜的事务,例如农工商业、教育和卫生等,由地方政府管理。

第二,地方政府兼具集权和分权两种性质。以中央集权而言,地方政府可视为中央政府在辖区的分支机构,相当于元代以来的行省;以地方分权而言,地方政府

---

〔65〕杜亚泉:《中华民国之前途》,《东方杂志》1912 年第 10 期,第 2 页。
〔66〕吴宗慈:《中华民国宪法史》,北京:法律出版社 2013 年版,第 182 页。
〔67〕《有贺长雄对于宪法上之建议》,《宪法新闻》1913 年第 1 期。

可视为辖区最高行政机关,有独立的行政权和立法权。

第三,总督对维持中央与地方关系起到关键作用。总督由大总统直接任免并对大总统负责,相当于派驻地方的内阁国务员,代表大总统和内阁管辖省。总督对于地方行政事务范围的施政发挥监督作用,以确保地方政府的施政符合国家大政方针。

第四,地方政府采取责任内阁制政体。"省议会"是地方最高权力机关,采取代议制方式,政务处相当于省内阁,人事任免听从"省议会"并对"省议会"负责。政务处施政须执行"省议会"出台的法律,在遵循法律基础上,才有权制定具备同等效力的行政命令。

如所周知,对于中央与地方制度的构想,以袁世凯为首的北洋派主张的是中央集权,特别是对于宋案后李烈钧、柏文蔚和胡汉民等人的起兵,袁这样说道:

> 今日并非调和南北问题乃系地方不服从中央,中央宜如何统一问题。宋案自有法院,借款自有议会,我与岑君等皆不能说话。君系现役军人尤不能说话。至李烈钧等为地方长官,于行政之系统上,中央不能不求统一之法。[68]

> 国不可不专,惟全国统一于中央之下,庶能收指臂相使之效,而谋国运之发展,若地自为治,省自为政,则国家既失统治之实,政治复有凌乱之处,即省与省之间亦将权限之争横生冲突,其患不胜言。[69]

关于省制存废问题,袁派势力基本是持废省论观点,主张"废省设道",以消除革命派在地方上的残存势力等。出于增强行政权威考虑,实质而言,有贺上述地方制度构想,很大程度也是站在北洋派的政治立场上。

不过在具体方案上,可以发现有贺的构想并没有表现出明显的中央集权特征,不仅主张保留省制,还主张授予地方相当程度的自治权力,采取所谓中央监督下的

---

〔68〕李剑农:《中国近百年政治史》,上海:复旦大学出版社 2002 年版,第 350 页。
〔69〕《论中央集权与地方分权》,《庸言》1913 年第 5 期。

代议制民主政治模式。表面上,该构想是折衷中央集权和地方分权的"第三种制度",不过就本质而言,有贺还是以明治体制下的地方制度作为主要参照。当然该构想也是有贺立足中国历史传统的设计,即吸收"行省制度"这一古代中国的传统政治因素,以及近代西方殖民地制度的一些特征,堪称别具一格的方案。

二、"孔教为国家风教之大本"

民初社会百废待兴、秩序混乱,各种思潮纷至沓来,政府还颁布了不准读经及尊孔等命令,一定程度上普通民众产生了信仰危机,一些保守派的知识精英掀起了一股尊孔思潮,即孔教运动。

1912 年 10 月,康有为和陈焕章等人在上海成立孔教会;1913 年 8 月,陈焕章、严复和梁启超等人以孔教会名义向国会递交请愿书,主张宪法明文规定孔教为国教。同年 9 月,首届国会宪法起草委员会召开会议,讨论"孔教应否于宪法中定为国教案"。其中,持赞成意见的主要是汪荣宝、向乃祺、朱兆莘和黄赞元等,持反对意见的有何雯、徐镜心、伍朝枢、江彭年、卢天游和谷钟秀等。最终会议否决该议案,不过出台的"天坛宪草"第十九条增添"国民教育,以孔子之道为修身大本"一句话,在学界被认为是某种程度的妥协。

袁世凯虽然不主张孔教为宗教,但是对孔教运动表示赞同,认为孔教具有教化社会风气、维持社会秩序以及提高政府权威等功能作用:"尊崇至圣,出于亿兆景仰之诚,绝非提倡宗教可比。"[70]而且黎元洪、张勋和陆荣廷等也支持孔教运动。"外籍顾问有贺来华赴任后向袁世凯提出的第一份建议,便是恢复祭天典礼。"[71]为此康有为写道:

> 日本博士有贺长雄之为宪法也,郑重发明中国与孔教之关系,以为不尊孔教则中国亡。乃吾国人而必反孔教也,何其识之出于有贺长雄下也。[72]

---

〔70〕《中华民国史档案资料汇编(第三辑)》,南京:江苏古籍出版社 1991 年版,第 11 页。
〔71〕李宗一:《袁世凯传》,北京:国际文化出版公司 2006 年版,第 266 页。
〔72〕汤志钧编:《康有为政论》,北京:中华书局 1981 年版,第 918 页。

关于孔教与宪法体制,有贺主张"孔教为国家风教之大本";换言之,宪法典应明文规定将孔教或曰儒家思想作为国教,即国家的官方意识形态,这是维系民初政治体制运作的精神纽带,即中国国法之精神,相当于日本的尊皇思想。

第一,孔教与中华文明的关系。有贺认为孔教有强大的生命力和影响力,在中国绵延千年、经久不衰,不被外来征服者破坏,反而屡次将外来征服者同化。而且指出,在华外国人容易被中华文明同化,而在外国的中国人,却不容易被外国文明同化等。孔教是中华文明重要组成部分,是中国国法的历史传统,理应作为民初构建宪法体制的精神力量。

> 人事调和、组织变通之工夫,唐虞三代以还,虽云质文世殊,而所行之政治要皆为化民成俗,结合团体之事,至战国时代,孔子出焉,乃将先王事迹总集大成,以为教理用。此种教理,以为由精神上统一天下之具,此道始以盛行,其后以历代之历史、文学益涵养之,以至今日,遂为至丰至润之中国文化。故此文化,实系中国国民无形之富,其能不失为全球中大国家诚有故已。以故中华二字解释之,以为文化之中心,未为不当,至今欲统括民国四百兆人之意识,俾其自识为国民团体之一分子,实赖此文化之尚存。微此文化前者清帝辞位,将团体随之崩散,时局不可收拾久矣。[73]

第二,孔教与人民团结的关系。有贺认为孔教有利于增强国家的认同感和凝聚力,有共同精神信仰才能形成真正的国民国家。"中国之统一总宜于精神上有相团结之点,中国未尝非所固有,中国信儒教亦中国固有之国粹,宜思所以养其共同信仰之精神,否则人各一利害,各一意见如团沙,然不能结合而巩固也。"[74]

---

〔73〕有贺长雄:《观弈闲评》,1913 年 10 月校印本,第 30 页。
〔74〕《有贺博士之宪法谈》,《宪法新闻》,1913 年第 4 期,宪史第 2 页。

姑就社会心理学言之,民国国家非有形者也,必求有形唯其领土与四万万人之聚合而已,其所以团结而存称中华民国者,因四万万人之心目中各有我是称中华民国团体之一分子。故有如是之意识,而向此意识何由而生,则不外由四千年来相倚相资以受同一之文化而已。质而言之,以同一之言语,通其心情,以同一之文学,陈其理想,前世遭遇国难经协力而底定之,而又一律今受社会之制裁,风俗习惯为尝或异往来交际同为国民,此国家观念之所由以生也。乃今一旦欲废此历史,换此言语,弃此文学,且欲将本其风俗习惯所立之社会制裁,悉翦无余,则所恃以为团结者,必涣所资以为秩序者,必淆驯至内忧未靖外患纷乘,而国家丁不堪设想之厄运必然之势也不其惧哉。[75]

对此有贺提出具体的对策:一是国家设立学校,得以孔子为伦理教育之基础;二是国家得将孔教学位,例如秀才、举人和进士等,公认以为选举及被选举之资格;三是得以国家公款维持孔教学校;四是得对于孔子后裔示特别之优遇。[76]

古代中国传统的君主制,在辛亥革命后退出了历史舞台,有贺深知民初政治体制的构建,已无法效仿明治日本那样,将传统君主制披上立宪的理论外衣,视为本国所谓历史传统加以阐释发挥,而儒家思想是民初尚可利用的传统,所谓"求新旧思想之联络"[77]。有必要指出的是,一些保守派知识精英之所以掀起孔教运动,并不代表必然意图或支持帝制复辟。正如有国内学者这样写道:

这些提倡尊孔的人因其政治主张的差异而不同,但在根本点上,他们认为孔子学说代表了中国人的文化精神,是中国社会秩序得以恢复和持续稳定的根本条件,其思想原则不仅合乎帝制时代,即使与民主共和的原则也并无根本滞碍。一般来说,这些尊孔倡导者并不反对以自由平等为基本内容的共和原则,他们承认这些原则迟早都应当在中国得以

---

[75] 有贺长雄:《观弈闲评》,1913 年 10 月校印本,第 26 页。
[76] 同上书,第 34 页。
[77]《有贺顾问之宪法讨论及总统月旦》,《宪法新闻》1913 年第 8 期,宪史第 2 页。

实现。[78]

　　有贺主张"孔教为国家风教之大本",主要指向国民和社会的教化,本质上是将儒家思想确立为官方意识形态,以推行国家主义的教化政策,试图从精神信仰这一层面,在配套运行关于民初体制构想可以发挥积极作用。

---

[78] 马勇:《辛亥后尊孔思潮评议》,《安徽史学》1992 年第 2 期,第 32 页。

第七章　民初体制构想的中外论争

第一节　外籍法律顾问团

一、英国顾问毕葛德的制宪主张

毕葛德(Francis Taylor Piggott，1852—1925 年)在英国做过法官和律师，在毛里求斯和香港做过司法长官，还在日本做过明治政府的宪法顾问，为伊藤博文等人阐释英国君主立宪原理等，拥有丰富的法律实务经验。[1]

1912 年，毕葛德在香港首席大法官任上退休后，来到北京担任北洋政府的司法顾问。在不满两年的任职期内，他以"华封老人"名号自居，针对民初宪法问题发表了许多看法，代表性文章譬如：《宪法上之要纲》《毕葛德拟中华民国宪法草案》以及《华封老人宪法意见书》等。其中以《毕葛德拟中华民国宪法草案》一文最为详尽，又称为"毕葛德宪草"，共七章内容：总纲、总统之职权及责任、立法权、行政权、司法权、人民权利、行省制度。其制宪主张大致可以归纳如下：

第一，主张采取混合内阁的政体模式。

所谓混合内阁，也叫人才内阁，是指国务员由大总统任免，并对大总统负责，而

---

[1] 关于毕葛德的生平及其与明治立宪的关系，可参见梅溪昇：《イギリス主義憲法への期待とピゴット》(梅溪昇：《お雇い外国人——明治日本の脇役たち》，講談社 2007 年版)一文。

且内阁成员任职条件不受党派限制。表面上，内阁成员来源不拘一格，超然于政党派系，但实际上在该政体下，内阁组建及其成员任免，完全掌握在大总统手中，是总统制政体的变体而已。另外，大总统和内阁共同施政，并承担政治责任。他写道："（大总统）当负全国政治之责任……总统对于各部之事务，亦当负责也。"[2]认为民初中国还没有可以互相制衡的政党，而成熟的政党，则是实行英国那种政党政治的前提条件。

混合内阁政体模式下的大总统拥有行政权，须有中国国籍且年满四十岁，任期七年可以连任，主要职权有：军事统帅权，宣战、媾合及缔结外交条约等外交权，紧急命令权，戒严权，官僚任免权，荣誉授予权，赦宥权，召集临时国会和解散国会的权力，法案提议权、参议权以及否决权等。

他还主张设立副总统，由副总统兼任参议院议长；主张国会拥有立法权，采取参众两院制度，立法权主要是对法案的提起和决议，以及规定财政预算案，先由国务员递交众议院审议，再由参议院审议；监督权主要是对大总统及国务员的弹劾权等。

> 开章第一义，宪法所应规定者，为行政机关。合言之，政府是矣，分言之，大总统也，国务院也。[3]

可见毕葛德主张行政权居主导地位的政体模式，认为解决民初宪法问题的立足点，是行政权的独立、权威与效率，首要目的是建立一个强有力的政府。

第二，主张采取"一元制"司法诉讼体制。

毕葛德主张法院拥有司法权，法官独立审判案件，实行薪酬法定和法官终身制等；采取英美法系的"一元制"体制；宪法及法律解释权归法院，以及导入违宪审查制度等。

---

〔2〕《华封老人宪法意见书》，《宪法新闻》1913 年第 15 期，宪论第 16 页。
〔3〕《马良君与毕葛德君之宪法一夕谈》，《宪法新闻》1913 年第 9 期，宪史第 4—5 页。

凡问题发生关于宪法之解释或关于法律之解释者,须由法庭判决之。宪法之解释,亟须规定;各种成文法律之解释,亦复如是。以解释宪法之权属之法庭较合事理。举凡问题发生关于宪法之解释者,或关于法律之是否合于宪法者,法庭皆将以法律之眼光规定之。盖司法独立,行政机关不得左右于其间耳。[4]

第三,主张保留传统省制,采取中央监督下的地方制度。

毕葛德主张采取折衷中央集权和地方分权的地方制度。关于行政权,主张采取本省人治理本省事务原则:"一省地方之事当由本省人任之,庶办事较善且足以养成地方之精神也。"[5]但同时规定省长由大总统任免,并对大总统负责,而且地方政府各部门隶属中央政府。关于立法权,主张省议会有地方立法权,采取列举中央政府职权主义,规定地方议会关于中央职权外事务的立法须经国会同意。换言之,中央政府及国会对省议会的立法职权仍有很大程度的制约。关于司法权,主张地方司法由中央管理,以及设立审判区域权限等。

可见毕葛德的地方制度构想,是以单一制政体为前提,还将维持大总统和中央权威作为出发点,在一定程度上与有贺一样,兼采中央集权和地方分权,但明显倾向于中央集权,正如他这样写道:

一国之总统犹之作木偶剧者也。一国之各部分犹之木偶之肢体。全国之当直接间接隶属于总统者犹之木偶各肢之当以线丝连于作剧者。手中之总线,而后可以动作有绪也。苟有他物间隔之,则木偶将自由行动凌乱无序,苟各省有一独立之权,则全国无由统一矣。[6]

另一方面,毕葛德的构想借鉴了近代英国的殖民地制度。也许是在毛里求斯和香港等英属殖民地常年担任司法长官之故,对所谓"特别统治主义"的殖民地制

---

[4]《毕葛德拟中华民国宪法草案》,《宪法新闻》1913年第10期,宪史第10页。
[5]《华封老人宪法意见书》,《宪法新闻》1913年第18期,宪论第27页。
[6]同上书,宪论第28页。

度有深切体会。

> 英国之施自治制度于其殖民地之道,或有精义可以采取,以适用于中国者,此吾人所应详加番究者也。[7]

> 今所余者,惟有英国属地制度,英属自治发达已臻极点。吾以为中国虽不必全袭斯制,不可不据为鉴本也。夫属地与行省,一为国外之辖境,一为国中之区域自有根本之差别。顾英国属地制度,既极完全成绩又极优美,自当取以为法。[8]

此外,毕葛德对国民权利和宪法起草原则等问题也发表了看法。例如,认为国民权利是宪法最重要的内容:"宪法中之最要者,莫如人民之公权及其自由。公权自由之于宪法,犹杅柚之于机器也。不有以保障之,维持之则机器虽具,而周转不灵矣。"[9]还认为宪法起草应严密详尽,以避免法律漏洞和词义的模棱两可等。

二、美国顾问古德诺的制宪主张

1913 年 5 月,美国政治学家和法学家古德诺(Frank Johnson Goodnow, 1859—1939 年)在卡耐基国际和平基金会引荐下,来华担任北洋政府的宪法顾问。到 1916 年正式卸任顾问前,与有贺一样卷入民初制宪的舆论场,针对宪法问题发表了许多看法,也备受关注,代表性文章譬如《中华民国宪法草案》和《中华民国宪法案之评议》等。其中《中华民国宪法草案》一文,也叫"古德诺宪草",一共六章,主要内容是:国会与立法权、大总统与行政权、法院与司法权、地方制度、宪法修正以及附则等,可以归纳其制宪主张简要如下:

第一,主张采取总统制政体。

古德诺主张采取美国式的总统制政体,国务员由大总统任免,并对大总统负责,由大总统兼任国务总理,不单设国务总理。他认为总统制比内阁制更适合民初

---

〔7〕《华封老人宪法意见书》,《宪法新闻》1913 年第 18 期,宪论第 21—22 页。
〔8〕《毕葛德拟中华民国宪法草案》,《宪法新闻》1913 年第 15 期,宪论第 7 页。
〔9〕《华封老人宪法意见书》,《宪法新闻》1913 年第 18 期,宪论第 29 页。

国情。首先,中国自古没有议会制传统:"盖中国尚无议院之习惯,故不宜于议院政治。今欲希望议院发达,真能于政治上占一有权力之地位,盖非一朝一夕之事矣。"[10]其次,民初不具备实行内阁制的条件:"夫以今日而论欧洲各国之人民,至少亦有半世纪自治之经验,而其成效,犹仅若此。中国立宪制度方始萌芽,若用此制度,更复何望乎?"[11]最后,总统制更有利于强有力政府的建立:"夫今日中国所最重要者,在有一强固之政府。政府之政策,必使之见诸施行。"[12]

> 以中国目前情势观之,自以得一强固长久之政府,为最要之图。此数年间,民国欲得良好之结果,必于国家财政全部改良,而法律之关于行政之管理,与夫人民私权之关系者,亦须大加厘订,而后可望政治之起色。然欲于是数者,求其整顿,则非使所采用之政策,永久而不遽变,盖无望其有成矣。[13]

所谓总统制政体模式下,掌握最高行政权的大总统,须有中国国籍,三十五岁以上并在中国住满十年,任期六年可以连选连任,选举机构是国会的参众两院,职权包括有:军队统帅权,官僚任免权,赦宥权,缔结外交条约等外交权,颁布法律和条例权,戒严权,国会解散权,法案提出权、参议权以及否决权等。

另一方面,国会有立法权和监督权,实行参众两院制;强调国会可以将部分立法权委托政府或专业机构行使。

> 立法机关幼稚之国,经验需时,为预防议院不能即时解决各种重要问题。故宪法须予行政部门以便宜行政之规定。[14]

此外,古德诺与有贺一样,主张国会只能在规定范围内监督行政权,不能干预

---

[10]《古顾问之宪法谈》,《宪法新闻》1913年第12期,宪史第4页。
[11]《中华民国宪法案之评议》,《法学会杂志》1913年第8期,第4页。
[12] 同上书,第5页。
[13]《古德诺拟中华民国宪法草案》,《宪法新闻》1913年第12期、第13期。
[14]《古顾问之宪法谈》,《宪法新闻》1913年第12期,宪史第4页。

行政权,故也积极撰文抨击"天坛宪草";代表作《中华民国宪法案之评议》一文,指出了立法权干涉行政权之"六大表现":

> 国务总理之任命必经众议院之同意一也;众议院得随时随事以暂时过半数之同意为不信任之决议二也;国务员不信任投票时大总统免其职三也;国务员赞襄大总统对于众议院负责任四也;大总统所发命令及其他关系之文书,非经国务员之副署不生效力五也;两院议员得质问国务员并得要求其到院答复六也;凡兹规定,其用意在使大总统于行事宜完全失其权力,而一切管理之权乃操诸众议院之手。[15]

第二,主张采取"二元制"司法诉讼体制。
古德诺主张法院独立行使司法权,采取薪酬法定和法官终身制等。

> 本宪法于司法一门,仅于法官之任期,及其独立,特为注意。时至今日,法官称职无过失,应完全独立,已为世界所公认。至法官有过失,其如何审判之法,似应规定于法律。盖如是,则法官之免职,可不仅特弹劾,而此外尚有较易之方法也。本条即本此意,故有国会制定惩戒法之规定。其于法官受诉理由,及自行辩护一节,特为申明者,盖欲使法官之免职,非循裁判程序不可也。[16]

此外,古德诺关于宪法起草及修改原则等问题也提出了看法。例如,他主张宪法条文起草不必详尽完备,认为宪法起到的是提纲挈领作用,具体内容可由其他法律另行规定,故宪法修改不应繁琐困难,应具备所谓柔软的性质等。

> 关于政府之建设,宪法上但须规定其总则,至一切详细款目,应俟立

---

[15]《中华民国宪法案之评议》,《法学会杂志》1913年第8期,第1页。
[16]《古德诺拟中华民国宪法草案》,《宪法新闻》1913年第12期、第13期。

法机关规定之……民国宪法应具柔软性质。所谓柔软性质者,指宪法易于修正而言。盖制定宪法之初,一时恐错误。如易修正,则该点不难更改。[17]

三、法国顾问巴鲁的制宪主张

法国学者巴鲁时称"法儒巴鲁",生卒年及基本信息不详,知名度和活跃度远不及有贺、古德诺和毕葛德等法律顾问,针对民初宪法问题发表的言论主要是《宪法顾问法儒巴鲁拟中华民国宪法草案》一文,又称"巴鲁宪草",共二十三条,主要内容是:国家和领土、国会和立法权、大总统和行政权、人民权利、法院和司法权、宪法修正以及附则等,其制宪主张大致可以归纳如下:

第一,主张采取美国式的总统制政体。

巴鲁关于政体模式的构想与古德诺几乎一样,主张仿照美国的总统制政体,国务员由大总统从国会议员中挑选产生,并只对大总统负责,不单独设立国务总理职位。国务员辅佐大总统施政,大总统行使职权须经国务员副署,代替承担相应责任等。

该政体模式下的大总统,须拥有中国国籍且年满四十岁,由参众两院选举产生,任期五年可以连任。主要职权有:军事统率权,官僚任免权,恩赦权,外交权,紧急命令权,法案提议权、参议权、否决权以及国会解散权等。另外设立副总统,兼任最高法院院长,任职条件及选举方式参照大总统等。

拥有立法权的国会实行参众两院制,两院在职权方面是相辅相成的关系,对法律的提案及议决拥有同等权力,国会的监督权一是对宪法的监护权,宪法解释权归国会,一是对大总统的弹劾权,由两院分别行使弹劾案的提起和审判。

> 两院制几为今日一般所采用,纵于立法有迟滞之弊。然遇无意识之附从,挽救尤赖参议院,大率以尊旧制,关乎社会上纲纪为心故也。再有

---

[17]《古顾问之宪法谈》,《宪法新闻》1913 年第 12 期,宪史第 3 页。

两院则遇立法、行政起冲突时，其不冲突之一院，不难对于他院及行政方面，居间而和解之。堆纳氏有言，凡宪法规定分权，而权不出于一源者，必用上院制，使为冲突之仲裁。法国第二次共和，曾创一院制，意巩固立法威权，将所付总统之特权，而裁判之。卒至所收之效，为以强权改变政体而已。[18]

第二，主张采取"二元制"司法诉讼体制。

巴鲁主张司法权归法院，法院独立行使司法权，采取薪酬法定和法官终身制度等；主张设立平政院，采取法国式的"二元制"体制，主要出发点是民初国情，认为该体制既能保证行政机关的权威与效率，还能减少法官工作压力，以提高司法诉讼专业性等。

> 以中国现情而论，应采法国主义。盖欲改革行政，非切实有效不可。然则国家非切实保护官吏不可，使凡用种种激动以阻扰新法之实行者，力足以禁之……继自今民国法官，将见请求解决种种争议，关于私法、刑法、国际法及诉讼法等，非学理之研究极深，法庭之经验极熟，恐于新法问题已日不暇给。今又求其研习行政裁判法，法与司法系同一复杂，同一细密，而欲望其游刃有余得乎。[19]

四、法律顾问团的观点异同

前文已述，1913 年北洋政府聘请许多外籍专家学者来华担任各种头衔的顾问，其中四位法律顾问即：有贺、毕葛德、古德诺与巴鲁。从政治立场和派别来看，他们归属以袁世凯为首的北洋派，在民初制宪舆论场上发挥的作用，主要是从法学理论层面出发，抨击以国会为代表革命派的观点主张；不过在抨击的同时，不约而

---

〔18〕《宪法顾问法儒巴鲁拟中华民国宪法草案》，《宪法新闻》1913 年第 17 期，宪史第 4 页。
〔19〕同上书，宪史第 19 页。

同提出了自己对于民初宪法问题的看法,通过归纳和分析北洋派外籍法律顾问团的"私拟宪草",大致可以发现其中的异同观点主要体现如下:

第一,关于政体类型模式。

有贺和毕葛德主张采取内阁制,古德诺和巴鲁则主张采取总统制。实际上,四位外籍顾问均主张建立一种行政权居于主导地位的政体模式,使行政权避免受立法权的制约,实现强有力中央政府之制宪目的,确保行政权运作的权威与效率等。

具体而言,有贺和毕葛德主张的内阁制有所区别。政体模式的名称上,有贺主张"超然内阁",毕葛德主张"混合内阁",均主张政体保持内阁制的外形,但所谓内阁均只对大总统负责,而不对国会负责,本质是均取内阁制之名行总统制之实。

不过,有贺重在强调大总统的"超然"的地位及职权属性,行政权虽归大总统,但主要由内阁施政,由内阁承担政治责任,着眼点是大总统的地位和政权稳固。毕葛德则强调内阁成员"超然"的派系属性,内阁组建不囿于政党,行政权虽归大总统,但由大总统和国务员共同施政,共同承担政治责任等。

另一方面,古德诺和巴鲁在政体模式方面的构想基本一致,均主张应采取美国式的总统制;而且均不主张单独设立国务总理。换言之,不论形式还是实质,均反对内阁制这样一种政体类型之模式。

其中,古德诺认为民国当务之急,是建立一个强有力政府,美国体制相较法国与英国,更适合民初国情,建议待民国法制建设走上正轨后,再实行内阁制等。

> 盖美国宪法,自成立至今,已经百二十年,以经验言之,欲求政府之巩固,政策之继续永久,则美制实胜于英法之制。用英法之制者,政府对于舆论之责任,似较敏捷易见,然其内阁,必多更迭,难望有巩固之政府,行其长久之政策也。[20]

> 此数者既达目的之后,彼时民国,如采用法制,或较为有益。倘届时情势果属如此,则宪法未始不可修正,起草者久有此观念,故于修正宪法

---

[20]《古德诺拟中华民国宪法草案》,《宪法新闻》1913 年第 12、13 期。

一层手续,不为过难。[21]

有学者指出,上述主张体现了古德诺在宪法改革上如何避免衰朽为最坏政体这样一种理念:"近代中国宪政建设的关键功夫不在于共和制还是君主制这样的面子工程,而是如何多快好省地推进现代国家建设。"[22]

其实,持该理念的不仅只有古德诺,有贺、毕葛德和巴鲁也均不同程度强调行政权的重要地位。可见,不论是构想有名无实内阁制政体的有贺和毕葛德,还是构想美国式总统制政体的古德诺和巴鲁,均主张建立一个强有力的政府,提高行政权的权威与效率,以巩固新生共和政权的稳固性,使国家法政建设事业尽快走上正轨等。

第二,关于司法诉讼体制。

有贺、古德诺和巴鲁均主张采取"二元制"诉讼体制,延续清末既有的大陆法系诉讼模式;而毕葛德则主张采取英美法系的"一元制"模式,主张宪法和普通法律解释权归普通法院,甚至主张导入违宪审查制度等。

以北洋派的制宪立场而言,有贺、古德诺和巴鲁三人是拥护北洋派的政治立场上,主张设立平政院,建立单独的行政法院制度;毕葛德的主张,则站在了以国会为代表的革命派立场上。

但值得注意的是,四位外籍顾问关于司法诉讼体制的主张,与国籍没有联系,有贺与巴鲁的母国日本、法国,归属大陆法系国家,毕葛德和古德诺的母国英国、美国,则属于英美法系国家。可见,毕葛德之所以主张"一元制"诉讼体制的原因,很大程度上源于其在香港等英属殖民地常年担任司法长官的履历,由此更倾向于司法权独立自主的诉求,故而主张"一元制"诉讼体制,法院拥有法律解释权以及主张导入所谓违宪审查制度等。

第三,关于中央与地方制度。

四位外籍顾问均主张"单一制"政体;其中在省制存废方面,有贺、毕葛德和古

---

[21]《古德诺拟中华民国宪法草案》,《宪法新闻》1913 年第 12、13 期。
[22] 田雷:《最坏的政体——古德诺的隐匿命题及其解读》,《华东政法大学学报》2013 年第 5 期,第 31页。

德诺主张保留省制;在中央与地方关系方面,有贺和毕葛德主张兼采中央集权和地方分权,古德诺和巴鲁主张采取地方分权。但他们的出发点,均考虑到"国家统一"和"地方发达"这两个因素。

具体而言,有贺和毕葛德主张保留省制,并将地方制度写入宪法典,构想中均有地方制度规定的详尽内容;而且共同点均声称是兼取中央集权和地方分权之特征,采取折衷的一种地方制度方案,主张省议会拥有地方立法权等。

他俩的区别是:有贺明确区分中央和地方管辖事务的权限,对地方事务做了明确规定,主张地方在这些事务上拥有自治权。毕葛德只是列举地方无权管辖的事务类别,认为即使是地方有权管辖的事务,大总统及中央政府仍可以起到制约作用等。

有贺还主张地方各省的政体模式,应采取真正意义上的内阁制,地方行政事务最高长官,由省议会任免,并对省议会负责,但毕葛德认为地方行政长官仍由大总统任免等。

古德诺和巴鲁均主张地方制度不应写入宪法,应由专门法律另行规定,构想中几乎没有地方制度规定的内容,主张中央在行政和立法方面应拥有权威,在此基础上其他方面可以采取地方分权主义等。[23] 古氏说道:"就目前一般之舆论及中国之历史习惯言之,则对于各省之权限,似宜采地方分权制度。"[24]

可知,关于中央与地方制度,毕葛德、古德诺和巴鲁均主张地方行政权须独立于地方立法权;不论是中央还是地方,行政权均居于主导地位以保持权威和效率。但有贺的主张有所区别,认为地方政府有"双重性质",对于国家事务而言,属中央派出机构;对于地方事务而言,属所辖区域最高行政机关。而且更重要的是,有贺主张在地方采取真正意义上的内阁制政体模式,即行政权受立法权制约,在地方事务方面实行省议会至上原则。由此可以说,有贺所谓"第三种地方制度",相较其他法律顾问而言,确实是兼采中央集权和地方分权特征的一种折衷方案,可谓别具一格的地方制度构想。

[23]《古德诺氏之中国地方官制说》,《申报》1914 年 4 月 10 日、4 月 12 日。
[24]《古顾问之宪法谈》,《宪法新闻》1913 年第 12 期,宪史第 3 页。

一般认为,民初制宪之争的对垒双方,是以袁世凯为首的北洋派和以国会为代表的革命派,但本土法学科班出身的知识精英,在双方阵营中并非"济济一堂"。须知,民初北京政坛上活跃的官僚群体,有的毕业于日本法科速成班,有的连速成班的教育都没有接受过,出身于贩卖文凭的一些法政学校,可以说不具备专业系统的法学理论基础。[25] 所以有学者指出,以袁世凯为首的北洋军阀集团缺少资深的法律专家。[26]

> 由于多数委员缺乏实际政治经验,且社会阅历比较简单,他们很少能举出利于自己论证的中国历史和现实的具体实例。因此,论证的逻辑不可避免地从应该说明为什么欧陆制或英美制更适合于中国,变异为阐述欧陆制、英美制各自的优点。[27]

对于民初制宪之争,上述外籍专家的来华加盟,无疑在客观上提升了这场宪法问题争辩的理论水准;退一步说,抛开这些人所属政治立场,仅从法学理论与法律移植视角考察,其中一些人的观点主张及构想等,不得不说也含有值得参考之处。

第二节　另类"私拟宪草"

一、王宠惠的制宪主张

拥有耶鲁大学的法学博士学位和英国律师资格的王宠惠(1881—1958年),享有"民国第一位法学家"美誉,1912年当选为国民党理事,并担任北洋政府首届内阁的司法总长,1913年发表《中华民国宪法刍议》一文,提出了对民初宪法体制的一套构想。

该文分为上下两篇,上篇"宪法要义",共九节内容:绪论、宪法之性质、宪法之内容、宪法之解释、非行政法、国会、议院政府、总统及副总统之选举、省制;下篇"宪

〔25〕桑兵:《接受清朝与组建民国(下)》,《近代史研究》2014年第2期,第33—39页。
〔26〕张学继:《论有贺长雄与民初宪政的演变》,《近代史研究》2006年第3期,第76页。
〔27〕李秀清:《所谓宪政:清末明初立宪理路论集》,上海:上海人民出版社2012年版,第189—190页。

法草案",共八章内容：总纲、国民、立法、行政、司法、会计、省制和附则,大致归纳其制宪主张简要如下：

第一,主张采取内阁制政体模式。

王宠惠主张,国务总理人选由众议院决定,再由大总统任命,其他国务员人选由国务总理决定,再由大总统任命,内阁对众议院负责,并承担政治责任。换言之,内阁组建权掌握在众议院多数党手上,采取"国会中心主义"的内阁制政体模式。

行政权归属大总统和国务员,大总统须有中国国籍,年满三十五岁任期四年,可以连任一次,需要设立副总统。大总统职权主要有：命令发布权、军事统帅权、官僚任免权、赦宥权、戒严权、外交权和法案提起权等。

立法权归属国会,国会采取参众两院制,职权主要有：提议及议决法律案、议决政府预算及决算、议决公债募集及国库负担契约、答复政府咨询、受理国民请愿书、提出政治意见建议于政府、提出质问书于国务员等。此外,众议院和参议院对于弹劾案,分别拥有提起权和审判权等。

第二,主张采取"一元制"诉讼体制。

王宠惠主张司法权归法院,实行薪酬法定和法官终身制,法官对于案件的独立审判权等,而且不论民事诉讼、刑事诉讼还是行政诉讼,均归法官管辖,反对设立平政院。

> 实行民权之国,其人民与官吏于法律上为平等,即应受同一法律之支配,乃宪法上之一原则。而凡反乎此原则者,皆应排斥之……行政法者即官吏于人民于法律上为不平等也,其反乎上宪法之原则孰甚焉。而况以行政上言之,其所谓利弊者,仅利及于一部分之官吏而已。而其弊之多,则普及于国家人民,利弊多少轻重之比较为奚如耶。故吾国不应采取行政法派,可不待再计而决之。[28]

第三,主张保留省制,采取中央监督下的地方自治制度。

---

[28] 王宠惠：《中华民国宪法刍议》,载夏新华等整理《近代中国宪政历程：史料荟萃》,北京：中国政法大学出版社 2004 年版,第 277 页。

在王宠惠的地方制度构想中,明确规定有地方管辖事务的权限范围。这些事务分为两类:

第一类是完全归地方自治的事务:地方税,省内公债之募集,市政、工程和交通事业,卫生事业,图书馆、博物馆和疯人院等公益事业以及地方实业等事务。

第二类是部分归地方自治的事务,进一步细分为二:须遵循中央政府统一法令的事务,诸如学校、公立银行、警察、监狱、感化院以及地方营业公司登记等;须得到中央政府同意的事务,诸如外债募集和省界勘定等。

另一方面,该构想还明确规定了地方的政体模式。王宠惠主张,与中央政府保持一致,地方政府也采取内阁制政体模式。在地方权限范围事务方面,"省议会"是最高权力机关,有完全自治权,"省议会"不仅拥有立法权,还拥有省内阁的官僚任免权等,即在地方管辖事务方面,实行所谓"省议会至上"的原则。

此外王宠惠还强调,在蒙古、西藏和青海等边疆地方,应另作相关规定,而且主张将省制写入宪法等。可见,其构想的基本出发点,是在保留现有省制基础上进行改革,以"地方自治与发达"作为目标,堪称兼取中央集权和地方分权特征的一种折衷方案。

> 夫绝对主张集权而排斥分权,与夫绝对主张分权而排斥集权者,同为昧于政治之原理均无有是处也……一国之政治,有集权之趋势焉,有分权之趋势焉。此二趋势者,或进步或保守,一张而一弛,一阖而一辟。国家以此而强盛,地方以此而发达,政治以此而进化,人民以此而振兴,是两者亦相需而行,不可须臾离也。是故世界各国,无论何种政体,其实行集权者,必同时而有分权之事。其实行分权者,亦必同时而有集权之事。若夫绝对集权及绝对分权,则断断乎不可。[29]
>
> 吾国各省于政治上有莫大之关系,规定于宪法,即所以使之处乎巩固之地位,若仅以法律规定之,恐吾国政党主张不同,此党胜则存省制,彼党

---

〔29〕王宠惠:《中华民国宪法刍议》,载夏新华等整理《近代中国宪政历程:史料荟萃》,北京:中国政法大学出版社 2004 年版,第 287—288 页。

胜则废省制,一起一仆,而各省乃时时变动而不已,则非但不能谋地方之
发达,且不能保国家之巩固,此省制之所以宜规定于宪法也。[30]

顾此特种制度由数百年制历史相沿而来,而今则于民国之成立,至有
其关系,要不可不谋一适当之办法……集治分治,少不得当。非有妨全国
之统一,即难期地方之发达,此筹国者所宜深长思也。试就吾国种种特别
情形观之,似宜略采加拿大制而变通之,对于各省权限应取列举主义。[31]

二、梁启超的制宪主张

近代"百科全书式"的知识精英梁启超(1873—1929 年),是维新派代表人物,
1913 年组织策划共和党、民主党和统一党等党派合并为进步党一事,并担任进步党
理事,撰写了《进步党拟中华民国宪法草案》一文,提出了进步党的制宪主张。在很
大程度上,该文集中体现了其个人关于民初体制的构想,又被称为"梁启超宪草"。

该文共十一章,内容主要有总纲、人民、国民特会、国会、总统、国务员、国家顾
问院、法律、司法、会计和附则等,归纳其制宪主张要点如下:

第一,主张设立国民特会和国家顾问院等机关。

所谓"国民特会",是以法兰西第三共和国的体制为蓝本,由国会参众两院成立
一个最高权力机关,主要职责有修正宪法、选举总统、变更领土以及弹劾大总统国
务员;该机关决议须满足三分之二以上成员列席,经过三分之二以上同意等才能生
效等。

凡国家必有最高机关。最高机关者,超乎立法、行政、司法三机关之
上,而总揽主权者也。其在君宪国,此机关宜由君主掌之。其在共和国,
此机关宜由国民全体掌之。国民全体意思之表示,其方法有二:一曰国
民全体直接投票,美瑞等国是也;二曰特设一代表机关,法国是也。今采

---

[30] 王宠惠:《中华民国宪法刍议》,载夏新华等整理《近代中国宪政历程:史料荟萃》,北京:中国政法
大学出版社 2004 年版,第 289—290 页。
[31] 同上书,第 288 页。

用第二法,置此机关,名曰国民特会。[32]

所谓"国家顾问院",是以国会共和时期的智利为蓝本,同时参照了明治日本的枢密院及法国参事院。该机关由 13 人构成,其中参众两院各选举 4 人,大总统推荐 5 人,这些人不能兼任国会议员或国务员;该机关职能主要是作为大总统的国务顾问机关,在国会闭会期间,还承担国会的部分监督职能,还规定大总统在行使一些职权前,须经过该机关同意,譬如任命国务总理、解散国会、发布紧急命令、宣战、媾和以及提议修正宪法等;另外,还拥有所谓违宪审查权等。

第二,主张采取内阁制的政体模式。

梁启超主张内阁由国务总理和部长构成,部长由大总统直接任命,而国务总理任命须经国家顾问院同意。国务员对众议院负责,并代替大总统承担责任,主要是协助大总统施政,大总统发布文书须经国务员副署。国会对大总统及内阁的制约主要体现如下:

> 第三十四条,国会认大总统有大逆行为时,得以两院各五十人以上之动议,开国民特会弹劾之;第三十五条,国会认国务员有违宪违法行为时,得动议开国民特会弹劾之;第三十六条,众议院认国务员施政失当时,得以不信任之意,牒达大总统。不信任投票,须众议院总议员过半数列席,乃得行之。[33]

大总统是国家元首,代表国家拥有和行使行政权,大总统人选年满三十五岁,居住国内十年以上,并由国民特会选举产生,任期五年,可以连任。主张设立副总统,任职条件、选举方式和任期等参照大总统。

大总统职权主要有:命令发布权、官僚任免权、军事统率权、戒严权、宣战媾和和缔结条约权、赦宥权、法律案提议和参议权、国会解散权等。

---

[32] 梁启超:《进步党拟中华民国宪法草案》,载夏新华等整理:《近代中国宪政历程:史料荟萃》,北京:中国政法大学出版社 2004 年版,第 253 页。
[33] 梁启超:《进步党拟中华民国宪法草案》,同上书,第 255 页。

国会拥有立法权和监督权,采取参众两院制。关于立法权,梁启超单列"法律"一章特别规定,认为除了与财政相关的法案,众议院享有所谓先议权外,关于其他法案,两院职权应该保持平等。主张通过弹劾权和不信任投票权,对大总统及内阁行起到制约作用,另外国会还可向大总统或国务员提建议、递交质问书以及受理人民请愿书等。

第三,主张采取"二元制"诉讼体制。

梁启超主张司法权归法院,法院独立行使司法权,实行法官终身制。而且主张设立平政院,建立行政法院制度。主张审判权归"国务裁判院"。所谓国务裁判院,其实是一个临时机构,由最高法院和平政院联名选出九位法官组成等。

三、康有为的制宪主张

著名思想家和君主立宪改良派代表人物康有为(1858—1927 年),1913 年结束了海外流亡生涯,回国后除了担任《不忍》杂志主编外,还担任孔教会会长等,主要宣扬尊孔复辟的思想。同年,他发表了《康有为拟中华民国宪法草案》一文,又称为"康有为宪草",该宪草共十四章,内容包括版图、主权、行政、国务院、立法、国民大议会、国询、司法、制用、学士、人民、地方制度、宪法修改和传统经义典章等,其制宪主张大致可以归纳如下:

第一,主张设立国民大议会、国询院和学士院等机关。

所谓"国民大议会",相当于国家最高权力机关,成员由参众两院议员和各县推举人员共同组成,职权主要有修正宪法、割让国境和选举总统等。

所谓"国询院",相当于大总统国务顾问机关,在国会闭会期间,协助制定大政方针,共十五名成员,其中参众两院各推举五人,大总统推荐五人,成员不得兼任国务员或议员,而且规定,大总统在行使宣战媾和缔结外交条约、解散国会、任命国务总理、发布重大命令等职权前,须经过该机关同意;另外还拥有对司法、都察和审计等官僚的任免权。

所谓"学士院",相当于学术事业的最高权力机关,由学士和大学士组成,拥有对公办大学校长的任命权、教授职称的评定权等,并拥有官方历史编撰职责等。

第二,主张采取内阁制政体模式。

康有为主张设立国务院组建内阁,国务员任命权归属大总统,虽然只有国务总理由大总统直接任命,但内阁对大总统负责;主张定期召开国务会议制定大政方针,规定由大总统担任国务会议议长;国务员辅佐大总统施政,大总统发布命令须经国务员副署,并代替大总统承担政治责任。可见,其所谓内阁制的政体模式,只是采取内阁制的外形特征,依旧是取"内阁制之名,而行总统制之实"。

该政体模式之下,国家元首大总统拥有行政权,由国民大议会选举产生,任期三年,可以连任两次,主张设立副总统。大总统职权主要有:军事统帅权、官僚任免权、外交权、命令发布权、赦宥权、国会召集和解散权、法律提议和参议权等。

另一方面,国会拥有立法权,采取参众两院制。议员选举采取限制选举法,选举人和被选举人的条件苛刻。

> 凡参议院议员,须有不动产或商业二万元,岁入一千二百元以上。其财产不及格者,各国大学专门出身,或曾为文武实缺官,或举贡生员,或能著书五万言以上者,乃得充补,先纳选举税三十元。[34]

国会职权除了立法外,主要还有监督国用、定度量衡、交通事业、对外通商、宣战媾和、答政府咨询、受理国民请愿等。此外,国会对大总统及国务员的监督,表现为提出建议和弹劾,弹劾案的提起权归众议院,而审判权则归参议院、大理院和都察院共有。

第三,主张采取"二元制"司法诉讼体制。

康有为主张司法权归法院所有,实行所谓"司法、行政和立法三权分立"原则;主张法官独立行使审判权,实行薪酬法定和法官终身制等;主张设立所谓都察院,虽然在名称上不是清末的平政院,但其实性质相差无几,主张建立一套行政法院制度,采取大陆法系"二元制"的诉讼体制等。

---

〔34〕康有为:《康有为拟宪法草案》,载夏新华等整理:《近代中国宪政历程:史料荟萃》,北京:中国政法大学出版社 2004 年版,第 321 页。

四、"私拟宪草"的观点异同

1913 年,民初《宪法新闻》杂志总共刊载了十五份"私拟宪草",除了上述王宠惠、梁启超、康有为和北洋政府聘请的外籍顾问团外,还有汪荣宝、何震彝、席聘臣、王登义、吴贯因、彭世躬、姜廷荣和李超。

这些中外知识精英拟制的宪法草案,绝大多数是以个人名义发表,汇聚成近代史上一波"私拟宪草"热潮,是民初制宪之争的重要组成,展现的宪法理论观点在学说史上也占有一席之地。[35]

从作者背景考察,除了李超是南洋华侨外,其余均是拥有较高知名度的社会名流;所属政党方面,王宠惠是国民党党员,梁启超、吴贯因、汪荣宝和李庆芳是进步党党员,其余是无党派人士。就宪草本身来看,这些人的主张与所属政党制宪主张并非完全吻合。故这些宪草,首先应视为作者关于民初体制的"个人看法",其次是对所属政党制宪主张的"呼应背书"。综上所述,可以得出以下几点认识:

第一,关于政体类型模式。

国人精英拟制的"私拟宪草",均不约而同地主张采取"内阁制"这一类型政体模式,而且除了"王宠惠宪草"几乎照搬法兰西第三共和国政体外,其余人均对一般意义上的内阁制政体进行了不同程度的修改,试图使大总统和国会之间维持"势均力敌"的关系。

可见在一定意义上,国人精英的政体构想,与有贺"不谋而合",甚至可以说建立一个强有力的政府,以保证行政的权威和效率,是这些中外知识精英在民初政体模式构想上的共同考量。

具体而言,王宠惠、梁启超和康有为主张采取内阁制,设立由国务总理领衔的国务院,以协助大总统施政并承担责任,主要对国会负责;国务员任免权掌握在国会手中;而且大总统发布国务文书须经国务员副署等。不过这三人主张严格采取"国会中心主义"原则的只有王宠惠一人,梁启超和康有为两人均对一般意义上的内阁制进行了修改。

---

〔35〕夏新华、刘鄂:《民初私拟宪草研究》,《中外法学》2007 年第 3 期,第 318—338 页。

梁启超主张，普通国务员由大总统任命，国务总理由大总统任命，但须经过国家顾问院同意，而"国家顾问院"成员中，由大总统推荐的占五人，终究还是取决于大总统。

康有为主张，国务总理由大总统任命，其余国务员由国务总理任命，定期召开国务会议，并由大总统担任议长等。可见梁和康两人所谓"内阁制"主张，不论是内阁组建还是大政方针制定，大总统拥有相当实权，很大程度上带有"总统制"之特征，与王宠惠"议会至上原则"之内阁制主张还是有很大区别。

其余九份国人精英的"私拟宪草"，也均一致主张采取内阁制模式，也对一般意义上的内阁制模式进行不同程度的修改。在政体模式这一问题上，当时许多知识精英的构想，是希望"创造性"地设计一种新政体，并非照搬美国或法国式等共和制国家既有模式的想法，而且这些构想的共同点是：

一方面，适度增强行政权对立法权的制约，以扩充大总统在立法方面的职权；另一方面，适度削弱立法权对行政权的制约，以减少国会在行政方面的职权。这样一种政体模式的设计思路，在某种意义上仍延续《临时约法》精神，是在《临时约法》基础上的修改，构建的是"限权式"内阁制，在行政权和立法权之间寻求一种均衡关系，终究也是为了建立强有力的中央政府，保证行政权力的权威与效率等。

上述十二份国人精英的"私拟宪草"，体现适度增强行政权对立法权制约的条文规定主要有：主张大总统拥有内阁的组建权，如"梁启超宪草"第五十四条、"康有为宪草"第十九条、"李庆芳宪草"第四十七条、"何震彝宪草"第四十三条、"彭世躬宪草"第二十六条和"姜廷荣宪草"第六十七条等。

主张大总统拥有法案的提议或参议权，如"王宠惠宪草"第五十六条、"梁启超宪草"第四十七条、"康有为宪草"第九条、"李庆芳宪草"第四十三条、"王荣宝宪草"第二十五条和第六十四条、"何震彝宪草"第三十八条、"席聘臣宪草"第三十七条、"王登乂宪草"第二十七条、"吴贯因宪草"第二十六条、"彭世躬宪草"第二十一条和"姜廷荣宪草"第七十二条等。

主张大总统拥有对法案的否决或复议权，如"王宠惠宪草"第四十四条、"梁启超宪草"第七十六条、"康有为宪草"第五十三条、"王荣宝宪草"第六十四条、"王登乂宪草"第二十八条、"吴贯因宪草"第二十八条和"彭世躬宪草"第二十二条等。

主张大总统拥有国会解散权，如"梁启超宪草"第五十条、"李庆芳宪草"第五十条、"王荣宝宪草"第二十五条、"何震彝宪草"第三十九条、"席聘臣宪草"第三十九条、"王登乂宪草"第三十四条、"吴贯因宪草"第三十一条、"彭世躬宪草"第三十五条和"姜廷荣宪草"第六十九条等。

另一方面，这些宪草体现适度削弱立法权对行政权制约的条文规定主要有：主张国会对内阁不拥有信任投票权，如"王宠惠宪草"、"康有为宪草"、"吴贯因宪草"、"李庆芳宪草"、"王荣宝宪草"、"王登乂宪草"、"彭世躬宪草"和"姜廷荣宪草"等。

主张国会对弹劾案不单独拥有审判权。如"梁启超宪草"第八十三条、"康有为宪草"第五十五条、"席聘臣宪草"第四十一条，"王登乂宪草"第七十五条、"吴贯因宪草"第七十条、"彭世躬宪草"第五十九条和"姜廷荣宪草"第七十八条等。

主张在国会外设立另一权力机关，以代替国会行使部分职权，如"梁启超宪草"主张设立国家顾问院，"康有为宪草"主张设立国询院，以及"王登乂宪草"主张设立参政院等。

第二，关于司法诉讼体制。

在国人精英宪草中，除"王宠惠宪草"以外，其余宪草均不约而同地主张采取"二元制"诉讼体制。可见关于该问题，这些人再次与有贺持"相同主张"，而王宠惠的"一元制"主张，可谓"特立独行"，还对行政诉讼和行政法持反对，乃至否定的态度。有学者对此这样写道：

> 王宠惠和章士钊反对设立行政法院，实质上是否认行政法的独立存在。这一时期主张实行英美法系体制者的理由与上述两位的主张基本一致，只是其他人大多一方面承认行政法的存在，但同时又结合当时中国国情，认为不应效法设立独立的行政法院。[36]

前文已述，梁启超和康有为明确主张采取"二元制"诉讼体制，而其余九份宪草

---

〔36〕李秀清：《所谓宪政：清末民初立宪理论论集》，上海：上海人民出版社 2012 年版，第 182 页。

也均主张采取"二元制"的模式。令人玩味的是,这些人的主张与国民党试图将"二元制"改为"一元制"的意图存在冲突,虽然宪法起草委员会就该问题引发了争论,但涌现的宪草却出现了"一边倒"现象。有些宪草主张建立平政院,有些宪草主张建立行政法院制度,还有些宪草主张行政诉讼案件不由普通法院受理,行政诉讼和民刑事诉讼分开受理等。最终出台的"天坛宪草",仍遵循国民党的制宪意图,将《临时约法》规定的"二元制"改为了"一元制"。有学者写道:

> 在中国近代社会的转型过程中,防止各式各样的专制一直是思想舆论界重要关注点。反映到行政诉讼制度设计方面,就是要力图防止行政官员的恣意和专横,达到保障民权之目的,也就是说,要更多的把行政诉讼纳入司法权范畴。正是有这种思想倾向的影响,所以在《天坛宪草》中,大多将行政诉讼纳入司法权范畴。[37]

第三,关于中央与地方制度。

王宠惠的宪草在此问题上,也堪称"特立独行",与大部分其他国人精英的构想不同,与以袁为首的北洋派观点也不同,甚至与所属国民党的制宪意图也有冲突。不过值得注意的是,王宠惠与外籍法律顾问团的地方制度构想却十分相似,尤其与有贺的地方制度构想最为贴近。

梁启超和康有为的宪草在地方制度上只字未提,其余九份国人精英的宪草中,含有地方制度条文的仅有四份。而事实上,地方制度入宪与否,是宪法起草委员会当时拟定商讨议题之一,由于各方意见不同,该议题被搁置而未被"天坛宪草"所体现。

王宠惠的地方制度构想,在国人精英作者群体中堪称"异类",在省制存废问题上主张保留省制,另一方面,在中央与地方关系上,明确主张采取中央集权和地方分权的折衷原则,试图建立由中央监督下的地方自治制度。为此,该构想遭到国民党的批评:

---

〔37〕李启成:《清末民初关于设立行政裁判所的争议》,《现代法学》2005年第5期,第172页。

今复综合言之,则王氏思想致误之由,端在其重视省制之意见,与夫剥削行政权之成心……其言漫无界限,并绝不根据历史、国情,而久混单一国与联邦国为一谈,全属粉饰耳目之词,本不能以为规定省制之根据。[38]

可见王宠惠的地方制度构想,与国民党、进步党乃至北洋派等势力主张的"废省论"存在冲突,既不赞成国民党的"地方分权论",也不赞成进步党和北洋派的"中央集权论",而是兼采所谓中央集权和地方分权的折衷方案。

实际上,该构想与外籍法律顾问团十分相似,并与有贺的构想最为贴近:两人均主张在现有省制基础上进行改革,对地方权限范围内的事务严格采取"地方自治",以谋求地方发达,在地方政体模式方面主张采取"议会至上"的内阁制,遵循古代中国"行省"这一政治传统,采取中央监督下的地方自治模式。

当然,上述知识精英的制宪主张本身有"易变性",在不同阶段的看法时常前后矛盾,例如梁启超的主张就有这一特征。

在 20 世纪初期,梁启超对联邦制非常推崇,但在宪草的条文及其说明中却非常明确地表明了其单一制的主张;在宪草中,明确了民主共和制,但他在戊戌变法中却是力主君主立宪制,在与革命派的论争中又曾一度主张开明专制,民国建立前夕又转而主张虚君共和。同样地,这种对自己历来的宪政观点的偏离还反映在内阁制方面。[39]

另外从参照对象看,上述知识精英大多以美国和法国作为参照对象,不过其实一些人也明里暗里参考了日本和德国的体制,所以不乏见到沿袭清末所谓"师日"模式的特征。例如梁启超、吴贯因和汪荣宝等所提"限权式"内阁制模式,在很大程

---

〔38〕《王君宠惠"宪法刍议"批评》,载夏新华等整理《近代中国宪政历程:史料荟萃》,北京:中国政法大学出版社 2004 年版,第 317 页。
〔39〕李秀清:《所谓宪政:清末民初立宪理论论集》,上海:上海人民出版社 2012 年版,第 122 页。

度上带有"二元制君主立宪制"政体的痕迹。将政体模式参照对象,从共和制国家转移到君主制国家的思路,也正是有贺提出统治权转移理论之目的,与所谓超然内阁模式构想"不谋而合"。

> 康有为在《拟中华民国宪法草案》中宣称以法兰西第三共和国的宪政模式为基本参照,结合中国国情创设中国自身的宪政模式,但实际上部分参照了德意志第二帝国的宪法模式,希望通过适度加强行政权来推进政治共同体的整合。[40]

总之,有贺与宪草的中外作者就民初宪法问题的观点异同,构成了近代学说史上一道风景线,内含宪法思想的来龙去脉,还值得进一步研究。正如有学者写道:"民国初年出现的这十余份私拟宪草,使得当时的法政界为之耳目一新,这些宪草草案的出现不仅为官方宪法的拟定提供了充分的学理支持,也影响到后世私拟宪法草案的制定,更为今日的宪政建设提供了有益的借鉴和启示。"[41]

第三节 "天皇机关说"来袭

一、担任顾问的舆论压力

有贺来华赴任加盟北洋,虽然在民初政界有一些拥趸,受熊希龄、达寿、李家驹、曾彝进和李景龢等旧识及学生的欢迎,但在社会舆论方面,尤其在革命派势力的眼里,可以说自始至终饱受争议。譬如持革命派立场的报刊《中华民报》和《民立报》在其赴任伊始便刊文:

> (聘请外籍宪法顾问)犹是劫夺国会起草宪法之故智,易其名而不变

---

〔40〕章永乐:《共和的净友:康有为〈拟中华民国宪法草案〉评注》,《中外法学》2010 年第 2 期,第 245 页。

〔41〕夏新华、刘鄂:《民初私拟宪草研究》,《中外法学》2007 年第 3 期,第 335 页。

其实……袁世凯欲得宪法之提案权,又欲得宪法之裁可权,此事之不合法理,大悖共和制度。宪法顾问之职权,俨然有助成总统不裁可宪法之专责,是宪法顾问机关与民定宪法两不相容,当绝对认为违法者也……吾人首当认定总统无参与制定宪法之权,则不当设顾问机关。顾问机关不当设,则不当聘宪法顾问,其理由至为浅显。[42]

建设万端,岂惜借才异地?然他政可有顾问,而宪法不当有顾问。盖他国良宪虽当博考,然典籍俱在,岂难勾稽?即各国政情,国士岂乏研究?况欲参酌我国情势,尤非外人所能胜任。[43]

当有贺针对民初体制提出一套理论构想,特别是撰文批驳"天坛宪草"和《临时约法》存在问题后,面临更为激烈的舆论压力,不仅被视作袁世凯豢养的"外籍爪牙",还被认为是日本暗中派遣的"政治间谍"等。

自宪法草案披露以来,非难之声遍于全国……反对不信任投票其最力者,首推日人有贺长雄。有贺氏发其炎炎大言,而著为不信任投票危险之伟论。[44]

国民不敢言舆论矣。凡有大举动,辄曰外人已赞许之,则以为天经地义矣。然则观舆论者,惟出之外人之口乃有根据,此岂非国民之耻耶……为我政府所豢养。[45]

外国顾问中,日人有贺长雄最为奸狡毒辣。到京以来,关于中国宪法写了许多长篇文章,如按照日本宪法天皇万世一系的精神,批判中国宪法草案之缺点,如反对不信任投票之制度,如论以孔教为国教等文论,皆以迎合袁逆专政恢复帝制的心理为主旨。及袁逆召集约法会议时,有贺探知袁逆帝制阴谋进行益急,对于地方制度又主张恢复皇清时代的各省总

〔42〕《异哉宪法顾问》,《中华民报》1913 年 3 月 18 日。
〔43〕《宪法不当有顾问》,《民立报》1913 年 3 月 18 日。
〔44〕《论不信任投票与责任内阁制关系》,《庸言》1913 年第 21 号。
〔45〕《宪法问题之外论》,《时事新报》1913 年 11 月 10 日。

督制，以博袁逆欢心，助长中国内乱，以造成日本便利侵略的机会。此袁逆的高等顾问，实即日本帝国的高等间谍能手。[46]

> 今国人信为足与谋国情者，为日人有贺长雄与美人古德诺……有贺氏之论国情也，必比于日，否亦日本人目中之中国国情，亦非吾之纯确国情也……求国情于外人，窃恐此憾终难弥耳。[47]

在抨击有贺的社会舆论中，时任参议院议员同时是国民党山东支部理事长的徐镜心可谓引人注目。徐镜心早年毕业于早稻田大学法科专业，是首届国会早稻田同学会成员，在《驳有贺长雄共和宪法持久策》一文中写道：

> 细察意旨，综核始末，不但不注重国民之心理，而反注重政府之心理，且不但不注重多数国民之心理，而反注重大总统一人之心理。首尾寥寥仅数千字，而乃前后自相矛盾如是，势利之中人，甚矣哉……蔑视国会，即为蔑视国民，蔑视宪法起草委员会，即为蔑视国会，蔑视国民与国会，即为蔑视国家，即为共和之蠹贼，即为民国之罪人……吁，误天下苍生者必此人也。吾不意著者之丧心病狂至极于此也……似此狂语欺世，污蔑约法，实为法学败类，实为民国乱贼……民国宪法为国民全体计也，国家万世计也，非为总统一人计，亦非为强有力一部分计也。如著者言，是欲使我全国万世之宪法，胥束缚于大总统与强有力之一部分之威权势力之下，而后始快于心也。所谓注重国民心理者，固如是耶。[48]
>
> 各国宪法其政治之中心，恒视乎国体、政体以为转移……今中国国体既确定为民主政体，又确定为共和，国家主权属之国民全体，当然以国民为主体，当然以国民代表之国会为主体，当然以国会为运用政治之中心。此两院之所以能选举大总统也，此国会政府制之所以适用也，此国会之所

---

〔46〕王葆真：《反袁护国的忆述》，载《文史资料存稿选编（清末民初风云）》，北京：中国文史出版社2002年版，第630页。

〔47〕李大钊：《国情》，《甲寅》1914年第4号。

〔48〕徐镜心：《驳有贺长雄共和宪法持久策》，《顺天时报》1913年11月5日。

以设置也,此总统之任命所以须众议院之同意、国务员之不信任所以须众议院之票决也。此民主国家之真精神,而共和政体之大原理也。[49]

由上可知,徐镜心的出发点,是所谓国体和政体概念,认为民初国体的对应政体,应是法兰西第三共和国的内阁制政体。不过前文已述,有贺发表该文的时间及其内容均未体现鼓吹帝制之义,主要是为了宣扬自身的理论构想。

值得注意的是,有贺在华任职顾问期间,还遭受到日本社会舆论的指责,主要是因为他在"二十一条"中日交涉中一度扮演袁世凯的"外交密探"这一角色,引起日本内阁及外务省的不满,特别是令大隈重信等人极为失望,以至于被迫辞去早稻田大学的教职。同时还被一些日本媒体指责为"日奸",几乎沦落到身败名裂的地步。尽管有贺在袁世凯去世后,仍留北京担任所谓宪法顾问,但在华的日本侨民群体出于不满,还将其从在华日人名录中剔除。

二、副岛义一的"天皇机关说"

明治时代的宪法学者有许多毕业于东京大学,诸如第一代的末冈精一、合川正道、有贺长雄、高田早苗、穗积八束和一木喜德郎,以及第二代的副岛义一、美浓部达吉、笕克彦、清水澄、井上密、织田万、上杉慎吉和佐佐木惣一等;尽管这些人互为校友或师生关系,但所持理论的观点主张未必一致。民初报刊对此已有归纳:

> 日本宪法学者向分两大派,一为天皇主体派,前数年穗积八束博士为此派首领,清水澄博士、上杉慎吉博士、井上友一博士、野村浩浩治学士等属之。去年穗积博士故后,上杉氏为最。盖此派学说甚旧,一班新学者多厌弃之。一为天皇机关派,前原为一木喜德郎博士所倡导,近数年来,美浓部达吉博士游德归国后,遂崭然见头角,故现在美浓部博士实为此派首领。而副岛义一博士、笕克彦博士、立莊后吉学士等皆其虎将。市光村惠数前年原属穗积派,至前年游德归国亦遂易其论调,与美浓部并席而居,

---

[49] 徐镜心:《驳有贺长雄共和宪法持久策》,《顺天时报》1913 年 11 月 5 日。

焉此两派区分之大略也。[50]

　　一般而言，近代日本学说史分为两大宪法理论流派，即以穗积八束为首的绝对君权派和以美浓部达吉为首的自由立宪派。如前所述，有贺早年生涯曾以一人之力挑战穗积八束的理论观点，而为绝对君权这边阵营所排斥，实际上两人的理论基础颇为相近，但存在的一些观点分歧始终没有得到消解。

　　正是由此，有贺对穗积八束的理论挑战，号称史上第一次"天皇机关说"论争。那么，其宪法理论是否就可以纳入"天皇机关说"这一阵营流派中呢？事实上，进入20世纪以来，所谓"超然主义"施政理念逐步破产，就连伊藤博文等人也尝试寻求政党政治的治国之道，有贺的观点主张与真正意义上的"天皇机关说"理论可谓渐行渐远，更为格格不入。尤其到大正时代，有贺在华任职期间的相关言论遭受该阵营流派代表人物副岛义一的驳斥，进一步反映其宪法理论的本来面目及尴尬处境。

　　副岛义一（1866—1947 年，以下简称副岛）的生平与近代中国也有许多交集。[51] 从宪法学说而言，一般将其纳入自由立宪派理论阵营，而且是该流派的代表学者之一。[52] 事实上，他也是最早系统提出"天皇机关说"的宪法学家之一。

　　　　副岛早在美浓部等人开始活跃之前，便已在早稻田大学提出了机关说的宪法学体系，从这一点来看，即使这些人的学术渊源都一样，单纯从

---

〔50〕《日本宪法学派之梗概》，《宪法新闻》1913 年第 8 期，宪史第 1—2 页。

〔51〕1866 年，副岛义一生于今日本佐贺县，1890 年进入东京大学法科学习，1894 年进入同大学研究生院学习，1902 年前往德国柏林大学留学，1908 年获明治政府授予的法学博士学位，从 1896 年起任教于早稻田大学，1907 年评为教授。1911 年底来华担任南京临时政府宪法顾问，1920 至 1924 年担任日本众议院议员，1930 年再次来华担任南京国民政府法律顾问，1947 年去世。

〔52〕日本学界关于副岛义一研究的成果主要有：家永三郎的《日本近代憲法思想史研究》(岩波書店1972 年版)、鈴木安藏的《日本憲法学史研究》(勁草書房 1975 年版)、高見勝利的《講座担当者から見た憲法学説の諸相》(載《北大法学論集》2001 年第 3 号)、熊達云的《中華民国の多難を船と日本顧問たち南京臨時政府法制顧問の寺尾亨・副島義一を中心に》(載陶德民等編《近代中日関係人物史研究新しい地平》，松雄堂 2008 年版)、松下佐知子的《清末民国初期の日本人法律顧問——有賀長雄と副島義一の憲法構想と政治行動を中心として》(載《史学雑誌》2001 年第 9 号)、曽田三郎的《中華民国の誕生と大正初期の日本人》(思文閣 2013 年版)、荒邦啓介的《明治・大正期における副島義一の内閣制論》(載《東洋大学大学院紀要》2011 年第 48 号)以及頼松瑞生的《福島義一の緊急勅令論》(載《法史学研究会会報》2011 年第 15 号)等。

这种宪法学说谱系排列顺序,副岛排在一木后面和美浓部前面应该说得通。[53]

副岛的代表著作有《日本帝国宪法论》和《日本行政法汎论》等,还与中村进武等人翻译了《独逸民法论》这套民法学著作等。其中以《日本帝国宪法论》一书最重要,集中体现了其宪法理论的观点主张,该书初刊于 1905 年,原稿是其在早稻田大学讲授宪法课程的讲义,主要借鉴 19 世纪德国的宪法理论,譬如拉邦德、盖尔伯、海尔曼和耶利内克等法学家的学说。[54]

> 该书的一大特征是,与近代日本宪法学说形成期相匹配,引用了很多当时德国国法学代表性学者的学说。当时日本的宪法学思想,不论公立大学还是私立大学,均以宪法学课程的讲义为中心,逐渐发展而成。以德国国法学作为范型建构而成的宪法学理论,该书即为一个典型的例子。[55]

纵观副岛提出的宪法理论,简要归纳主要的观点主张大致如下:

第一,关于国家。副岛认为,宪法学是阐释国家现象的学问,是在德国国法学的基础上发展形成。国家不仅拥有所谓人格,还拥有统治权。统治权是一种命令强制权,既可以命令自由独立的人或集体作出或不作出某行为,还可以强制执行该命令。统治权的主格是国家,认为国家本身拥有统治权等。

第二,关于国权。所谓国权,是国家权力的略称,是国家依照自身意志进行统治的一种权力。副岛几乎将国权等同于统治权,与私权互相区别。而且还指出,在君主制立宪国,作为统治权或国权的主体,并不是君主本人,而是抽象意义拟制而成的君主,主张将君主视为国家机关,君主是国家元首而非国家本身等。

---

〔53〕家永三郎:《日本近代宪法思想史研究》,东京:岩波书店 1972 年版,第 151 页。
〔54〕该书也被译为中文予以出版。副岛义一:《日本帝国宪法论》,曾有澜、潘学海译,南昌江西公立法政学堂 1911 年版。
〔55〕鈴木安藏:《日本宪法学史研究》,东京:劲草书房 1975 年版,第 191 页。

第三,关于主权。所谓主权,是所有类型国家权力之最高权统称,主权所在的国家机关是最高权力机关,决定国家性质。国家性质大体可分为君主制、共和制和贵族制,而主权所在机关分别是君主、国会和贵族会议。

第四,关于统治权总揽者。国家自身无法表达意志,需要通过各国家机关来表达。所谓三权分立,不是指三大权力机关各自拥有独立人格,只是三大国家机关分别行使三种不同权力。国家权力虽然分开行使,但须保持整体统一,符合国家利益和目标;所谓统治权总揽者,即代表国家本身协调权力行使和分配的最高机关;君主制立宪国的统治权总揽者是君主这一机关,共和制立宪国的统治权总揽者是国会。还特别强调统治权总揽者,不等同于统治权或国权的主体,前者是最高权力机关,而后者是国家本身等。

第五,关于国体和政体。虽然统治权或国权的主体均是国家本身,但各国政府组织和权力分配模式不一样。所谓国体,是主权之所在机关的组织形式,分为君主国、民主国和贵族国。所谓政体,是统治权总揽者发挥作用的形态,如果由统治权总揽者独自行使国家权力,则为专制政体;如果由不同国家机关分别行使国家权力,则为立宪政体等。[56]

上述是副岛《日本帝国宪法论》一书关于宪法学领域重要概念的阐释,不难看出其宪法理论带有"天皇机关说"特征,属于自由立宪派的学说。另外,他还提出关于人民权利的认识,认为国家和臣民的关系可视作法律关系,国家赖以法律而存在,臣民权力不能主张违反国家意志,有必要承认臣民享有包括公权利和私权力的权利范围等。

关于政体模式,副岛主张,日本应模仿英国的君主立宪制,采取国会中心主义的责任内阁政体,强调政党政治对于宪法体制的作用。例如 1909 年发表的《英国的政党》一文,阐释了英国政党轮替组阁的情况,认为此消彼长的政党起到了新陈代谢的效果,比起政党提出的纲领,英国更重视政党自身组织活动的有序完善;而英国政党政治的特色,是国民性的一种体现,这种国民性的本质,是重视和喜爱游

---

〔56〕鈴木安藏:《日本憲法学史研究》,東京:劲草書房 1975 年版,第 190—199 页。

戏规则等,主张日本实现政党政治的发达须从政党的培育活动开始等。[57]

副岛在同年发表的另一篇文章《政党论》,则从政党的本质、组织、作用和未来等角度出发,阐述政党认识以及政党在体制中起到的作用等,认为未来的政治离不开政党,未来的内阁制会朝政党内阁制方向发展;实行政党政治中心的责任内阁,才是贯彻"立宪制";认为虽然当下日本体制还无法实现这一政体模式,但须朝着这一方向发展等。[58]

明治末年日本政局的变化,政党政治对于内阁的作用日趋重要,是副岛预测责任内阁制发展前途的时代背景,进入20世纪,伴随藩阀体制逐渐解体,伊藤博文等人试图推行的"超然主义"理念走向衰落;1903年,西园寺公望成为政友会总裁,并于1906年以政友会总裁身份,组阁担任首相,随后以政友会为基础,与桂太郎互相提携,开启了近代日本史上的"桂园时代"。

一般认为,"桂园体制"形成和稳固,标志了"超然主义"的破产,政党在日本的政治中站稳了地位。与此同时,以穗积八束为首的"天皇主权说"走下坡路,受到以美浓部达吉为代表自由立宪阵营越来越多的抨击。上述副岛的论文,可视为宪法学说史即将进入变化阶段的"前奏曲"。

综上可知,虽然副岛与有贺均毕业于东京大学、留学深造于德国,还共同在早稻田大学法科担任教授,但两人的宪法理论并不一致,甚至可谓针锋相对。副岛关于宪法学概念的阐释,是对19世纪后期德国宪法理论的参考,对于宪法体制的构想,则主要以英国君主立宪制为蓝本,主张培育和发展政党政治,采取国会中心的责任内阁制政体模式,是自由立宪派阵营的代表学者。因此,从宪法学说史的流派属性考察,针对民初法政体制这一问题,可想而知有贺和副岛的观点大相径庭。

三、副岛义一的《驳有贺氏说》

回到民初的舆论争辩,有贺和副岛分别是北洋派和革命派各自的日籍法律专

---

〔57〕副島義一:《英国の政党》,载《日本及日本人》1909年第501号;转引自荒邦啓介:《明治·大正期における副島義一の内閣制論》,《東洋大学大学院紀要》2011年第48号,第142—143页。

〔58〕副島義一:《政党論》,载《太陽》1909年第12号;转引自荒邦啓介:《明治·大正期における副島義一の内閣制論》,《東洋大学大学院紀要》2011年第48号,第146—147页。

家,持互相对立的政治立场。如所周知,辛亥革命之所以成功,许多日本仁人志士的支持援助有一定功劳,代表人物诸如宫崎寅藏、山田良政、北一辉、头山满、内田良平和犬养毅等。民国肇建初期,也有一些日本专家学者来华提供帮助。1911年底,副岛等人就在犬养毅的作用下,来华担任南京临时政府的宪法顾问。[59]

> 寺尾、副岛两博士于1月17日来抵此南京。孙逸仙已委为法政顾问,但尚未正式任官。两博士对上述委任亦未正式接收,只是就法律事项善意建陈,不领受报酬。[60]

副岛民初任职虽然不足半年,但对临时政府的法制建设起到了一定作用,主要体现在《中华民国临时组织法草案》草案上。据学界研究,副岛直接参与了该草案的起草工作。《临时约法》原型是景耀月等人提出的《中华民国临时约法草案》,但1912年2月召开的审议会,却将政体模式从原案的总统制,改为责任内阁制,其中在一定程度受到副岛所提观点的影响。[61]

另一方面,关于近代中国政局变动,副岛与有贺一样,早在清末预备立宪运动时期,便已发表多篇文章,针对法政问题提出了观点主张。

> 实现多数党的政治,全体国民的政治,确立以国会为中心的君主立宪政治,使国务大臣承担起相应的政治责任,这是中国宪法的当务之急。[62]
>
> 我主张取消联邦制,如果继续强化各省的自立性,很容易造成外国对中国的干涉和分裂行径……我主张模仿法国,采取以国会为中心的责任内阁制政体,将大总统的位置设计为无须承担政治责任,同时也必须剥夺

---

〔59〕《临时政府公报》1912年1月31日第3号刊载南京临时政府各部总长、次长及法制顾问的姓名,副岛义一、寺尾亨和犬养毅分别担任的是宪法顾问、国际法顾问和政治顾问。

〔60〕日本外务省编:《寺尾副岛两博士到着ノ件》,《日本外交文书(第四十四卷)》,東京:日本国际连合协会1962年版,第125页。

〔61〕曾田三郎:《中華民国の誕生と大正初期の日本人》,東京:思文閣2013年版,第24～49页。

〔62〕副岛义一:《支那宪法について君主制か共和制か》,载《早稻田演讲》1911年第8号;转引自曾田三郎:《中華民国の誕生と大正初期の日本人》,東京:思文閣2013年版,第46页。

大总统的实权。[63]

可知在君主制抑或共和问题上,副岛认为,君主制对于当时的中国国情而言还是更为适合,这也符合其一贯推崇的政体模式,即主张以国会和政党政治为中心的责任内阁政体,青睐英国式的君主立宪模式。他结束顾问职务回到日本后,仍坚持该观点,认为理想状态下的民初体制,不是以所谓天赋人权理论为基础,而是基于中国历史传统,构建一种带君主专制色彩的共和制度。[64]

事实上,副岛以上主张在当时日本学界并不罕见,前文已述,有贺也发表过类似观点,即认为民初政局的稳定有待"政治强人"的出现,只有这样才能带领中国国民创造出一套适合国情历史传统并能永久维持的政体等。[65] 再如犬养毅也认为,中国应实行王朝制度和共和自治制度相结合的君主共和式政体等。[66] 当然这些观点的背后不免有政治立场的考量因素,总体还是以日本国家利益为出发点,有日本学者写道:

> 辛亥革命爆发时,中国人通过到日本留学、在日本刊行书籍、与日本人交流扒个,获得了物质和精神上的援助,并最终以武力方式取得了革命的成果,其选择的不是明治维新的君主立宪制,而是共和立宪制。这对于完成了明治维新,在大正民主主义阶段要实行宪政运动和民主主义的日本人来说,带来了以武力进行革命的冲击,给打破牢固的、残存于日本的藩阀政治带来了很大冲击。[67]

〔63〕副岛义一:《支那杂感》,载《国家学会杂志》1912 年第 7 号;转引自曾田三郎:《中華民国の誕生と大正初期の日本人》,東京:思文閣 2013 年版,第 46 页。
〔64〕副岛义一:《新支那论》,载《早稻田演讲》1912 年第 3 号;转引自马场公彦:《同时代日本人如何看待辛亥革命——以日本报刊为中心》,《社会科学战线》2014 年第 11 期,第 249 页。
〔65〕有贺长雄:《大聖人の出現を待つのみ》,载《早稻田講演》1912 年第 12 号;转引自熊達雲:《有賀長雄と民国初期の北洋政権との関係について》,《山梨学院大学法学論集》1994 年第 29 号,第 11页。
〔66〕犬養毅:《清国を世界に類なき君主共和政体となすべし》,载《新公論》1911 年 2 月;转引自马场公彦:《同时代日本人如何看待辛亥革命——以日本报刊为中心》,《社会科学战线》2014 年第 11期,第 249 页。
〔67〕马场公彦:《同时代日本人如何看待辛亥革命——以日本报刊为中心》,《社会科学战线》2014 年第 11 期,第 255 页。

当时正值大亚细亚思潮盛行之际,副岛等知识精英之所以援助中国革命,一定程度也受到该理念的作用。例如他认为:"日本是东洋的主人公,确保支那和平是确保东洋和平的关键,为此身为日本人必须参与其中作出努力。"[68]与其同行来华的寺尾亨也写道:"无论如何都要将白种人的政治势力驱逐出东亚,东亚是东亚人的东亚,不是欧罗巴人或美利坚人的东亚,只要不断努力就有希望实现。"[69]

从清末到民初,副岛关于中国的法政构想,其实未发生实质变动,尽管认为君主制更适合中国国情,但出于共和肇建现实"多说无益",对其一贯推崇的国会中心和政党政党模式也无妨碍。由此,他将政体模式的参照对象,从英国式转移到了法国式,这恰好符合宋教仁等革命派势力的制宪主张。

1912年3月,副岛返回日本,仍继续关注民初的制宪之争,而且针对早稻田大学同事有贺的在华言行,撰文进行批驳,即《驳有贺氏说》一文的发表。该文是从日文翻译而来,原文刊登在1914年第6号和第7号的《早稻田演讲》杂志。该文的意义在于,不仅反映出有贺和副岛在民初法政问题上的观点分歧,还进一步说明了有贺宪法理论与真正意义"天皇机关说"流派阵营之格格不入。该文观点简要概括如下:

第一,反驳有贺强调民国成立史的"统治权转移说"。

副岛指出,有贺反复强调所谓历史传统乃"别有用心"。他从南方革命派视角出发,也对民国成立史作了梳理,认为民国乃纯然之共和制,"其本质固无可疑之余地也。今日若疑及中华民国共和制之本质,即是轻革命之历史,而忘孙袁之宣言也。"[70]即认为只要国体为共和,以什么方式成立不重要,不苛求共和国家成立需同出一辙。

副岛指出,"承认"相对既成事实,而"成立"则是面对未知、未确定事情。清帝逊位诏书颁布对于民国建立,起到的是承认而非成立的作用。换言之,他主张革命建国论,不论清帝是否承认,南京临时政府均拥有合法性政权,也不论清帝退位是

---

〔68〕副島義一:《支那革命に参加せる余が抱負と実暦》,載《早稲田講演》1912年第1号;转引自曽田三郎:《中華民国の誕生と大正初期の日本人》,東京:思文閣2013年版,第50页。

〔69〕寺尾亨:《支那問題を論ず》,載《国家学会雑誌》1913年第4号;转引自曽田三郎:《中華民国の誕生と大正初期の日本人》,東京:思文閣2013年版,第50页。

〔70〕副島义一:《驳有贺氏说》,《顺天时报》1914年1月17日。

主动还是被逼，均改变不了民国建立这一木已成舟的事实，由此反驳有贺所谓"统治权转移论"。

虽然副岛和有贺均认同"国家法人说"，认为国家具有法律人格，拥有自我意志目标，但对"统治权"和"统治权总揽者"概念之理解却不尽相同。

> 夫统治权属于国家者也，国家乃统治权之主体，故国家一日存在，即统治权无稍变更，而所谓革命者，唯变更国家机关组织之基础，并非变更国家或消减国家。革命后同一之国家依然存在，统治权亦依然存在，唯变更统治权总揽者之组织，并非变更统治权自身。[71]

概言之，副岛所谓"统治权"，是命令强制权，主格是国家，属具备独立人格之国家本身，而非清帝个人，不存在"转移"或"转让"之说。清帝与天皇一样，是"统治权总揽者"，但中国"统治权总揽者"随之国体变更，由清帝变成了代表全体国民的国会。

第二，反驳有贺关于行政主导下"超然内阁"的政体构想。

副岛认为，有贺所谓"超然内阁"的政体模式设计还不如美国的总统制。在该构想下的总统不承担政治责任，但拥有堪比旧专制政体下的君主大权，而代表全体国民的国会对国家政治生活几乎无实权，不符合共和制国家的精神内涵。而且，有贺提出大总统需"具备崇高德行"之一任职条件无法实际衡量。对此，他主张发展政党政治，参照法国宪法体制，采取以国会为中心的责任内阁制政体模式。

可知副岛和有贺关于民初体制的观点差异，主要体现为体制主导权的选择不同。虽然构想的政体模式均可以称为"责任内阁"，但有贺的"超然内阁"是行政/政府主导下的政体，行政地位独立，排斥议会干政和政党政治；副岛主张的是立法/议会主导下的"议会内阁"政体，行政地位不独立，受制于议会和政党政治。

而且两人在君主抑或共和这种所谓"国体优劣"选择上没有观点分歧，分歧是聚焦在政体模式的选择设计上。

---

[71] 副岛义一：《驳有贺氏说》，《顺天时报》1914 年 1 月 20 日。

副岛主张日本必须作为东洋主人公的姿态参与东洋各国的事务,认为有贺在《观弈闲评》中提出的国家构想是为了迎合袁的制宪预期。而有贺关于中国的制宪理论与其一贯主张的议会内阁制理论发生了冲突,为此他对有贺制宪理论进行抨击。[72]

　　副岛对于有贺的挑战,虽然针对的是民初宪制问题,但放入日本的时空背景可知,20世纪初伊藤博文等人推行"超然主义"施政理念难以为继。与此相应,常年称霸明治学界的"天皇主权说"风光不再。副岛就民初宪制的政体主张,是把参照对象从本来心仪的英国式君主立宪,转向法兰西第三共和国政体,名义上是议会制与总统制混合,实际上是议会责任内阁,主张议会是最高权力机关,总理掌握实权,总统拥有形式权力而已。

　　不过,有贺与副岛在政体构想上也有一定交集:均主张19世纪德国宪法学的国家有机体学说,认为元首是国家有机体组成部分之一,不代表国家全部;均认为元首也应遵循宪法规定履行相应职能;均设计元首既不亲政,也无需担责,在政体运行中,使元首处于超然地位;均主张内阁应作为实际施政中枢机关,并承担相应责任等。[73] 显然,这些观点正是有贺早年对穗积的挑战被视作"天皇机关说"论争的主要原因。

　　尽管副岛对有贺的驳斥存在政治立场因素,但本质上是两人理论的素来分歧。"天皇机关说"流派核心观点在于限制元首权力,重视议会的作用以及政党政治等;而有贺以超然内阁为主体的理论构想,却是为"超然主义"施政方针提供一种学理支撑。

　　一般而言,明治和大正时代的宪法学者均可纳入"天皇主权说"或"天皇机关说"阵营,但也存在特殊情况,有贺即是一个例外。他是近代日本第一批宪法学者,也是唯一敢于向穗积公开挑战的第一批宪法学者,从那场所谓首次"天皇机关说"

---

〔72〕松下佐知子:《清末民国初期の日本人法律顾問——有贺长雄と副岛义一の宪法構想と政治行動を中心として》,《史学雑誌》2001年第9号,第79—80頁。

〔73〕副岛义一没有始终坚持议会责任内阁的体制构想,例如他后来撰文指出,即使是超然责任内阁,只要能代表民望即可,认为政党内阁不是宪法政治之常道,责任内阁会导致多数党专政等。荒邦启介:《明治·大正期における副岛义一の内閣制論》,《東洋大学大学院紀要》2011年第48号。

论争的观点分歧来看,其理论本有资格可以纳入到"天皇机关说"阵营。[74] 然而进一步考察可发现,那套理论体系更接近"天皇主权说"阵营,随着藩阀政治破产,其反对议会干政、排斥政党政治等主张,更加剧了与"天皇机关说"流派之分歧。

因此有贺的来华任职,不仅遭受民初革命派势力的指责,还被日本学界"天皇机关说"代表学者加以驳斥,致使其理论在学说史上陷入一种尴尬境地。尽管如此,其苦心经营的理论仍有意义,尤其在近代军政关系的配置上,有学者称之为统帅权理论史上最重要的贡献者等。[75]

另一方面,如果抛开木已成舟的共和制事实,仅从宪法的理论实践出发,考察君主抑或共和哪种更适合近代中国,也许不仅是北洋派的外籍法律顾问团会一致选择前者,就连当时部分"私拟宪草"的知识精英乃至担任过南方临时政府宪法顾问的副岛义一,给出的答案可能也是前者。对于有贺等人来说,民初国体问题并非实践心目中理想立宪国模式的妨碍,民初的国体选择既不可解也无须拘泥,法政建设事业最重要的,恐怕还是政体模式的具体构建。

---

〔74〕鳥海靖:《日本近代史講義》,東京:東京大学出版会1988年版,第10页。
〔75〕荒邦启介:《明治憲法における「国務」と「統帥」》,東京:成文堂2017年版,第202页。

第八章 宪法顾问的地位与作用

第一节 与袁记体制的关系

一、"袁记约法"的出炉

取代《临时约法》的《中华民国约法》，一般俗称"袁记约法"，这部新约法从酝酿到出炉的过程大致如下：

1913 年 10 月 16 日，袁向众议院提交《增修临时约法法案》。

1913 年 10 月 22 日，袁派施愚和顾鳌等人出席制宪工作会议。

1913 年 10 月 26 日，袁令李经羲等人组织成立政治会议。

1914 年 1 月 26 日，袁公布《约法会议组织条例》。

1914 年 1 月 29 日，袁公布《约法会议议员选举程序施行细则》。

1914 年 3 月 18 日，约法会议宣布成立。

1914 年 3 月 20 日，袁向约法会议提交《增修临时约法大纲案》。

1914 年 3 月 21 日，约法会议通过提案并成立起草委员会。

1914 年 4 月 13 日，约法会议出台《增修中华民国约法案》草案并成立审查委员会。

1914 年 5 月 1 日，草案经过审查、初读、二读和三读后正式出炉。

此外，约法会议还出台了配套规范，如 1914 年 5 月 24 日的《参政院组织法》、

12 月 29 日的《修正大总统选举法》和 1915 年 3 月 12 日的《国民会议组织法》等。
至此，一般认为以新约法为主体的临时体制被基本构建完毕。

表 8-1 袁记约法起草委员会成员[1]

序号	姓名	年龄	选举会	教育背景	民初政界履历
1	施愚	43	黑龙江	进士	筹备国会事务局委员长，政事堂法制局局长
2	顾鳌	38	甘肃	日本法政大学	内务部参事，筹备国会事务局委员，国会参众两院政府特派员
3	黎渊	36	京师	日本中央大学	大总统府秘书，京师法政专门学校宪法教习
4	程树德	38	京师	日本法政大学	法典编纂会纂修法制局参事，福建临时省议会秘书长
5	夏寿田	45	湖南	进士	大总统府秘书
6	王世征	42	福建	北京大学	法典编纂会法制局参事，政事堂参议，大总统府秘书厅法制专员
7	邓镕	43	京师	举人、日本明治大学	临时参议院议员，国会众议院议员

表 8-2 袁记约法审查委员会成员[2]

序号	姓名	年龄	选举会	教育背景	民初政界履历
1	严复	61	福建	进士，英国海军大学校	北京大学校校长，大总统府外交法律顾问
2	曾彝进	38	四川	日本京都大学	大总统府秘书
3	龙建章	45	广东	进士，北京大学	交通部参事
4	王印川	37	河南	举人，早稻田大学	宪法研究会委员，国会众议院议员
5	汪涵	51	陕西		军政法处提调，山东厘金局总办

---

[1] 该表格根据顾鳌：《约法会议纪录》，载沈云龙主编《近代中国史料丛刊（第十九辑）》，台北：文海出版社 1982 年版的相关文字内容整理而成。
[2] 该表同上书相关文字内容整理而成。

序号	姓名	年龄	选举会	教育背景	民初政界履历
6	王辑唐	38	安徽	进士,日本士官学校	国会参议院议员,大总统府军事秘书军事参议
7	许世英	43	蒙藏青海	拔贡	大理院院长、司法总长
8	朱文劭	36	浙江	进士,日本法政大学	浙江提法司司长,国会众议院议员
9	李榘	45	直隶	进士,日本法政大学	临时参议院议员,大总统府政治谘议
10	王学曾	46	新疆	举人	新疆焉耆府知府
11	梁士诒	47	广东	进士	大总统府秘书长、财政总长
12	陈瀛洲	47	奉天	举人	奉天省议会议员,国会参议院议员
13	张国溶	39	湖北	举人,日本法政大学	宪法研究会委员,国会众议院议员
14	舒礼鉴	37	湖南	贡生	湖北内务司司长,国务院秘书
15	张其鍠	39	广西	进士	湖南军事厅厅长

在约法会议开幕之际,民初报刊即有文章对上述成员做过归类,大致分为七大类:一是"老成派",指前清旧官僚,如许世英等;二是"法学派",指拥有国外大学法科教育背景,如顾鳌等;三是"政治派",指长期在政界混迹,通达政治不拘泥于文法,如王辑唐等;四是"秘书派",指长期在总统府秘书厅工作,如曾彝进等;五是"名士派",指拥有高名望的旧派学者,如严复等;六是"议员派",指首届国会议员,如王印川等;七是"特别势力派",指代表某行业特殊人才,如商会代表冯麟霈等。[3]

由上可知,约法会议不仅拟定了新约法内容,也是构建新约法配套法规的操刀手。不论是起草会议还是审查会议,绝大多数成员是北洋政府高级官僚出身,与总统府关系密切,属袁派政治势力;而且近一半成员拥有留日背景,其宪法理论可视为"亲日派"。纵观约法会议的成员情况可以认为,约法会议堪称袁记造法机关,以

---

[3]《新开幕之约法会议》,《申报》1914年3月22日。

该新约法为主体的临时体制即"袁记体制"。

> 造法机关之产生轻率如此,将来由此机关所制定之宪法尚足为天下
> 后世所信守也耶。[4]
> 选举人与被选举人,均由各地政府,秉承中央之意旨指定,此种当选
> 人所组织之约法约法会议,直中央之傀儡,亦即大总统个人造法工具
> 而已。[5]
> 宜于现在之咨询机关及普通之立法机关以外,特设造法机关,以改造
> 民国国家之基本法……约法会议就是由政治会议所生的儿子。[6]

尽管袁世凯特设约法会议这个造法机关,但不得不说,还是面临某种"名不正
言不顺"的困境。有学者认为,从法统上考察,旧约法未完全丧失效力,而且根据相
关规定,增修主体须为国会,虽国会已遭解散,但由所谓中央政治会议的决议成立
的所谓约法会议,并不能真正代替国会行使约法增修权等。[7]

二、"袁记约法"的特征

"袁记约法"这部新约法与《临时约法》,均非正式的宪法典,性质上是发挥宪法
功能的国家根本法。从生效时间看,新约法的效力,是从 1914 年 5 月 1 日持续到
了 1915 年 12 月 12 日。该约法共十章,内容是国家、人民、大总统、立法、行政、司
法、参政院、会计、制定宪法程序以及附则,主要观点粗略归纳如下:

第一,关于"国体"性质,主要是第一条和第二条,主张采取主权在民原则,规定
民国属于共和制立宪国。

第二,关于人民权利,主要是从第五条到第十条,包括自由权、请愿于立法院之
权、诉讼于法院之权、诉愿于行政官署及陈诉于行政院之权,以及选举和被选举

---

〔4〕《约法会议之商榷》,《正谊杂志》1914 年第 2 期。
〔5〕陈茹玄:《中国宪法史》,台北:文海出版社 1985 年版,第 67 页。
〔6〕李剑农:《中国近百年政治史》,上海:复旦大学出版社 2002 年版,第 389 页。
〔7〕张仁善、杨宇剑:《论近代"法统"理念的建构与袁世凯对民初"法统"的改造》,《法治研究》2015 年
第 3 期,第 156 页。

权等。

第三,关于大总统职权,主要是从第十四条到第二十八条,包括总揽统治权、召集立法院宣告开闭会、解散立法院、提出法律案及预算案、命令发布权、紧急命令权、官制官规制定权、文武百官任免权、宣告开战和媾和权、军事统帅权和编制权、外交权、戒严权、荣誉授予权以及赦宥权等。

第四,关于立法院职权,主要是第三十一条,包括对法律案的提出和议决、对预算案的议决,以及对大总统的弹劾提起权等。

第五,关于政体模式,主要是从第三十九条到第四十三条,主张采取美国式的总统制,大总统是最高行政首脑。

第六,关于司法诉讼体制,主要是第四十五条和第四十六条,主张采取"二元制"司法诉讼体制,建立行政法院制度。

第七,特色机关规定,如四十九条设立参政院,作为大总统的国务咨询机关;又如第五十七条和第五十八条,设立审计院,作为大总统的国家财政审计机关等。

第八,特别补充规定,如第五十九条到第六十三条关于制宪程序,以及第六十五条关于清帝、皇族及满蒙回藏各族待遇条件等。

由上可知,新约法的基本特征,是在维持共和制国体基础上,取消旧约法规定的以法国为参照的责任内阁制模式,转而采取以美国为参照的总统制政体。关于该政体,有学者总结道:

> 在这种制度下,国务员不是对于议会或其他机关负责之人,只是对元首负责之人;国务员之进退,系以元首之信任与不信任为转移,而不以其他机关之信任或不信任为转移。[8]

换言之,总统不仅是国家的元首和代表,还是最高行政首脑,行政系统的所有官员均对总统负责,不受国会制约。该约法的其他主要特征还有:

大总统的地位和职权方面,规定总揽统治权,拥有对立法院的解散权,以及对

---

〔8〕王世杰:《比较宪法》,武汉:武汉大学出版社 2013 年版,第 252 页。

陆海军的统帅权和编制权。

大总统地位和职权的强化程度,该约法所设计的政体模式,要明显超过美国式的总统制;国会的组织和职权方面,采取"一院制"的国会制度,设置立法院作为国会组织,只拥有对大总统的弹劾提起权,却没有审理权,但对国务卿和部长而言,连弹劾提起权都没有。

司法诉讼体制方面,明确采取"二元制",建立行政法院制度,特别是处理国务卿和各部总长的违法行为,采取古代御史制度和近代西方行政法院制度相结合的方式。

特色机关设置方面,设立有参政院、审计院、大理院、肃政厅以及国民会议等机关,分摊了本属立法机关的职权,进一步削弱立法机关在政治体制的地位及作用等。

> 全文计六十八条,杂采美国、日本及欧洲大陆各国宪法中最偏重行政之条文,再加以别出心裁,独自创作之集权制度,以实行其"一人政治"主义。如确定元首制,大总统只对国民负责,仿美制者也。大总统总揽统治权,统率全国海陆军,独握宣战媾和大权,并有发布命令及与法律有同等效力之教令等权,则仿日制者也。大总统经参政院之同意,有解散立法院之权,则仿法制者也。人民自由权利统受议院法律之限制,则仿英制者也。至于大总统对于立法院议决法律之否认权,几为绝对,其效力之大,远过美国总统之否认权,而等于旧德意志皇帝之以"不公布"方法可完全取消国会一切法律案者也。[9]

不难看出,新约法试图确立的政体模式,是行政权绝对主导下的"超级总统制"或曰"总统集权制";而且《参政院组织法》、《审计院编制案》、《修正大总统选举法》和《国民会议组织法》等法规,进一步强固了该模式,虽然新约法规定的正式宪法拟定还未真正开展,但随后几部配套法规的出台,一套相对完整的临时体制已被基本

---

[9] 陈茹玄:《中国宪法史》,台北:文海出版社 1985 年版,第 68、70、71 页。

构建完毕。

新约法集中体现了以袁世凯为首北洋派的制宪主张和体制构想,在历史上的地位向来较负面,主要原因在于1916年的洪宪帝制事件。可以说,新约法从诞生伊始,便遭受社会舆论的指责,相关评价如有:

> 由于约法的改订,袁氏可以说无论于形式或事实,都已成为中国的独裁元首,由于总统选举法的修正,他不但可以终身任职,还可以传子传孙。所以在这两个大法之下,袁氏之为总统,不但已经是辅弼有卿,封爵有权,而且还可以终身在职,传子传孙。所缺少的就只有皇帝的称号,和一顶皇冠了。[10]

> 从形式上看,袭用了《临时约法》和《天坛宪草》中的某些标明共和、民主、自由的规范和术语。但就内容而言,却从日本帝国宪法中抄袭了巩固独裁统治的政治、军事、行政、司法等大量条款。因此,《袁记约法》在中国制宪史上毫无价值而言。相反,由于它从法律上确认了袁世凯的独裁统治,对于颠覆资产阶级民主制度、促进袁世凯公开复辟帝制,起了推波助澜的作用。[11]

一般认为,作为民初两部根本法的新旧约法,在处理行政权和立法权为核心的中央权力配置问题方面,似乎走上两个极端,可谓"矫枉过正"。

> 细绎新约法一通矫正旧约法之缺点,固甚多,但矫枉过正之处,亦复不少。就具体约言之,旧约法之弊在为人立法。彼时南京参议院对于袁大总统不肯推诚相见,故所定之约法以立法部而束缚行政部,使政府无一事可以放手处置,此吾人所不敢赞成,此约法之必须增修也。新约法告成矣,但以为行政部之权力太大,束缚立法部,使不得发展,亦非国家之福。

---

〔10〕荆知仁:《中国立宪史》,台北:经联出版事业公司2001年版,第292页。
〔11〕张晋藩:《中国宪法史》,北京:人民出版社2011年版,第232页。

盖今日新约法之缺点,即旧约法之缺点也。旧约法偏于立法部,新约法偏于行政权,皆不得其平耳。[12]

表面上,北洋派势力以新约法为主体,构建袁记体制,直接导致袁世凯在实力和名义两方面,均成为当时大权牢牢在握并地位稳固的国家元首;而从国家治理看,1914年和1915年政局稳定,各项建设事业似乎有条不紊开展。但事实并非如此,由于北洋派内部势力错综复杂,袁世凯在实际职权行使上,遭受到很大程度的困扰或制约,加上中央与地方关系尚未厘清,袁记体制的正常运作"故障频出";以孙中山为首的革命派,正计划积蓄能量"卷土重来",政局再次动乱的风险可谓一触即发。[13]

但不论如何,民初制宪之争而言,客观上袁记体制的基本构建,标志了两大对垒阵营角逐"告一段落",不论从理论战场还是实践层面,以袁世凯为首的北洋派势力均取得胜利,而有贺为代表的外籍法律顾问团之来华加盟,不可否认发挥了一定作用。

三、体制构想的大同小异

前文已述,袁记体制基本是由约法会议这一造法机关构建,参与法规起草和审查的成员,几乎归属北洋派势力,可以说集中体现了袁世凯的制宪主张和体制构想。但作为宪法顾问的有贺等外籍专家,并未实际正式参与法规的拟定工作。[14]

尽管如此,在该体制构建过程中,有贺等外籍专家有一定献言献策。例如,《申报》这份报刊,便登有《有贺长雄之条陈》和《高等谘问会之建议》等文章,前者是主张立法机关应采取一院制模式,以及主张设立所谓"共和顾问院",还列举了该机关的职权,主要是答复大总统之咨询案件、约法之解释、宪法起草及翻译、解释宪法及其附属法、解决立法和行政问题、建言于大总统等;后者是主张将所谓"共和顾问院"改为"高等谘问会"这一名称,并强调该机关不得干预具体施政等。[15]

---

[12]《新旧约法比较观(续)》,《盛京时报》1914年第2249号。
[13] 章永乐:《近代中国宪政建设中的政治吸纳/整合缺位——以1914年北洋政府宪制改革为中心》,《北大法律评论》2012年第1期,第192—198页。
[14] 熊達雲:《有賀長雄と民国初期の北洋政権における憲法制定との関係について》,《山梨学院大学法学論集》1994年第30号,第41页。
[15]《有贺长雄之条陈》,《申报》1914年4月9日;《高等谘问会之建议》,《庸言》1914年4月5日第4号。

如所周知,日本明治政府在拟定宪法典过程中,为审议宪法草案特别成立枢密院这一机关,伊藤博文担任首任议长,并亲自主持草案审议。明治宪法典第五十六条明确规定,枢密院职能是充当天皇的最高国务顾问机关。属于枢密院职权范围的咨询事务有:《皇室典范》的相关事务,宪法草案及其副署法规的审议和解释,外交、戒严、命令发布和官制官规等行政和立法事务等。可见,上述两则文章进一步体现其关于民初体制的构想,始终以明治体制为主要参照对象。如果对照袁记体制和有贺的构想,两者的异同大致如下:

第一,宪法理论的学理支撑。

关于宪法典拟定的出发点,约法会议主要依据的是历史传统说,这与有贺一贯主张的宪法理论相吻合。例如袁世凯在 1914 年 5 月 1 日新约法公布之际,所作《对于增修〈约法〉之意见》中说道:

> 夫国法者,社会心理之所胚胎,而社会公同之心理,又纯由一国之历史地理风俗习惯所铸造而成,制定国法而与一国之历史地理风俗习惯过相违反,则华雨箕风之未协,势将南辕北辙而无功。由是之故,所以世界国家,无论国体有何异同,而其根本法绝未有能与他国勉强一致者。君主国家无论矣,即同为共和国,而法之宪法不与葡同,美之宪法不与墨同。何者? 其沿革异也,以同处一州之国,削足适履,尚且不能而况于远隔万里,其历史地理风俗习惯迥不相侔者乎?[16]

关于统治权概念的阐释和设计,一方面是统治权的阐释,约法会议认为,统治权不可分割但可转移,还"故意"与主权、大一统等概念混同。

> 查中国有历史数千年,治乱兴亡之迹,代各不同;然无论何种时期,其国家之能治与不能治,率视政权之能一与不能一以为衡。是以《春秋》著大一统之文,孟子垂定于一之训,微言大义,深入人心,此与最近世纪宪法

---

〔16〕白蕉:《袁世凯与中华民国》,北京:中华书局 2007 年版,第 108 页。

学家所揭之统治权唯一不可分之原则,实为先后同符。历稽史乘,断未有政权能一,而其国不治,亦未有政权不一,而其国不乱且亡者! 方今共和成立,国体变更,而细察政权之转移,实出于因而不出于创。[17]

以袁为首的约法会议,将统治权概念混淆古代中国大一统理论和西方主权理论,并将有贺提出的"统治权转移论"混淆为"政权转移论"。前文已述,有贺宪法理论的统治权概念,大致有主权和支配权两层含义,所谓统治权转移论,是从国法学角度,针对民国成立史而言,认为通过清帝逊位诏书,主权的主格从清帝转移到了全体国民,支配权的主格也脱离清帝,不过正式宪法还未制定,暂由共和政府行使等。

另一方面是统治权的设计。约法会议的说辞是:"本会议基此理论,勒为成文,以统治权之不可分割也,于是设总揽机关;以议会政治之万不宜于今日之中国也,于是以总揽统治权,属之于国家元首。"[18]有贺的理论构想是,由大总统总揽政务权,政务权即所谓政治权,指确定大政方针而不是具体施政。换言之,其主张将"政治"和"行政"分离,由大总统负责"政治",由内阁负责"行政"等。

> 一言以蔽之,美国宪法所谓执行权者,兼政治行政二事而言者也。而行政系属依法律所行之事务,各部总长专当其局。至政治,则大总统自行之。所谓政治者,是系不准以法律规定,军事、外交属其主要者,然而将各种行政事务计较其轻重缓急,决定大政方向,亦属大总统一大任务,自明矣。[19]

约法会议起初使用"国务"一词,在草案审查中,将"国务"改为了"统治权"一词并这样阐释如下:

> 查原案二十三条第一项"大总统为国之元首总揽国务"……总揽者,

---

[17] 白蕉:《袁世凯与中华民国》,北京:中华书局 2007 年版,第 109 页。
[18] 同上书,第 110 页。
[19] 有贺长雄:《观弈闲评》,1913 年 10 月校印本,第 64 页。

统治权之总揽机关也。国务二字是否必即指统治权，殊欠明瞭，故本案修正其文为总揽统治权。统治权与主权不同，主权为体，统治权为用，共和国家主权在国，而本于民，故原案第二条有主权本于国民全体之规定。统治权之分配，各国不同。主张绝对的三权分立之国家，其防制三权混合之意极严，不许沟通，彼此自无总揽机关，但此种制度隐与统治权唯一不可分之理相背驰之。实际窒碍难行，近世宪法学者早抉其弊。原案参稽法理，体验国情已知总揽机关之宜于设置，即临时约法亦有大总统总揽政务之文，惟国务政务等字，尚费解释。故本案修正为总揽统治权，而加以依约法之规定行之一语，以示大总统行使统治权之准则，且以明大总统总揽统治权由于法理之赋予，即由于国民之委托，与彼君主国家之君主以统治全国之权为其固有之权能及临时政府组织大纲规定统治权为大总统所有者不同也。因析增第十五条。[20]

由上可知，在统治权概念的阐释和设计方面，约法会议与有贺所提观点主张并非完全一致。

第二，选用政体的模式类型。

袁记体制主要采取美国式的总统制政体模式，也吸收了日本和法国等其他立宪国政体中强化行政权或削弱立法权的一些规定。无论形式上还是实质上，该体制采取的政体模式均为总统制，而且堪称"超级总统集权制"。

但有贺的政体构想是所谓超然内阁模式。简言之，该政体模式下的内阁，由大总统任免，并只对大总统负责，大总统作为国家元首，虽然地位稳固并总揽大权，但不承担政治责任，也不具体施政，主要由内阁施政，并承担相应政治风险等。

大总统先行决定政治方针，不问国会内外之人，但有愿依此方针，行其政治者，则举之组织国务员，至其方针之当否，一归国务员负起责任，虽

---

〔20〕顾鳌：《约法会议纪录》，载沈云龙主编《近代中国史料丛刊（第十九辑）》，台北：文海出版社1982年版，第175—176页。

有时出于不得已,更迭内阁,然未必因国会失多数之赞成而以之为辞职之准绳,考其政治方针之成绩何如,征诸国内舆论之向背何如,大总统独断特行,而使内阁更迭,是为超然内阁组织之大概情形也。[21]

表 8-3　有贺长雄与约法会议关于政体模式的构想

序号	政体模式	有贺长雄	袁记体制
1	政府组织形式	内阁制	总统制
2	行政机关各部长的任免权	大总统	大总统
3	具体负责施政的主体	大总统或内阁总理	大总统与国务卿
4	大总统是否承担政治责任	否	否
5	大总统的政治总揽权	有	有
6	大总统对立法机关的解散权	有	有
7	大总统对法案的最终否决权	有	有
8	大总统对法案的提出建议权	有	有
9	大总统的军事统帅权	有	有
10	大总统的军事编制权	有	有
11	大总统的宣战媾和权	有	有
12	大总统的条约缔结权	有	有
13	大总统的行政命令权	有	有
14	立法机关的弹劾提起权	大总统与各行政部长	大总统

由上可知,有贺和袁记体制在大总统对国会和立法权的制约方面,以及军事权和外交权等方面,均有许多相似之处。不过国会对于行政权的监督,即弹劾权方面,也有一定差异。例如袁记体制设立平政院、大理院和肃政厅等,规定立法机关只有弹劾大总统的提起权;有贺主张,除了大总统的谋叛行为,立法机关也有弹劾行政部长的提起权。可见,在弱化立法机关行政监督权方面,约法会议"有过之而无不及",两者关于政体模式的构想并非一致。

---

[21] 有贺长雄:《观弈闲评》,1913 年 10 月校印本,第 44 页。

第三,体制运作的配套规定。

关于大总统选举。1913年10月,由国会制定的《大总统选举法》公布,但随着《临时约法》被新约法取代,作为附属法规的《大总统选举法》,也遭到约法会议修正。1914年8月,约法会议通过袁提出的《修正大总统选举法》;9月通过《修正大总统选举法大纲案审查报告》;12月通过《修正大总统选举法草案》,并于月底公布了该法案,正式取代《大总统选举法》。对照有贺拟制《大总统选举法案》和上述两份大总统选举法案,在以下方面存在明显异同。

表 8-4   有贺长雄、首届国会与约法会议的总统选举方案[22]

	有贺长雄	首届国会	约法会议
任职	累世中国国籍,四十岁以上,四海之内莫不仰其德者	中国国籍,完全公权,四十岁以上,在中国居住十年以上	中国国籍,完全公权,四十岁以上,在中国居住二十年以上
任期	五年,可连任一次	五年,可连任一次	十年,可连选连任
选举	先由仰德会选出候补大总统三人,再由戴德会选出正式大总统	由国会议员组织成立的总统选举会选举	先由大总统推荐候补大总统三人,再由参政院和立法院组织成立的大总统选举会选举
副总统	不设置	须设置	须设置

关于任职条件,有贺强调所谓德行,大总统须有崇高德行,这是其一贯主张"圣人政治"的体现。关于任期和连任,与首届国会主张一样,虽然强调元首地位的稳固,即所谓"超然"的主要含义,但在共和制框架下,不主张采取变相终身总统制做法。

关于选举方式,有贺的主张介于国会和约法会议,国民有权选举国会众议员,即有权选举候补大总统,虽不是全体国民均具备选举资格,至少有一定代表性,某种程度上是贴合"四海之内莫不仰其德者"这一任职条件。所谓戴德会的人员构成,与约法会议主张类似,均采取行政机关和立法机关代表比例均分方式。

---

〔22〕该表根据有贺长雄拟制的《大总统选举法》和夏新华等整理:《近代中国宪政历程:史料荟萃》,北京:中国政法大学出版社2004年版,第463—464页的文字内容整理而成。

关于副总统设置,有贺的参照对象是明治体制,认为没有必要设置"副君主",而约法会议主要以美国总统制为蓝本,所以主张设置副总统。

关于立法机关组织,集中体现在《立法院组织法》和《立法院议员选举法》。1914年6月,约法会议通过袁提出的《立法院组织法及议员选举法大纲案》,7月通过了审查报告,并成立起草委员会。9月提出《立法院组织法》和《立法院议员选举法》两份草案,并成立审查委员会。10月通过审查报告,并于月底公布了这两部法规,正式取代《中华民国国会组织法》、《参议院议员选举法》和《众议院议员选举法》。

上述两部法规的出台过程,约法会议关于议员的人数、名额分配、选举人及被选举人的资格条件等问题也展开讨论,进行多次修改。[23] 相对前三部法规,在选举人及被选举人资格上,作了严格甚至苛刻限定。

有贺关于立法组织的构想,主要体现在资格条件上,希望增加所谓保守势力,主张立法机关的主体,由社会精英和政府官僚组成。在选举方式上,两者均主张采取间接选举,反对普选和直选。此外,在组织模式上,有贺在1913年主张采取两院制,而到了1914年,却发文认同一院制模式。可见,关于立法机关组织,有贺和约法会议的构想基本一致。

表 8-5　有贺长雄与约法会议关于体制配套的构想

序号	袁记体制的配套构想	有贺长雄	约法会议
1	采取"二元制"司法诉讼体制	有	有
2	设立单独的财政预算审计机关	有	有
3	设立国务顾问机关	有	有
4	设立军事顾问机关	有	否
5	确立中央与地方制度	有	否
6	确立孔教为官方意识形态	有	否

还值得一提的是,袁记体制特别设立参政院机关,作为直属大总统的最高国务顾问机关,负责宪法的起草和审定工作。前文已述,有贺在1914年公开发表的条

---

〔23〕顾鳌:《约法会议纪录》,载沈云龙主编《近代中国史料丛刊(第十九辑)》,台北:文海出版社1982年版,第648—753页。

陈,即明确主张参照明治枢密院,设立"共和顾问院"或曰"高等谘问会"。

虽然北洋政府的制宪时间表尚未公布,但袁世凯也未否定制宪工作。参政院成立的最大意义,是象征制宪权已完全掌握在北洋政府手上,这与有贺的宪法理论相符。可以认为,民初制宪之争,如果遵照有贺的构想,制宪权主导机关既不是立法机关,也不是立法机关和行政机关,而是行政机关;只有行政机关主导下建立的宪法体制,才可能采取超然内阁政体模式。

纵观袁记体制的构建和内容,几乎完全符合以袁为首北洋派的政治立场及利益诉求。有贺关于民初的理论构想,在理论依据、政体模式、大总统的选举、立法机关的组织、国务顾问机关的设立与主要职能,以及司法诉讼体制等方面,与其存在许多相似之处,虽然两者在一些地方存在差异,但总体上,两者的构想大同小异,因此,有学者将有贺称为袁记体制幕后的"理论贡献家"。[24]

第二节　超然政体理论破产

一、顾问地位的差强人意

1913 年 5 月到 1914 年 8 月期间,美籍法学家古德诺也在华担任北洋政府的宪法顾问,也提出了一套相对完整的构想,即《中华民国宪法草案》,又称为"古德诺宪草",而且也发表了诸如《中华民国宪法案之评议》等文章。

就古德诺对袁记体制的理论贡献度或曰吻合度进行考察,有学者认为"袁记约法"这部法规集中体现了其关于中国宪法问题的观点主张。[25] 具体而言,主要体现为以下两点:

第一,对政体模式的选用。

有贺主张内阁制,古德诺主张总统制,两人均试图建立行政权居绝对主导地位的政体。不过有贺强调总统的"超然"地位;但形式上和实质上,古德诺均主张采取

〔24〕张学继:《论有贺长雄与民初宪政的演变》,《近代史研究》2006 年第 3 期,第 67—69 页。
〔25〕高全喜:《古德诺论中国宪制再思考》,《中国法律评论》2017 年第 5 期,第 125 页。

总统制的政体模式。而约法会议最终构建的政体模式，无疑更符合古德诺的政体构想。

事实上，袁世凯就新约法的政体设计，也征求过两人的意见；有贺坚持采取内阁形式、希望设立内阁总理，而古德诺主张以美国作为蓝本，主张采取总统制政体。后来在约法会议的讨论中，起草或审查委员会成员，也更多地与古德诺站在同一立场上。[26]

第二，中央与地方制度的构想。

有贺和古德诺均主张在中央采取单一制政体，并保留传统省制，而在地方制度设计上，有贺主张兼采中央集权和地方分权的地方治理模式，即所谓"第三种特别制度"；古德诺只是主张采取地方分权，但未做进一步阐述，认为地方制度不应入宪法典等。

有贺的构想，是在规定权限范围内实现所谓"省自治"，以省议会为中心施行民主代议制，古德诺主张在中央和地方均维持行政权的主导地位。对照袁记体制的地方制度，古氏又更胜一筹。有贺承认道："美国式总统制的共和宪法，如果能在中国施行的话，大概也能取得成功吧。"[27]

有学者写道，因《中华民国约法》赋予袁绝对的专制独裁权力，历史上称为"袁记约法"。同时又因这部约法主要是在古德诺等人指导下制订而成的，也有人称为"古德诺宪法"等。[28] 对此，古德诺也不避讳地写道：

> 一年前，我对于新约法草案的大部分建议，新约法都采用了。[29]
>
> 欧洲之政俗，注重立法部。亚洲之政俗，注重行政部。未可以此例彼。故对今日所新修之约法，欲知其结果之良否，必先研究其能否适宜于中国之国情……使中国历久相传之君主政体，变而为共和政体，得以宴然无事，而绝不生妨碍于其间为宗旨……凡用内阁制之国情，其人民于代议

〔26〕曾田三郎：《中華民国の誕生と大正初期の日本人》，東京：思文閣 2013 年版，第 101—106 页。
〔27〕松下佐知子：《清末民国初期の日本人法律顾問——有賀長雄と副島義一の憲法構想と政治行動を中心として》，《史学雑誌》2001 年 9 月，第 73 页。
〔28〕张学继：《古德诺与民初宪政问题研究》，《近代史研究》，2005 年第 2 期，第 158—159 页。
〔29〕同上书，第 158 页。

制度已早有数十百年之经验,而中国固无此也。且用内阁制之国,多系君主国,其用此制者,盖以世袭之君主常不负责,故必得一负责任之内阁,而中国又非其例也……新约法变内阁制为元首制,若以美之先例言之,此制实为共和国之良法……新约法给予政府之权,有远过于美国者……惟中国习惯本重行政,不重立法。今在除旧更新之始,人心未定,故不可不暂存旧制,而偏重行政之权……"此种约法施诸久行专制之亚洲,必有良好之结果……盖约法规定,多本于日本之宪法。……大总统之权,同于日本之君主,而与立法之关系,亦与日本君主与国会关系同,此种政治在日本行之已有明效大验,日本如此,中国何独不然。[30]

而且,古德诺还发表了《中华民国的国会》和《在中国的改革》这两篇关于民初法政建设的文章。前者是给袁的"备忘录",认为共和制未必一定优于君主制,民初中国不具备民主政治的条件,建议立法机关采取一院制模式,严格限定立法机关成员的资格等;后者是"演讲稿",主要从经济基础、家庭结构和社会观念等角度,阐述中国与欧美国家之差异,认为中国的政治体制应考虑自身特殊性,并提出了具体建议。[31]

概言之,有贺的理论构想没有为袁主导下的约法会议完全采纳。从宪法顾问的理论付诸实践方面考察,显然有贺的地位不及古德诺,主要在于袁记体制构建的政体,并非有贺一以贯之推崇的所谓超然内阁模式。[32]

首先,采取了总统制这一政体模式,大总统集中了行政上的所有实权,国务卿的地位和作用,是辅弼大总统施政,而其他各卿则是国务卿的辅助员,辅弼国务卿的工作。其次,大总统对全体国民负责,却没有设立纠察这一责任的机关。再次,国会改名为立法院,只拥有立法和预算这两

〔30〕陈茹玄:《中国宪法史》,台北:文海出版社 1985 年版,第 68、71 页。
〔31〕黄岭峻:《从古德诺的两篇英文文章看其真实思想》,《中南民族大学学报(社科版)》2003 年第 3 期,第 129—132 页。
〔32〕曽田三郎:《中華民国の誕生と大正初期の日本人》,東京:思文閣 2013 年版,第 101—106 页。

类事务的职权,没有监督行政权的权力。[33]

不过,从袁世凯的"顾问政治"考察,有贺、古德诺、毕葛德以及巴鲁等人同属一个阵营,是北洋派的外籍法律顾问团,在制宪之争的战场上堪称"战友关系",不应存在互相竞争之说。

> 我当初为了不使旧国会集中过大的权力发表了很多反对言论。在共和制政权刚建立,各项法律制度亟待整顿之际,像新约法规定的这种制度很有必要;当时一些有识之士也认同我的观点,比如我与美国人顾问古德诺博士对相关问题的看法几乎完全一致,所以我们经常交流,共同探讨如何构建一种崭新的制度。[34]

有必要指出的是,即便在顾问的地位作用上,古德诺比起有贺,或许更有资格称为袁记体制的所谓"幕后理论设计家";但两人对民初宪法问题的看法,其实是达成共识的:均认为民初国情并不适宜采取政党政治为基础的议会内阁制,均主张建立高效权威的中央政府,构建行政权主导下的政治体制,以维持政权稳固和体制的有序运转。

另一方面,就共和制国体事实而言,无论是北洋派的外籍法律顾问团,还是梁启超等"私拟宪草"的作者群,以及副岛义一这样的"天皇机关说"代表学者,在民初制宪之争所持观点主张各不相同,甚至针锋相对;不过相同之处,是均承认并维护共和制这一国体,均基于共和制这一框架,提出自身的理论构想。正如有学者在分析古德诺与《共和与君主论》一文关系中这样写道:

> 关于中国,有一点往往为论者所忽视的是,全文有一个重要的大前提是"立宪"。在论述共和与君主的优劣时,其出发点始终是如何对实行宪

---

〔33〕松下佐知子:《清末民国初期の日本人法律顾問——有賀長雄と副島義一の憲法構想と政治行動を中心として》,《史学雜誌》2001 年 9 月,第 73 页。
〔34〕同上书,第 72 页。

政更有利,均不是指恢复旧式的君主专制。[35]

而实际参与制宪之争的各股势力,在角逐过程中有多大程度是从宪法理论出发,抑或是从国家利益与法政建设出发,已经难以辨别。关于这点,已有研究指出,这些势力的出发点,终究还是以各自为政的利益诉求为主。

> 然因当时立法者多偏于私利私见,致使内阁制与总统制之争论,一变为国会多党对少数党及袁世凯个人之争斗,立国根本大法之规定,不以适合国民一般之需求为前提,徒以迎合个人意旨。[36]

> 民初制宪虽逐渐趋于成熟,但始终未发展到真正成熟的地步的一大重要原因,正是制宪者们过多考虑当时的政局,导致制宪之争的本质,其实是不同政治集团的利益之争,制宪没有能超越特定阶级及其政党派系的利益。[37]

> 无论革命派还是立宪派,在对待所谓政体与国体的问题上,都并不存在一以贯之的态度,而更多是基于派系斗争需要的选择。尽管议员的主张与各自的党派不尽相同,也不乏基于宪政原理和国家利益的严肃思考,但由于各派在这些基本问题上的对立,使得原本基于国家共同利益寻求妥协的制宪讨论,始终为狭隘的派系之争所裹挟,共识的达成与宪法的制定也变得遥遥无期。[38]

那么,至于有贺等外籍法律顾问,在来华初期是否已经知晓袁世凯的复辟帝制企图,则是另一桩有待考证的史事。不过可以判断的是,就有贺提出的那套理论构想而言,完全符合其学术生涯一以贯之的主张,师承的是德国法学家石泰因的学说理论,本质上是其心目中理想状态下的立宪国政体模式。

---

〔35〕资中筠:《关键在立宪》,《读书》1998 年第 11 期,第 136 页。
〔36〕杨幼炯:《近代中国立法史》,北京:商务印书馆 1936 年版,第 4 页。
〔37〕杨天宏:《比较宪法学视阈下的民初根本法》,《历史研究》2013 年第 4 期,第 96—98 页。
〔38〕于明:《政体、国体与建国——民初十年制宪史的再思考》,《中外法学》2012 年第 1 期,第 79 页。

二、顾问作用的浮光掠影

回顾前文可知,在明治宪法典颁布初期的日本学界,有贺率先挑战了穗积的绝对主义君权说,两人关于天皇权力的观点分歧,被称为史上首次所谓"天皇机关说"论争,其本来具备资格,可以成为该流派早期的理论贡献者,但进一步考察其理论体系,实际上更接近"天皇主权说"阵营。

随着明治体制的转型,主张"天皇机关说"的学者越来越多;但在华担任宪法顾问的有贺,仍坚持一以贯之的理论构想,还试图将自身想法套用到民初的体制建设上,此举既在中国受到社会舆论指责,还在日本遭到批驳,而撰文进行批驳的,恰是"天皇机关说"流派的代表学者副岛;可以说在明治及大正学界,有贺的宪法理论为两大主流学说阵营共同排斥,处于一种尴尬境地。

有贺关于理论的核心观点这样说道:但愿请读者朋友们牢记一点,宪法制定不能单纯依照某一理论,而应依照国家自身的历史变迁。甲国适用的宪法未必一定适合乙国,便是这个道理。[39] 而且,其学术背书的对象伊藤博文说道:

> 宪法政治在东洋诸国的政治史上不曾有历史可征之先例,所以,日本施行宪法政治也可以称之为一种创新。因此施行的结果,对国家是有利还是有害,无法预期。虽然如此,但既然二十年前已经废除了封建统治,并且与其他国家开始了互通往来,为了谋求国家的进步发达,除此以外,没有其他更好的治理方法了……在欧洲,到本世纪已没有国家不施行宪法政治了,但那些国家无一不是在自身历史的变革与发展之中施行宪法政治的,萌芽均发源于自身的历史传统。与那些国家不一样,宪法政治对于我国而言,却是完成崭新的事物。因此,当今要制定宪法,首先需要寻求我国的机轴,确定我国的机轴到底是什么东西。如果缺乏机轴,任凭国民妄议政治,那么政治生活将丧失秩序,国家也会随之灭亡……本来,欧洲的宪法政治自从萌芽以来,已有上千年的历史,不仅国民较为熟练,还

---

〔39〕有贺长雄:《国家学》,東京:信山社 2009 年版,第 53 页。

有宗教可以作为机轴,并且深入人心,所以人心皆归入此。但是,在我国的宗教势力甚微,没有一个宗教可以作为国家的机轴……在我国可以作为机轴的,唯独皇室。因此,在这部宪法草案之中,我们要致力于强调这一点,要尊重君权,尽量不使君权受到束缚,更不使君权遭到损坏。[40]

换言之,一国进行立宪改革乃潮流所趋,首要做法是探求自身国家的"机轴"所在,只有立足"机轴"的体制,才是合适有效的。这里的"机轴",即有贺宪法理论中一再强调的"历史传统"。具体而言,其针对民初提出的政体构想,立足的"历史传统"包含两个因素,一是当时的现实国情,二是古代的政治传统。[41]

可以认为,所谓超然内阁模式的政体构想,并非完全照搬明治体制,也包含一些古代中国的政治传统因素。而令人唏嘘的是,民初的政局形势,不论是对明治体制的参照,抑或是对政治传统的吸收,均不可避免会遭受革命派势力的抨击。

早在清末,就连多数立宪派势力,也不愿接受清廷主张的日本式"二元君主立宪"政体构想,遑论在已推翻君主制的民初;可以说,社会精英关于共和制立宪国的理想,主要还是美国式"三权分立"的总统制政体,或者是法国式"政党政治"的内阁制政体,而日本或德国那种保留君主制的立宪模式,业已沦为一种"政治不正确"的选项。关于近代中国的体制改革,有学者这样总结道:

自戊戌维新后,比较、评价中西文化的异同成为学界时尚,可悲的是此时比较与评价的取舍标准完全是以国力的强弱而论文化的优劣。于是,中国有而西方无者必为社会发展的毒赘,中国无而西方有者又必为中

---

[40] 清水伸:《帝国宪法制定会议》,东京:岩波书店1940年版,第88—89页。

[41] 古代中国传统政治特征大致有,中国传统政治论其主要用意,可说全从政治的职分上着眼,因此第一注重的是选贤与能,第二注重的是设官分职。因中国是一个大国,求便于统一,故不得不保留一举国共戴的政治领袖即皇帝,又因无法运用民意来公选,因此皇位不得不世袭。要避免世袭皇帝之弊害,最好是采用虚君制,由一个副皇帝即宰相来代替皇帝负实际的职务及责任。明清两代则由皇帝来亲任宰相之职,只负不称职之责。政府与皇室划分,此直至清代皆然。政府与社会融合,即由社会选贤才来组织政府。宰相负一切政治上最高而综合的职任……监察弹劾权交付与特设的独立机关。唐代有御史台,下至明代有都察院,等等。钱穆:《国史新论》,北京:生活·读书·新知三联书店2005年版,第92—93页。

国文化的"缺陷"。失去自信与公正的"比较",导致的结论只能是抛弃传统,照搬西方,这也是"照搬"成为中国近代法学主旋律的原因所在。实际上,在接受西方宪政时,我们已经不敢奢望"融合中西"、"汇通中外",创造出宪政的新模式,更无法像先人那样在自己的文化中从容开辟出新的领地,培植起新的土壤来创造性地接受和改造宪政文化,使之融于中国的文化和社会。但是,便捷的照搬,使西方宪政在中国出现了"南橘北枳"的结果。其实,割裂传统的移植,对民族情感和精神的漠视以及外来文化不切实际的期望就是这种"结果"的原因。[42]

总之,有贺在华任职提出的理论构想,是自身一以贯之的观点主张,虽不排除带有"政治站队"的考量,但主要还是对早年学术理论体系的"坚守",并没有为了迎合北洋派的利益诉求,而刻意改变或炮制。

有贺的来华加盟,为北洋派在制宪之争中的获胜,以及袁记体制的构建,均起到一定积极作用。虽然其心目中的政体构想,与袁记体制还有一定差距,其顾问地位也不及美国法学家古德诺,但总体还是大同小异,可谓差强人意。在北洋派夺取制宪权后,所谓宪法顾问的头衔已经名不副实,加上其一度调整自身的顾问角色,还遭到日本政府和社会舆论指责,自身陷入艰难处境不得已一再续聘留任。

应该说,民初不论是政治局势的复杂度,还是法政建设的艰难度,均远超过日本的明治时代。随着在华任职的推移,尤其是袁记体制的基本构建,其逐渐认清使命已经达成,至于来华初期抱有理论付诸实践的一些期待,甚至试图效仿导师石泰因,以充当民初宪法拟定"国师"之角色,注定不会有真正的机会,可以降临到这样一位半官方派遣性质的日籍法学家头上。

不过,仔细端详有贺苦心经营的理论构想,即便退一步说,以袁世凯为首的北洋派,哪怕将其尊奉为体制构建的"幕后设计师",那么民初的法政实践效果,也未必会如其所愿;因为其开出的药方,本身隐含风险,作为主要参照对象的日本或德

---

〔42〕韩大元主编:《中国宪法学说史研究》,北京:中国人民大学出版社 2012 年版,第 43—44 页。

国,所施行的政治体制,均极大保留传统帝制的特征,然而近代中国法政建设之最大难关,恰在于如何可以真正走出延绵两千余年的传统帝制。[43] 可以说,1915 年那场倒行逆施的帝制复辟运动兴起,即宣示了有贺那套政体理论之破产。

---

〔43〕秦晖:《走出帝制:从晚清到民国的历史回望》,北京:群言出版社 2015 年版,第 12—13 页。

余　　论

1913 年春,正值民初各派势力就制宪问题激烈角逐之际。早稻田大学法学教授有贺接受北洋政府抛来的橄榄枝,怀揣对立宪国的政体憧憬,来华担任所谓宪法顾问。制宪之争角度而言,其来华加盟无疑使以袁为首的北洋派实力大增,不过在民初现实下,注定只是充当理论操盘手角色,对民初宪制走向不会起到多么重要的作用,即本书《观弈闲评》这一书名之寓意。

诚然,国家制度是民初舆论的焦点,但有关立宪与否,以及所谓国体问题之争尚未登场。不论有贺和古德诺等外籍专家,还是王宠惠和康有为等国人精英,均承认并维护共和制这一国体前提,只不过在政体构想的看法上见仁见智。

可以说,民初宪史走向复辟帝制这一闹剧,与各派势力执着利益争夺,存在一定关系。宪制目标之不纯粹,始终超越不了利益的隔膜,也使有贺等专家的顾问作用在真刀真枪面前逐渐虚化。姑且抛开政治缠斗,仅立足于本书关于其宪法理论的脉络探讨,进而考察其对民初中国所提政体构想,对照其早年生涯的理论体系,可谓一脉相承、一以贯之,显然不是专门为迎合北洋派制宪主张而临时炮制。不得不承认的是,双方因存在聘用关系,雇员主张必然符合雇主之意愿,也不可否认的是,有贺等外籍专家的加盟,使北洋派势力在法理战场上如虎得翼,为制宪之争的获胜及袁记体制的构建提供了学理支撑,起到一定推波助澜的作用。

以下,针对有贺的宪法理论,就本书正文部分的主要观点做一整体性回顾,旨在说明那套理论构想,不过是将政体设计的视线,从民初几近成为共识的共和制国家,巧妙转移到了君主制国家,并将明治日本的宪法体制作为效仿对象,更准确地说,是将其早年心目中理想状态下的立宪国构想,套到民初中国的身上,期待这套苦心经营的理论构想有机会付诸实践。但所谓自成一体的理论,其实并非原创,乃以石泰因学说为基础,融入日本历史传统政治因素改造而成。

一

1913年3月,有贺来华赴任北洋政府宪法顾问,成为民国史上第一位外籍宪法顾问。从4月到6月,他主持了一个叫做"宪法研究谈话会"的研讨班,成员主要有陆宗舆、曹汝霖、章宗祥、汪荣宝、李景龢、曾彝进,以及作为助手兼翻译的青柳笃恒等。

研讨班名曰宪法研究,实则拟制民初的宪法体制,即探讨如何为共和制民国定制一套合适的立宪政体。经过两个多月的所谓研讨,有贺提出了一些看法,也公开发表了几次演讲,最终整理汇总为一套自成体系、别具特色的宪法理论构想,在《观弈闲评》这本著作中集中呈现。[1]

《观弈闲评》,不仅是有贺赴任顾问写就的第一部宪法学著作,也是在华任职期间专门分析中国法政问题并提出解决方案的唯一一部著作,堪称其本人的"私拟宪草"。

> 余意则主于研究宪法,以为平生从事于君主国宪,而民主国宪尚系初次。中国此次宪法问题,颇耐研究。盖民主国宪,亦无一定形式,中国之宪法,或不成为法国式,不成为美国式,竟成一中国式之宪,为世界特开新例,亦未可知。[2]

据说该书原本有十章内容,第十章是关于民国和前清皇室的关系,在刊印前被北洋政府删掉,只保留了前九章内容,题目分别是:革命时统治权转移之始末、宪法上必须预先防范社会党之弊害、北方续养其保守力以调节南方之进步力、共和组织

---

[1] 关于《观弈闲评》的成书时间、内容及翻译等问题,可参见尚小明:《有贺长雄与民初制宪活动几件史事辨析》,《近代史研究》2013年第2期,第134页。
[2] 《有贺博士之宪法谈》,《宪法新闻》1913年第4期,宪史第1页。

论(超然内阁主义)、大总统之资格任期及选举、大总统职权、共和宪法上之条约权、共和宪法上之陆海军和省制大纲。[3] 内容上是总分结构,开篇第一章提出基本理论,属于总论部分,然后是分论,针对构建宪法体制的具体问题进行分析并提出方案等。

所谓"统治权转移说"理论,不仅受到社会舆论的关注,还引起一定的反响,譬如报刊《新中华》刊文写道:

> 革命后勉强支撑民国以至今日者,不外两大主义:一、自南京制定约法以至二年冬国会解散,皆本诸共和立宪之理想,而以国权在民为国家之组织也。二、自三年春总统制施行,继续至于今日,皆本诸有贺长雄国权授受之说,而以国权在总统为国家之组织也。[4]

该理论的学术影响力甚至持续至今。关于民国成立的法理基础,学界素来有"暴力建国论"和"契约建国论"两种观点,前者基于辛亥革命,后者以清帝逊位诏书为法律依据,又叫"国权授受说",有贺被认为是后者观点的始作俑者。[5]

基于原文,该理论紧紧围绕民国成立史进行探讨,观点是:第一认为民国成立史的起点,是南北议和与清帝退位,并非武昌起义和南京临时政府成立。第二认为民国成立的法理基础,是南北议和、清帝退位,清帝所谓统治权并未被消灭,只是发生了转移。第三认为民国成立史突出特征是清帝让与统治权,这是民国与其他共和制国家的本质区别,由此得出的意义或启示是:

---

[3] 个别章节还单独发表在民初一些报刊上,例如第一章以"革命时统治权转移之本末"为题,发表在《法学会杂志》1913年10月15日第8号,第七章以"共和宪法上之条约权"为题发表在《法学会杂志》1913年6月15日第5号,本书附录部分收录有整理自该书的文字内容。

[4]《吾人对于国体变更必要之注意》,《新中华》1915年第1号。

[5] 这两种观点的争议情况,可参见《环球法律评论》2011年第5期"清帝逊位诏书在辛亥革命中的法律意义"主题论文,另外章永乐的《旧邦新造:1911—1917》(北京大学出版社2011年版),高全喜的《立宪时刻:论〈清帝逊位诏书〉》(广西师范大学出版社2011年版),凌斌的《从〈清帝逊位诏书〉解读看国家建立的规范基础》(《法学家》2013年第4期)以及杨天宏的《清帝逊位与"五族共和"——关于中华民国主权承续的"合法性"问题》(《近代史研究》2014年第2期)等论著也有相关探讨。

第一，能将不参与革命、不赞成共和之地方暨诸外藩仍包于民国领土之内。第二，无须遵据普及选举法开国民会议。第三，中华民国宪法不必取法于先进共和国宪法。[6]

客观上说，该理论为"契约建国论"打下了理论基础，产生了一定影响，但基于该书内容的构想，更主要的目的，是为自身提出关于民初体制的构想铺平道路，提供一种理论上的合法性。而且在本质上，其背后还隐藏着另一个更深层次的学说，即历史传统论。

有贺在任职顾问期间发表的各种言论中，"历史传统"是经常出现的关键词，强调一国在进行立宪改革的过程中，首要考虑因素，不应是西方的宪法理论或既有模式，而是一国自身法制发展的历史传统。

无论何国，其制定宪法均不能置其国之历史于不顾。盖现在国家权力之关系乃由其过去之关系发展而来，非分析其过去，则莫由明现在之由来。徒采取外国之现在，而编纂宪法则遗祸将无穷。故同是立宪国，而其国中之治权，颇有参差不同之处。民国自武昌起义，至召集国会间，其统治权移转之次节，大与他国异其历史，则将来民国编纂宪法，亦当与他国宪法不同。[7]

无论何国宪法，一律不得与历史相离。现在国家权利之关系，乃从已过之关系自然发展而来者也。以故，先将已过之始末，根由分解剖开，以明现在之所以然。然后确定将来国权编制之基础，实不易之道也。若将本国之过去置而不顾，仅观外国之现在，操切从事宪法之编纂，深恐法理上无须采用之规条，亦一并采用，致遗后日莫大之祸源，亦未可知也。[8]

---

〔6〕有贺长雄：《观弈闲评》，1913 年 10 月校印本，第 13 页。
〔7〕《有贺博士对于制定宪法之意见》，《宪法新闻》1913 年第 16 期，宪史第 1 页。
〔8〕有贺长雄：《观弈闲评》，1913 年 10 月校印本，第 1 页。

可以说,有贺之所以能够巧妙抓住民国成立史这一视角,主要是因为其本人宪法理论中,早已形成了这样一套基于历史传统的观点主张,具备该特征的宪法理论体系,则未免不令人联想到19世纪在德国兴起的历史主义宪法学流派。

《观弈闲评》第二章至第九章,是有贺对宪法体制构建过程中的一些重要问题进行阐释分析,并提出自己的解决方案,主要是关于大总统的任职条件、职权地位、国会的构成和职能、内阁组成以及中央和地方制度等。

不难看出,有贺阐述的立足点是政体模式之确立。本书的基本出发点,正是为民初中国这一崭新的共和制国家,设计一种别样的政体模式,即所谓超然内阁制政体的构想。他特别强调,该模式是特意为民初中国度身打造,在设计时不是以美国总统制或法国内阁制等既有模式作为参照的蓝本。

> 我觉得有一部分人士却无视这样一件清楚的事实,主张民国的建立,要沿袭美国独立和法国大革命那样的道路,殊不知民国民主共和的历史和美法两国不一样,并非一定要模仿美法两国的做法,真的还不如下工夫设计一套适合中国国情的制度为好。[9]

所谓超然内阁,顾名思义是基于"超然主义"施政理念的一种政体模式构想。一般而言,"超然主义"是指明治政府在宪法典颁布初期推行的一种施政方针,代表人物是黑田清隆、伊藤博文、山县有朋和都筑馨六等。尽管这些人倡导的立宪理念各有不同,期间还发生过关于"超然主义"的论争,但均排斥政党政治和国会的主导作用,期望的是天皇不亲政和大臣辅弼制度。[10]

有贺主张确立的超然内阁政体模式,正是以"超然主义"施政理念为基础,或者说是为该理念进行学术上的理论背书。该模式形式上有内阁制的框架,但实质缺乏内阁制之精髓,内阁组建、政策拟定与施行,均不受国会及政党的制约,甚至连内阁成员的地位职权,也是超然于国会及其所属政党等。

---

〔9〕有贺长雄:《北京滞在中の余の事业》,《外交時報》1913年第210号。

〔10〕周颂伦等:《文明视野中的日本政治》,北京:生活・读书・新知三联书店2017年版,第231—233页。

大总统先行决定政治方针，不问国会内外之人，但有愿依此方针，行其政治者，则举之组织国务员，至其方针之当否，一归国务员负起责任，虽有时出于不得已，更迭内阁，然未必因国会失多数之赞成而以之为辞职之准绳，考其政治方针之成绩何如，征诸国内舆论之向背何如，大总统独断特行，而使内阁更迭，是为超然内阁组织之大概情形也。[11]

换言之，内阁成员完全由大总统任免，并对大总统负责，而且大总统政治地位十分稳固，总揽统治大权，却不必直接承担政治风险。另外他还写道：

民国将来如何人物充为大总统，在未可知之数，若现在订立如美国之宪法，使凡庸之士，当选大总统，则国被其害必矣。又若订立如法国之共和组织，即使大总统为不世出之英杰，亦无用其能力之余地。若夫，超然内阁组织，大总统能得人杰，国家固得利益，即使不得人杰，国务员负责辅佐国家，所受不利，亦属无几。就民国视之，将来形势不可逆料，若采此伸缩自在之组织，尤为策之得宜者矣……是以大总统为人活泼有为，如卢斯福，然则可自行筹划，立定方针，将此教示国务总理；反之，大总统为人敦厚，如卢伯，然则凡百政事委任国务总理，但垂拱以治而已。[12]

该政体构想的运作模式是：虽然大总统掌握并决定统治大权，但不负责直接施政，由内阁负责并承担政治责任，这样运作的最大优势，是可以保证元首地位稳固，也可以避免因元首个人能力强弱而导致误国的风险。可见该模式构想与明治宪法体制的特征如出一辙，恰好贴近伊藤博文等推崇的"超然主义"构想。[13]

---

〔11〕有贺长雄：《观弈闲评》，1913年10月校印本，第44页。
〔12〕有贺长雄：《观弈闲评》，1913年10月校印本，第49页。
〔13〕明治宪法制定时起，作为"现人神"的天皇就不被期望成为统治大权的实际拥有者，也不被期望介入复杂的政治纠葛。明治宪法体制就是借助天皇这一日本传统政治文化而建立起来。明治宪法的设计者们发挥"旧瓶装新酒"的政治艺术，是尽可能化解宪法制度在实施过程中的阻力，使敌视力量不得不暂时蛰伏在天皇的精神权威下，新制度在传统文化的庇护下也获得最大程度上的接受。魏晓阳：《制度突破与文化变迁：透视日本宪政的百年历程》，北京：北京大学出版社2006年版，第79—80页。

在某种意义上，明治维新的性质，也暗示了天皇本人不被企盼为实际亲政的主体。关于这点，早有学者指出，推翻德川的理论是要恢复天皇的直接统治，但实际不真正希望天皇亲自统治，是为了使大臣们的决定生效。[14]

尽管该政体模式下，总统同时具备超然性和统治权两大特征，却不拥有天皇那种可以超越法律的权威。进一步思考，则可发现该政体模式构想的背后，还隐藏了烙有明治体制鲜明特征的两大原则，即元首无责任和大臣负责制之相辅相成。

可以说，有贺关于民初中国的体制构想，不过是将建设立宪政体的参照视角，从当时的共和制国家，转移到了君主制国家上，而且在君主国的立宪政体中，将其母国体制作为直接效仿的对象，其实是新瓶装旧酒式的"理论付诸之于实践"，该模式构想归根结底还是有贺本人关于明治立宪的阐释和憧憬。

二

有贺在赴任顾问前，对晚清立宪改革已有所关注并发表过一些评论文章；更重要的是，与清廷的预备立宪活动有过两次交集。第一次交集，是帮助1905年五大臣出洋的端方等人代笔起草考察报告；第二次交集，是1908年至1909年期间，为达寿和李家驹等清廷考察团讲授宪法课程。

通过达寿等人在日考察的行程表，可以看到最主要的"取经"渠道，即听取伊东已代治组织的讲师团集中授课这一方式。有贺是这次讲师团中的宪法课程主讲，为考察团讲授的宪法理论及改革主张等，对清末立宪政策拟定产生一定的间接影响，有学者写道：

> 有贺长雄对清政府预备立宪的主要建议是建立责任内阁制。他所说的责任内阁制，并非议会政党政治下的责任内阁制，而是模仿日本的二元制君主立宪制。在这种制度下，立法、行政、司法三者的制衡关系被扭曲了，过分突出内阁的行政权，而无论是行政权、立法权还是司法权，最后都由天皇统揽，形成所谓的"大权政治"……从考政大臣奏折以及官制编纂草案来看，基本上采纳了

---

〔14〕赖肖尔：《日本人》，孟胜德等译，上海：上海译文出版社1980年版，第82页。

有贺的主张。[15]

　　由此可推测，所谓"责任内阁制"建议，即有贺在华担任顾问之际所提超然内阁政体的模式原型，进一步考察其于清末发表在日本《外交时报》的一些文章，则可以进一步确认上述这一推测。[16] 换言之，关于民初中国的宪法问题，有贺在来华赴任前，其实已经有了一套粗具雏形的理论构想，例如 1912 年他在早稻田大学的演讲中说道：

　　　　首先，考察中国四千多年的历史可判断中国不是一个法治国家，而是一个伦理国家，历代统治者都试图建立一个人际关系融洽的社会，伦理是其统治的基础。所以，中国人向来都崇尚古代，期待圣人的出现，希望出现几百年一遇的伟人，建立一个理想的社会，以德行征服民众，使国家团结。这点特征与西方社会截然不同。其次，从这样的国情出发，共和制也好，君主立宪制也好，都不适合中国。将来，如果出现一位非常有德行的人，这个人带领人们，使整个社会逐渐形成道德高尚的风气，然后团结一致，创造出一个合适的政体。所以，我觉得必须要出现那样一位圣人君子才行。至于这位领袖被称呼皇帝也好，大总统也罢，并不重要，关键是能带领中国国民创造出一套适合中国国情和历史传统，并能永久维持下去的政体。[17]

　　上述这段话，暗示了有贺憧憬的立宪政体模式，即在"历史传统论"基础上融合"元首无责任"和"大臣责任制"原则的构想；具体而言，是在古代中国的传统政治基

---

〔15〕孙宏云：《清末预备立宪中的外方因素——有贺长雄一脉》，《历史研究》2013 年第 5 期，第 115 页。

〔16〕这些文章散见在有贺长雄担任主编的日本《外交时报》上，他认为清政府始终未能使清帝置于超然地位，导致清帝在最后不得不承担失败的政治责任，不仅清朝政权遭颠覆，还使延续两千多年的君主制退出了历史舞台。署名发表的文章例如《清国政体の前途》（1906 年第 105 号），《清国内阁制度改造の機至る》（1909 年第 143 号）,《中清动乱に对する我官民の態度》（1911 第 168 号）和《革命军独立の承认》（1911 年第 170 号）等。

〔17〕有贺长雄：《大聖人の出现を待つのみ》，《早稻田講演》1912 年第 12 号；转引自熊达云：《有贺长雄と民国初期の北洋政権との関係について》，《山梨学院大学法学論集》1994 年 6 月第 29 号，第 11 页。

础上,添加日本明治体制的天皇超然地位和大臣辅弼制等元素。那么,有贺关于明治体制的阐释,又是何时开始发端于何处,要解答这些问题,则有必要追溯其早年的学术生涯。

1889 年明治宪法典颁布后,日本本土知识精英纷纷作注解,近代意义上的宪法学应运而生。约从 19 世纪 90 年代到 20 世纪初,以有贺长雄、穗积八束和一木喜德郎等为代表的第一批研究者,该学科领域持续耕耘,使宪法学从最初的文本解释学,转变为带有理论学说性质的专门研究。纵观有贺生平出版的著作,在 1889 年至 20 世纪初期间,大多数还是宪法学的相关著作,而且区别于同时代穗积八束为首的主流学说,自有一条循序渐进的研究路径,构建起了一套相对完整的理论。

有贺的理论体系,主要由五本著作搭建而成,分别是:《国家学》(1889 年)、《帝国宪法讲义》(1889 年)、《日本古代法释义》(1893 年)、《行政学讲义》(1895 年)和《国法学》上下册(1901 年)。[18] 首先来看《国家学》这本书,这是对国家普遍性理论的研究,集中阐释了他对何谓立宪国的观点;然后是《帝国宪法讲义》一书,针对明治宪法作的注解,主要是对伊藤博文著《宪法义解》观点主张的一种再阐释,目的是为"超然主义"理念做学术背书;三是《日本古代法释义》一书,从法制史研究视角出发探讨日本法制的演变及特征,着眼点是挖掘和重视本国的历史传统,也是其理论体系最重要的特征所在。

接下来是《行政学讲义》,该书的篇幅最多,内容包罗万象,涵盖国家治理的方方面面,阐释行政机关及其行政权限的范围,强调行政权在体制的主导地位,可见其理论关于行政的定义和作用之重要。最后是《国法学》上下册,关于日本自身国法的系统研究,从历史传统挖掘日本的国法精神,对明治体制理想中的运作状态提出了一套设想和阐释,该书也标志了理论体系的基本构建完毕。

从 1889 年出版《国家学》和《帝国宪法讲义》,到 1901 年出版《国法学》上下册,有贺耗费十余年建构起自身理论体系。前文所述"历史传统论",正是该体系的基本学说,主张一国在立宪改革过程中,首要是挖掘自身历史传统,探讨自身法制的

---

[18] 这五本书均收录在日本信山社推出的"日本立法资料全集",其中有《国家学》(信山社 2009 年版)、《帝國憲法(明治 22 年)講義》(信山社 2003 年版)、《贈訂日本古代法釈釈義》(信山社 2010 年版)、《行政学講義》(信山社 2008 年版)和《国法学》(上下册,信山社 2009 年版)。

演变轨迹及特征,强调法制传统的特殊性和政治体制的民族性等。

> 世上各立宪国家均废除了血族和等族的特权,采取公民国家主义,将国民之发达作为国家目的是一致的。不同之处是各立宪国家的宪法体制有很大的差异:一个是延续等族国家的历史传统,君主拥有主权和国家大权,例如日本、德意志、奥地利和英国等。另一个是废除了君主制度,全体国民拥有主权,制定共和宪法,又可分为共和政体,民主专制政体和立君共和政体等模式。总而言之,宪法体制决定于一国自身的历史传统,由于每个国家的历史传统不同,所以世上没有两个宪法体制一模一样的国家。[19]

这套理论体系,从"一般国法学"角度考察,主要构成是国家元首、立法部门和行政部门三大支撑机关的分工与合作。在立宪国,这三大机关有不同的地位和职责,本身也是有机体构造,由若干部分的有机组织构成。

从"特殊国法学"角度考察,是针对明治宪法体制的阐释,主要是对天皇制、内阁与各级行政机关和帝国议会提出自己的想法,从而对整个宪法体制的运作状态作出一种构想,主要特征如下:

第一,反对孟德斯鸠首倡的三权分立学说,主张在元首统揽国家大权的前提下,保证行政权与立法权的相互独立。指出"三权分立"学说已落后于时代,19世纪兴起的"国家有机体论",则代表当时西方最进步的宪法理论。建立在该理论基础上的立宪国,被视作一种灵活能动的有机体构造,本身具有独立意志,可以独立开展活动,有追求目标,一切意志和活动均须符合这一目标等。

关于国家权力的配置与关系,认为司法权应从属行政权,司法事务属于行政事务的一种类型。在国家权力分立上,实际是立法权和行政权的两权分立,而且两权彼此独立互不侵犯,特别要避免行政权受立法权的制约。此外,这两权的职责及关系由元首负责协调和分配等。关于国家和个人的关系,主张先国家后个人,国家的发展优先于个人的发展,如果当国家处于危难之际,个人应该牺牲自己,以保全国

---

[19] 有贺长雄:《国法学》(上),東京:信山社 2009 年版,第 195 页。

家,主张效率优先、国家利益优先的国家主义思想。[20]

第二,反对直接选举和普选制度,排斥政党政治,主张行政机关主导下的精英治国。认为政府应拥有所谓政治权,而且不受立法机关制约。行政机关须拥有独立地位,并可依据自己的意志独立行政,要严格限制国会的作用,排斥政党政治等。

有贺对立法机关极度不信任,主要表现为对众议院忧虑,认为众议院采取少数服从多数原则,最终意志往往是多数党意志,而竞争激烈的政党政治不可避免。对于一国而言,平民永远是占国民比例最大的群体,只能代表短暂的眼前利益,无法代表国家的整体利益,希望国家的政治生活能掌握在行政机关的主导下,实行精英治国方式,避免政府施政被平民意志左右等。

> 政党分立为反对党和政府党,它们经常互相倾轧,这是立宪政体的一大恶弊……政党,是国民最大利益的不完全代表,这种代表未必是积极代表,也可能是消极代表。我觉得政党不利于政府制定长久的大政方针,反而会起到破坏作用。[21]

第三,反对元首亲自施政并承担责任,主张"元首无责任"和"大臣责任制"原则之融合,提倡"超然主义"下的施政模式。

一方面,认为元首作为国家代表,地位必须稳固并要摆脱议会、政党以及政府等政治团体牵连,始终保持政治上的"超脱性";只有这样才能确保政治局面稳定、社会秩序有序以及元首威严等。从这个意义出发,主张采取"元首无责任"原则。

另一方面,认为虽然元首统揽国家的统治权,但实际施政的应是国务大臣。国务大臣由元首直接任免,并对元首负责,不受国会或政党制约,不仅协助元首实际负责施政,还须代替元首承当政治风险。治国失误或违法,需受到弹劾或被提起国务诉讼,并由元首直接裁决甚至罢免。从这个意义出发,主张采取"大臣责任制"原则。

---

〔20〕有贺长雄:《国法学》(上),东京:信山社 2009 年版,第 83 页。
〔21〕同上书,第 346—347 页。

有贺认为，"主权在君"君主立宪国理想的政体模式，是同时采取"元首无责任"和"大臣责任制"原则的政体模式，构建该模式的关键在于元首与大臣关系之处理。

> 大臣完全由元首随意任免。凡是聪明的君主，一定会舍弃自己的爱憎感情，从国家的利益出发，去协调政府和国会的关系；而不会由于国会大多数议员的意见，在大臣任免问题上受到不必要的约束。[22]

可知，有贺关于明治立宪的阐释，名义是"天皇亲政"，但实质还是"内阁政治"，即融合"元首无责任"和"大臣责任制"两大原则；以内阁为首的行政机关，才是国家政治活动的中枢，并非国家元首本人，更不是国会、政党甚至平民群体，这正是伊藤博文等力主推行"超然主义"方针之初衷。

有贺既拥护天皇制度，是日本法制史上所谓"历史传统"坚定的捍卫者，也承认并愿意吸纳近代西方宪法理论的若干普适性原则；譬如将元首看作是有机体的机关构造，须依据宪法及法律的规定行使分内职权，立法机关对行政拥有一定程度的监督权等。

可以说，有贺并非完全否定或排斥自由立宪因素，而是兼采立宪主义和专制君权论的观点主张，是传统君主论者，也是立宪保守派，还是渐进式改革的拥护者。[23]

实际上，不论是"历史传统论"，还是"元首无责任"抑或"大臣责任制"等，均可以在有贺建构的宪法理论体系中找到对应的论述。简言之，所著《观弈闲评》一书，蕴藏着的理论构想，来自于其早年生涯的理论体系，而这套体系的原本指向，是日本的明治立宪；其担任顾问之际针对民初宪法提出的理论构想，是将自身关于明治

---

〔22〕有贺长雄：《国家学》，东京：信山社 2009 年版，第 239 页。

〔23〕近代日本宪法学说史有绝对君权和自由立宪两大派别，前者试图强化天皇大权减弱国会的地位作用，在阐释明治宪法时压缩立宪因素增加专制因素，以穗积八束和上杉慎吉为代表；后者恰是尽可能扩大立宪因素削弱专制因素，使明治体制朝民主政治的方向阐释，以美浓部达吉和副岛义一等人为代表。19 世纪 90 年代到 20 世纪初，穗积八束的学说在学界占据主导地位，而有贺长雄的观点与穗积八束存在一定差异，不仅不能归类到绝对君权流派阵营，其挑战穗积八束学说的论争，甚至还被称为史上第一次"天皇机关说"论争，在学说史上占有一定的地位。

立宪的阐释与期待，通过一番乔装打扮，转移到民初中国的立宪事业上。

三

有贺毕业于东京大学，获明治政府授予的法学和文学博士学位，是明治时代当之无愧的知识精英，尤其在研究领域上，生平涉猎广泛，在社会学、历史学、宪法学、国际法学和外交史学等学科均取得突出建树。从学术生涯的轨迹看，关于宪法学乃至国际法学的研究是中途开始的，其契机是在元老院担任秘书官期间的出国深造。

1886 年 11 月至 1888 年 6 月，有贺以元老院书记官身份，前往欧洲深造，其间在机缘巧合下，遇到了自己的宪法启蒙导师，即维也纳大学的法学教授石泰因。

石泰因是 19 世纪德籍法学家、社会学家和经济学家，被认为是新历史主义学派的代表人物之一。虽然在欧洲学界有一定知名度，但理论学说在当时没有受到足够的重视，甚至还遭到官方排挤，最后从基尔大学转至奥地利的维也纳大学任教直至终身。

但是，石泰因的宪法学说意外地受到日本这一东方国家的追捧。主要原因是 1882 年伊藤博文率领考察团的造访，自那以后，明治政府便掀起了长达十年之久的"向石泰因学习"风潮。

其间，约有数以百计的官员沐浴过石泰因的面授机宜。[24] 1890 年石泰因去世后，不仅驻奥地利的日本外交官悉数参加了葬礼，伊藤博文、山县有朋、伊东已代治和有贺长雄等四十余名官员学者在日本还为其举办了追悼会。[25]

石泰因与明治立宪的关系，中日学界已经有许多研究成果。可以说石泰因的学说，对明治体制的构建产生了许多影响，尤其是对伊藤博文等人的立宪改革产生了一些影响。甚至有学者指出，明治制宪的顶层设计，其实就是依照石泰因对日本

〔24〕徐国庆：《人格与自由：史坦因社会国思想之研究》，台湾国立中山大学博士学位论文，2010 年，第203—208 页。
〔25〕龍井一博：《ドイツ国家学と明治国制——シュタイン国家学の軌跡》，東京：ミネルヴァ書房1999年，第 110—115 页。

的理论构想构建起来的。[26]

但值得注意的是,石泰因关于明治日本的理论构想,带有一定的独创性,并非参照当时普鲁士的宪法体制,是石泰因试图将心目中的君主立宪国模式,投射在明治立宪上,将日本作为自身理论付诸实践的一块试验田而已。[27]

1886 年 11 月起,有贺在柏林大学学习政治哲学、欧洲文明史和心理学等,后转道巴黎大学学习社会学和心理学等。1887 年春,元老院议官海江田信义率团造访欧洲,在伊藤博文推荐下,前往维也纳向石泰因请教。这一次,石泰因精心准备了一个长周期的授课计划,试图将自身学说倾囊而出。

同年 7 月 26 日课程开始。但不巧的是,负责翻译的曲木高配病倒,导致课程无法进展。于是,有贺临时受命奔赴维也纳接手现场翻译,还和丸山作乐等一起记录讲义。9 月 26 日课程重启,直到次年 1 月 4 日结束,这次授课信息量之大,前所未有,隔天一次,每次两个多小时,内容有国家与国民,国家信仰,国家经济,历史传统,国家构造与运作,国家机关的职能关系和日本改革目标等,还有现场答疑环节等。

1888 年 6 月,有贺回到日本后,和丸山作乐整理石泰因的讲义笔记。1889 年 7 月 27 日,宫内省将该讲义笔记出版,但只作为内部资料参阅。同年 9 月 26 日,海江田信义赠权牧野书房,于 11 月 8 日发行,即《须多因氏讲义笔记》一书公开面世。

应该说,这次宪法课程对有贺学术轨迹产生了影响。此后,他将研究领域从原本的社会学和历史学,转向崭新的宪法学。值得注意的是,石泰因的宪法研究也是中途起步,其早年主要研究社会运动和法制史,这两门学科也正是石泰因构建宪法理论的基础。

有贺学成后,开始在早稻田大学等开设宪法课程,使用讲义便是翻译整理的

---

[26] 关于石泰因对伊藤博文产生的影响,中日学界的研究成果如:龙井一博:《ドイツ国家学と明治国制度》(ミネルヴァ书房 1999 年版);伊藤之雄:《伊藤博文——近代日本を創った男》(講談社 2009 年版);周颂伦:《宪政调查及明治宪法的再认识》(《外国问题研究》1996 年第 3 期);赵立新:《德国冯·斯坦因的宪政思想与日本明治宪政》(《20 世纪西方宪政的发展及其变革》,法律出版社 2005 年版);毛桂荣:《石泰因在日本》(《山西大学学报(社科版)》2012 年第 5 期);陈伟:《伊藤博文宪政思想的形成与明治宪法体制的建立》(《史林》2013 年第 2 期);肖传国:《近代西方文化与日本明治宪法:从英法思想向普鲁士·德意志思想的演变》(社会科学文献出版社 2007 年版)等。

[27] 小林昭三:《明治宪法史论》,东京:成文堂 1982 年版,第 206 页。

《须多因氏讲义笔记》一书，随后出版的《国家学》、《帝国宪法讲义》、《日本古代法释义》、《行政学讲义》和《国法学》这些宪法学著作，无不受到该书影响，带有明显的石泰因痕迹；可以认为，有贺从《国家学》到《国法学》的理论建构，主要建立在石泰因宪法理论的基础上，两者具有明显的学术"师承关系"，譬如《国家学》一书序言中写道：

> 该书的内容和思想，主要参考的是先师石泰因博士的授课讲义和行政学著作，我经过反复琢磨，将这套理论应用在日本上。[28]

《须多因氏讲义笔记》一书，有个反复出现的观点，强调"历史传统"对于一国立宪改革之重要性。石泰因认为，不能因为学习欧洲的立宪主义，而忽略了对本国历史传统的研究，认为加强"历史传统"教育对于一国立宪，可以起到积极的效果，有助于振奋国民精神和增强国民自信等，而且要从一国历史传统中，探寻最适合的立宪政体；而明治日本就急需培养这样的法律史学者，从国法演变角度为明治立宪提供参考意见。

不难看出，有贺变成了石泰因期待的"历史主义法学家"，建构起来的理论体系就是以"历史传统论"作为支撑。此外，诸如"元首无责任"和"大臣责任制"等原则，包含在了"国家有机体论"这一学说中，书中也能看到明显痕迹。

可知，石泰因试图在明治日本实践自己关于君主立宪国的构想，明治政府在立宪改革中也在很大程度上遵循了该理论。有贺将石泰因视为宪法学启蒙导师，将研究方向转到宪法学，基于日本历史传统，逐步构建起一套以石泰因理论为根据的学说。但由于明治宪法本身很强的大纲目性质，根据不同的立场意图，可以做出迥异的阐释，既可以朝极端主义蔓延，也可以向自由主义发展。[29]

另一方面，近代日本学说史上，"天皇主权说"和"天皇机关说"是互相对立、此消彼长的流派，宪法典颁布前二十年，先是穗积领衔"天皇主权说"称霸学界；政党

---

〔28〕有賀長雄：《国法学》（上），東京：信山社 2009 年版，第 290 页。
〔29〕武寅：《论明治宪法体制的内在结构》，《历史研究》1996 年第 3 期，第 144 页。

政治发展后,在副岛和美浓部等人的努力下,"天皇机关说"流派最终压倒了"天皇主权说",成为大正时代主流的学说流派。

一般而言,明治和大正时代的宪法学者,均可纳入两大流派阵营中,也存在特殊情况,有贺宪法理论即是显著例外。他是第一批宪法学者,也是那时唯一向穗积公开挑战的勇者,从那场被称为所谓首次"天皇机关说"论争的观点分歧来看,其理论本来有资格纳入"天皇机关说"阵营。[30] 然而深入考察后,可以发现那套行政/政府主导的理论体系,更接近"天皇主权说"流派。随着明治体制在藩阀政治破产后的转型,其中反对议会干政、排斥政党政治等主张,更加剧了其与真正意义上"天皇机关说"流派的观点分歧。

明治宪法颁布后,伊藤等人一度推行"超然主义"施政方针,反对国会干政和政党政治,以保证内阁作为独立施政主体的模式。20世纪初,历史证实该理念不可行并走向破产,伊藤等人不得不重新思考治国之道。然而,该理念却为有贺进行学理化加工,形成别具一格的理论,不仅传承了石泰因学说,也为阐释"超然主义"做出了贡献。

随着明治体制逐渐偏离心目中的模样,于是有贺期待这套构想可以在民初中国产生影响甚至"付诸实践"。但民初历史不会听从这位日籍学者的一厢情愿,所谓顾问头衔也不过徒有虚名。来华初期,有贺对该理论还抱有憧憬,这点在《观弈闲评》书中可以体现。虽然,该书渊源一路可以追到石泰因的《须多因氏讲义笔记》,但令人唏嘘的是,当年石泰因扮演明治体制改革"国师"之风光,在纷乱的民初制宪局势之下,注定不会重现在他的身上。

---

〔30〕鸟海靖:《日本近代史講義》,東京:東京大学出版会1988年版,第10頁。

附录一 《申报》关于有贺长雄报道选编

按:虽然民初有许多各类头衔的外籍专家活跃在中国,但受到媒体关注的却不多,可以说有贺长雄是其中一位佼佼者。因为制宪问题是民初社会舆论的焦点,堪称头等国家大事,宪法顾问一职相较其他头衔更引人注目;另一方面大概是日本人这重身份,中日从清末起的思怨、交流以及不确定的走向,一定程度提升了该人物在民初乃至当下的知名度。

关于该人物在华言行,譬如《大公报》、《顺天时报》、《盛京时报》和《东方杂志》等许多报刊均有报道,但数量和内容均不如上海版《申报》之丰富。笔者选编《申报》的相关报道,收录年份从1912年夏起,大约对应北洋政府将其内定为顾问人选之际,到1921年其因病在东京去世为止。需要说明的是,笔者没有收录该期间所有相关报道,只选编自认为对了解该人物情况、了解民初舆论就该人物评价有所帮助的部分报道,这些文字的标点符号为笔者添加,不免存在一些谬误,请读者朋友批评指正。

1912年8月5日第二版:路透访事得确实消息,袁总统现与著名万国公法学家有贺长雄磋商拟任为民国政府顾问。

1912年8月6日第二版:中政府已聘日本法学博士有贺长雄为司法部顾问,其合同条件与莫理逊博士相同。

1912年8月8日第二版:聘日本公法学专家有贺长雄及前充暹罗顾问现在法国外交部供职之巴杜君任法律顾问,大约二君均将就任至聘,洛基尔君为外交顾问一节,今仍在磋商之中,莫理逊博士已于今夜离京,袁总统并聘用法国陆军中之台斯曼莱统带以为陆军顾问,政府搜集人才以备咨问,足见其力求进步,令人信重不已,袁总统之地位,现日见巩固,大局情形从未有如今日之佳美。

1912 年 8 月 9 日第二版:可必有贺长雄亦未一定受任,中政府此次举用外国顾问,均未就询于顾问员之本国驻京公使,惟中有严望极着之一人,则曾商诸其本国公使,盖中政府抱高尚之态度,以为此系已国内政不必商诸外人也。

1912 年 9 月 30 日第二版:宾英按察使苏玛利君日总领事有吉明君有贺长雄君李佳白君为顾问。

1913 年 2 月 17 日第二版:日本法学博士有贺长雄闻已由中国聘为法律顾问,不日将赴华任事。

1913 年 2 月 22 日第二版:公使现与有贺长雄博士最后磋商,请该博士暂任中政府法律顾问。

1913 年 3 月 5 日第二版:中政府所聘法律顾问有贺长雄已于今日行抵塘沽,明日可抵北京,参议院议员多主请其即行就任,以便草拟宪法时有所咨询。

1913 年 3 月 6 日第二版:有贺长雄今明抵京,特以秦老胡同宪法委员会寓之,该会移东厂胡同。

1913 年 3 月 18 日第二版:袁总统除聘用日本有贺长雄博士为宪法顾问外,尚拟聘用美国博士古德诺及比国博士一人,惟此种顾问之职,任目下殊无关重要云。

1913 年 4 月 10 日第二版:致延误袁总统深以为然,拟再询问法制顾问有贺长雄对于此项意见能否赞同。

1913 年 6 月 15 日第二版:有贺长雄讲演,此次政府提出之中俄约案,系一种国际上之交换文书,不得名为条约,可勿交议今议会,对此重大外交如此,留难恐列国将视举中国办外交为畏途,转生强权之意,甚非有利国家云云。

1913 年 6 月 16 日第二版:有贺长雄讲演宪法已成巨帙,将付印。

1913 年 7 月 3 日第二版:27 日下午 6 时总统府顾问有贺长雄先生,莅国民大学演说选举大总统法,校中职教员到者十数人,学生跄跻一堂,鼓掌欢迎拍照后,演说其略云。

1913 年 7 月 9 日第二版:德人蒙德将军宪法顾问,则日本有贺长雄君,法国巴拉脱君,美国格脱洛君军事顾问,则日本阪西大佐,法国跌司灭列大佐,德国田格万少佐政治顾问,则有英国莫里逊君,司法顾问龙口,英国比葛脱君,比人矿可脱君交通顾问,则日人平井晴次郎君,中山次郎君,法人沙海昂君,此外因借欵条件面来者,审计处有俄人科拉夫君,法人马作君,盐务局有人穆尔君,美人巴尔马君,丁抹羲别尔君,公债局龙伯君,已死面后任又至矣然自我观之,以言宪法,则日法美三国顾问之所见不同,以言军法则德日之主张各异,极其流弊,则外国顾问成为一种外交装饰品面,其裏面仍用中国之旧法,则顾问实成为无用之长物云。

1913 年 8 月 14 日第二版:中政府所聘法律顾问有贺长雄已启程前往北京。

1913 年 8 月 16 日第二版:有贺长雄已乘某船前往天津,路透代表曾登船谒之,据称中国现因国民党分裂,草订宪法较前为易,将来总统之权必较初料为大。

1913 年 8 月 23 日第二版:聘之宪法顾问宪法专家古德诺及有贺长雄君,至毕高德君更不必言,毕君现已应各省代表专会之请,草订宪法使中国四万万人可保永享自由幸福。

1913 年 10 月 24 日第二版:有贺长雄主总统有对于宪法表示意见之权最力,故袁最近表示此等意见甚多,修正约法案,主削去国务员大使公使任命之同意权,主官制官规不必以法律定,主增入紧急命令及财政紧急处分。

1913 年 10 月 29 日第二版:有贺长雄氏语,袁总统谓议员以五百人计,若有二百离京,祇须百五六十人便可推倒内阁,总统即须免其职,否则解散众议院须参议院三分二同意,事实难行,又定议员得为国务员,势必至非议员内阁,则日在推倒之中,而议员亦必内讧,又以少数议员于闭会期内组织国会委员会为常驻机关,虽宪法委员中人,亦谓等于咨议局之常设委员,弊害已验云云,有贺氏尤以国会委员会为奇例。

1913 年 10 月 30 日第二版:日本使署声明有贺长雄博士宣布之宪法持久策,乃其个人之意见,与日政府并无关系,日政府对于该博士之意见不置可否。

1913 年 11 月 9 日第二版:有贺长雄博士由北京抵此,据其语,客云中国宪法根本问题,国会总统之胜败耳,国会胜,则总统对于立法部将无权力,又谓袁世凯实求完全之宪法,俾免引起种种周折,且使行政立法司法三部,得以融洽办公云。

1913 年 11 月 10 日第二版:议定之草案及进参党所拟之草案编为一册,附以有贺长雄所著宪法持久策,并宪法问题答案四十篇,精印一册以供研究,印书无多,购者从速。

1913 年 11 月 13 日第二版:宪法顾问有贺长雄博士之合同已展长两年。

1913 年 11 月 15 日第二版:据北京日报载称,袁总统于有贺长雄博士赴日之前,会请其运动日本舆情,祖助中政府,故该博士将于日本报馆代表之前宣读论文。

1913 年 12 月 11 日第二版:有贺长雄博士由东京启程,前往北京已过此间。

1913 年 12 月 21 日第二版:大抵此次政局上一大事,不须吾人评论,尽有有贺长雄博士为我辈说明,盖此事与有贺氏有极大密切关系,人所共知者也。有贺氏之言,即谓宪法草案,系国民党二种文字革命,而其结束之言,则谓今日国会之成系,由参议院法定而出产出,国会之约法,即系各省都督代表所集议而成,则今日以南京参议院同种类同形式同性质之一机关,另图改造国会,正合于法理此说,即与今日各省通电云互相发明者也。

1914 年 1 月 13 日第二版:又令日本国法学博士有贺长雄给予二等嘉禾章此令。

1914 年 1 月 17 日第二版:主张折衷制者,纯粹内阁制,二年以来之试验,既以为成绩不良,纯粹总统制,在理想上又实有种种流弊,于是有一种学说,拟欲折衷二者之间,弃短取长,另为总统内阁制度,此实民主立宪史中别开生面者也,为此说者,发源于日本有贺长雄博士近日民视报,总统康士铎更着为洋洋万言之社论,以发之至,其办法则系以大权授之总统,仍存内阁之名,以为总统之附属,在政务上虽负完全责任,而任免则出自总统自由意思,不须经国会之承认,盖与议院内阁对待之名词也,故总统而贤固可以运用阁员以襄盛治,否则首相辅弼有方万几,亦无丛脞之虞,现在此派之势力,虽尚式微,然潜滋暗长,实亦独标一帜云。

1914 年 1 月 29 日第二版:总统制之精意,其形式上在废去总理,而其实质则在根本削去内阁制度,此制若行,则各总长于国法上占有国务员及行政首长之两种性质者,当然只存一行政首长之性质,而消灭其国务员之性质矣,如是则将来无论于各部总长之外,是否另设一首长,如美国国务卿之类要之,皆直接对于总统负责,任此各总长之外之另一首长,实等于最高之宦房长兼带一种行政职务者,更无所谓内阁会议,或连带责任之说,如此则将来宪法必须采绝对三权分立主义,行政机关对于国民负责任,决不须对于议会负责任矣,同意权云云更无问题,此制若行,不可谓非吾国立宪史上之一新纪元也。创此议者,或云自川中名士邓孝可,或云自法制局,或云自外国顾问有贺长雄古德诺毕葛德等,今此等说帖已至二十余件之多。

1914年2月24日第二版:共和顾问之资格,大总统组织顾问院已志前报,闻现在定名为共和顾问院,其资格一为有学问者,二为有勋业者,三为有名誉者,四为外国学者,其他则选之于政治会议委员及停止职务之议员也,外国顾问古德诺有贺长雄均主张从速设立云,改设蒙藏部之通过,从来关于蒙藏之政务,概由蒙藏局办理,今其重要之事件,须与国务院交涉,而蒙藏局之权限因之缩小,且于事务之进行有碍,是以对于蒙藏地方之种种设施甚不完备,今闻改蒙藏局为蒙藏部之事,已通过国务会议,其一切官制不久即行脱稿,然须迟至四月中旬方可发表施行,因之该总长亦有变更,消息果属何人尚未决定云。

1914年2月27日第二版:以上所纪为熊内阁问题全体之解决,其他总长之不能随同进退,则自初已无问题也,但自此番更动后有一新趋势为人所不可不知者,即专以财政一部分言之大势,似已渐趋于总统制或总统内阁制,两者孰去孰从,近方讨论大抵古德诺主前说,有贺长雄主后说,而法制局及东洋学派外交部派均和之其最有力者,即谓厉行总统制,将令外交上无回旋余地云云者之说是也。

1914年3月5日第三版:近日总统府中外国各顾问对于总统顾问咨询等机关之设立多所陈述,近闻有贺长雄又拟一条陈,关于高等咨问会设立之理由及其组织权限,其文甚长不及备载,惟其大要,则有数端:中国国民对于宪法上之国论亟宜一定;关于高等咨问会之组织,主张利用旧派中广有声望之宿学名硕,引为高等咨问会员,使取新派起草之宪法草案加以审议,并引日本编订宪法时各顾问员之名氏及其概要以资考镜;高等咨问会之职权一,以审议未来之宪法使适合民间之要求,一以解决宪法上所起之问题,使前后克相一致其理由,大略如此。

1914年3月7日第三版:将必有一种重大机关出现者,即吾早已通报之宪法会议是也,此项会议或将名为共和顾问院乎,或将名为高等咨问院乎,或即名为宪法起草委员会乎,均未可知。要之,必另立一种机关,以任宪法起草之事,其为暂行者乎,则或谓之为委员会,其兼备咨询而为常设者乎,则必称为高等咨问院或共和顾问院等。有贺长雄氏着一论题曰高等咨问院之组织及权限者,余已介绍之于本报,其意殆欲中国仿效日本,设一同一性质之枢密院,除起草宪法外并备各种咨询特不能干预行政之事会员,由大总统任命组织于全国为最有名誉之职,此说如行,可将必须另立之宪法机关,与必须设立之顾问院合而为一,可谓适合于时势要求之主张意者,其殆将决行已乎,闻将来定名仍系共和顾问院。

1914 年 3 月 25 日第六版:顾问院之名称拟定,咨询机关之顾问院设置问题,自英顾问提议并说明应设立之理由后,袁总统深韪其言,已着着为设立之准备,唯关于该机关之名称,各顾问所主张不一,美顾问古德诺氏主张称为共和顾问院或元老院,日顾问有贺长雄氏主张称为枢密院,法顾问某则主张称为参事院,而华顾问之主张更纷纷不一,或曰政法堂或曰咨询院,近日迭经讨论该机关设立之主旨及其性质,折衷各说,已定名为高等咨询会云。

1914 年 3 月 28 日第三版:约法议员主张总统制之派别,总统制与内阁制组织之更易,为增修约法中惟一之问题,惟此问题中,又约分若干派,其将来果归结于何派之总统制,实吾辈亟欲得闻者,兹悉现在约法会议议员对于本问题之主张约分三派:

不设总理派。此派之主张以国务员既对总统负责任对议会不负责任,则总统与国务员之间不必再有总理为一总会枢纽,且对于国会亦不必用一总会员负责任之人,其性质可近似一种事务官,于中央特设一中书省或承务厅,而于国务员中选一人掌管承传文件已足。

兼设总理派。此派之主张全以美国政府为模形,以总理不必专设,而仍可存总理之名于国务员中,择其适宜者定为当然兼摄总理之人,如美国以外务长兼摄总理,我国不妨以内务总长兼摄总理盖,此派之主张以国务员虽应对大总统而负责,然国务员中仍应有总理之名以统一其事务云。

特设总理派。此派之主倡原以有贺长雄氏为最早近日主张,此说者京渐加多,以内阁制与总统制之异,不在有总理与无总理,乃在总理等对谁负责任而已,内阁制之坏亦不在因有总理之故,乃在总理不能与总统生绝对之关系,而已今去内阁制而改用总统制,不必将总理亦行排去,只使国务员对于总统负责任对议会不负责任,则可得完全总统制之利益,且法制上虽使国务员只对总统负责任,而处置政务万不能不受事实上之攻击,留此总理更可为事实上之缓冲地,亦最有利益者云。

以上三派在第一派之主张极占少数,故势力甚孤,万难见诸事实,第二派与第三派会员中各不相上下,而第三派尤见多数,将来此派或得成为事实,亦未可知。

1914 年 4 月 9 日第三版:有贺长雄之条陈,近日政介中人有提议,俟约法会议告终之日,将政治约法两会议之议员合并组织一共和顾问院,即高等咨询机关,各节已志前报,兹闻总统府顾问有贺长雄氏对于此节近又拟一条陈,于昨日上诸大总统,其内容系说明该院之权限宜有以下所列数项:解决立法行政之重要问题。答复大总统之咨询案件。宪法起草及审议。解释宪法与其附属法以上均经总统饬交法制局俟该院制革案时斟编入云。

1914 年 5 月 18 日第二版:昨北京某外国机关报着论标题为外国顾问之待遇,政府宜重用客卿,本报曾一再言之,乃近闻政府所聘各外国顾问,其中有大发牢骚者,谓无论编定何种条例施行,何项政治稍关紧要者,概不得与闻有顾问之名,无顾问之实,故不免怏怏云。此言信然耶,抑有所为而发耶,他不具论,若以政治方面论,吾人无不以古德诺博士(美人)及有贺长雄博士为在中国占重要之位置,于中国政局之转捩实为有大关系者,先事发表政法上之意见,其意往往踪发表之后而历历实行,实行之后此二博士者又必有相当之意见为之解释,远事不论,即如最近参政院之组织,近方在约法会议讨论之,中国无人不知为脱胎于有贺氏之著书,曰高等咨询委员会之组织及其权限者,约法方发表诸外报论调不能一致,辄时有不满意之言,而古德诺氏近方着一长论,曰新约法者遍登各报,颇加诠解于吾国论大有力量,窃以为一外国学者而于人国政治方面占如许发言之实力学者,遭际中所不多见者也,有贺博士聘用期限本早已大总统辞职,大总统皆力加挽留,见美国敖特鲁克杂志所载,古氏将解职而任嵩布司金校长之职,将于本年 10 月 1 日赴任,则吾人送此名誉之学者出中国之日不远矣,该志所载颇详,因嘱社员译出而稍润色之如下。

1914 年 5 月 27 日第三版:中外顾问今后观,阁制变更后总统府顾问即随秘书厅而消灭,顾问中不乏干练之才,军事顾问如徐绍桢为毓宝,等已在元帅统率处侍从武官处派有差,使其政治顾问一部委充侍从文官一部分,派为政治讨论会议员,惟外国顾问如有贺长雄古德纳等,均有聘用合同,既未便变易,其责任更不能改换,其名目故顾问厅,仍未裁撤为洋顾问办事之所,惟该顾问等近来于职务上益为勤劳,如古德纳之新约法论即系展露其抱负也。

1914 年 6 月 9 日第三版:政事堂参议生活,余最近颇略闻之期大宗,以与古德诺有贺长雄诸顾问讨论法律上事最多,有时审议法令则大总统所特交者也,各部公事之呈总统者总统,或批交法制局,或批交政事堂参议政事堂,亦有自行议订之案,如奖学基金案,其最有名者也,又有古德诺提议官吏养成所之案亦在审议中。洋顾问有贺长雄与古德诺二氏,日内将行回国,而于未回国前对于我国犹有未了之心愿,日前上一条陈请设行政学堂,此项学堂专意制造官吏者也,有志作者必先考入此学堂,毕业后方准入官,总统接到此项条陈极为嘉赏,当交下参议厅核议各具说帖,说明其赞否兹悉参议五人赞成者惟吴朝枢一人,其四人皆极反对,吴朝枢赞成之理由,谓中国人多喜欢作官,若设行政学堂,惟入此学堂方有作官之资格,其余不入学堂自然断绝其希望,或者奔竞钻营之风可以少息,其理由可谓滑裕之至,总统阅看五参议之说帖,见赞成者只有一人不胜叹惜,谓人皆言日本国家富强,不知皆因其能采取欧化故,若中国人究不易渐入欧化,虽有良好制度亦必被反对者所拒绝云云。

1914 年 6 月 30 日第二版:有贺长雄氏所上关于内务部严行剪发令之条陈袁总统已交内务部核夺。

1914 年 7 月 3 日第三版:有贺长雄博士拟于日内回日,古德诺君亦将于 8 月间回美。

1914 年 7 月 12 日第二版:有贺长雄上书袁总统,请展长总统任期,恢复各省自治制,宣布大赦党人令,而对于宪法复多所建议。

1914 年 7 月 25 日第二版:学术评定会不日成立,委员十人中有三外国人,有贺长雄居其一。

1914 年 8 月 8 日第二版:又令派韦罗谨、有贺长雄为学术评定委员会委员,此令。

1914 年 8 月 27 日第二版:闻中立局将为独立机关,以宪法顾问有贺长雄博士兼充该局顾问,有贺长雄博士素主亲华中政府,此举可谓得当。

1914 年 9 月 1 日第六、七版:有贺长雄之青岛战争谭,中国政治顾问日本有贺长雄氏,请假归国已历数月,顷因欧洲战事发生,吾国关于中立事务需人孔急,曾电请有贺氏来京,敦促再四,有贺氏颇迟迟其行,顷闻有贺氏忽束装就道,已于昨日抵京,似于中国外交上有可注意者在也,兹据亚细亚报云,日本新闻载有有贺氏在神户与某访员之谈话一节,颇有足供参考者,兹译述之如下:有贺氏云,近今因于德国挑发的行动极东平和为之扰乱,至通商航海之安全亦不可保,日本以东洋和平及中国领土保全为目的,以求日英同盟精神之实现,其对于德国与以最后之通牒者固然之措置也,日德谈判之结果,国交终于断绝,日本乃加入于交战,其战局之发展至不能限于德国租借地以内,而中立国之中国领土亦为与交战权之所行使者,或为不可避之事,然因是而中国之中立,究竟侵犯与否遂成问题,据海牙平和会议之宣言,凡武装战斗员之上陆,或通过于中立国者固,皆为侵犯中立,然装用日俄战争日兵在满洲上陆之例,则其事若得中国政府之许可者即无妨也,且今日日德开战其目的,在于保全中国领土维持东亚和平,尤为名正言顺耳,若以违犯中立为词,则如德国在于青岛驱中国之人民,以从事于防守之使者,其谓之何云云。

有贺氏谭话之关系,中日议定书之为谣传,各方面方力为解释,而有贺长雄乃有神户访员之谭话,此谭话中中立侵犯与否,海牙会议宣言遵守与否,均彰明揭出至其主旨则仍以中政府许否,为断然则有贺氏之所以急急回京,其底里盖可想见矣。参政院谈话秘密,又秘密外交当局声明,又声明而有贺氏闲一话于个中进行之底蕴,所以为烘云托月者雅不为鲜,从此推之,曹次长谓现在尚无此项交涉参政院密议,历两小时之久,其间线索又岂不历历可寻,今且勿问日报纸之谣传与否,有贺氏之遄返与有关系否。我所希望于当局,惟是永固我中立之诚心,勿自外于海牙宣言之保障,无论何交战国一以持平之态度处之,斯一切无稽谣喙,自将不禁自绝,又何鳃鳃焉,为之解释兢兢焉,为之秘密以徒自取烦恼为苟不然者,强抑制于一时终难尽掩饰于事实,而异日人民之信用国家,且将若何中国中立之前途又将若何,此盖不可不通盘议计者也。

1914 年 9 月 2 日第二版:令前美使公府顾问柔克义来京以备咨询,有贺长雄并未参预中立事宜之顾问,以其为交战国之一人。

1914 年 12 月 29 日第二版:日顾问有贺长雄忽然来华,似奉秘密使命,是信确否不得,推若有贺长雄之来华必非虚构也。夫有贺氏之来来之数矣,前此之来不闻有疑,其奉使命者,而此次独疑之,其故何欤,盖以今方为中日间之浮说屡传布也,浮说之传布虽不足信,而其原因必有所来也,虽然姑勿论其秘密使命之事,确否祇就秘密使命以言使命,余谓中日间不应有此一事也,盖中日间之亲睦势所应然,苟命而为亲睦也者,何秘密之与有苟使命,而非亲睦也者,则不秘密与秘密有何别,今日之中国断断不宜与人有秘密关系之时,即丧地失权亦不妨公开之也,我中国人与日本人以为何如,我中国政府与日本政府以为何如,故我愿其传之非确也。有贺长雄忽回华似有秘密使命者,特派唐在礼往接。

1915 年 2 月 26 日第三版:有贺长雄昨已回国,日后袁总统需其解决重要事务时,仍将来华。

1915 年 2 月 28 日第六版:总统府顾问日人有贺长雄,定 24 日返日,闻局中人言此次返日,由于有贺氏自愿担任疏通中日意见,藉以调停两方面交涉之争执。闻陆总长拟于日内邀集京内各报馆记者到署接洽,以疏通意见订,于今日即以此意禀明总统俟得总统允准即行办理。

1915 年 4 月 4 日第二版:青岛问题已定俟,欧战结局后再议,惟取消出东战区一事将于下届会议讨论,按中政府去年宣言,画定山东战区及今年宣言取消,皆出于政治顾问有贺长雄博士之主见,致引起日本之要求,而该博士今仍在东京居间调停,此事大堪玩味,青岛税关争端不日当有切实之解决。

1915 年 5 月 18 日第六版:触乃日本公使虽知中英成约,仍屡迫中国承诺,此项要求中国政府以为既有成约在先,自无从商议也,至要求聘请有力之日本人为政治财政军事顾问及教习一节,查中国政府聘用顾问之政策,当与日本政府所业已采用之政策相同,即择有资格最合之人,而不问其国籍是也,中国之聘用日本顾问,以博士有贺长雄为最早,后又聘用平井博士为交通顾问,中山龙次君为电政顾问,足见中国政府深愿利用著名日人以资臂助,惟日本要求须在最重要之行政三部分,聘有力之日本顾问,并要求合办警察及约购定数军械与合办军械厂各问题,此则中国政府以为均系侵及中国之主权,无从考虑职是之故,中国政府于开议之初,即声明不能商议,嗣因尊重日公使之意愿,中国政府代表允将所以不能商议之理由,剀切说明。

1915 年 5 月 29 日第二版:有贺长雄博士昨由门司启行前赴北京。

1915 年 6 月 2 日第二版:袁总统宪法顾问有贺长雄博士昨日抵京。

1915 年 6 月 30 日第六版:八参议请实行宪法,政事堂八参议近顷共上一条陈于总统,由林长民氏主稿此条陈,系请实行立宪以定国是,大致谓宪法为国家之根本,不立宪则国家政治无统系,即不能至富强云云,条陈上后总统极为动容,当即亲批数字深与嘉许,又谓现行约法与宪法有同等效力,该参议等如见现在政治有与约法抵触者,许其随时指陈,并将命参政院选举数人即起宪草,又闻政治顾问日人有贺长雄氏亦上一说帖于总统,请速宣宪法并于明年年底召集国会,又美国古德诺博士新返京应聘亦为参与此事云。

1915 年 7 月 7 日第二版:袁总统宪法顾问有贺长雄博士已辞职。

1915 年 7 月 9 日第六版:宪法起草之筹备进行,宪法起草委员昨已经参政院正式推出,闻此项委员推出之前,黎院长以宪法直草关系国家根本,关于人物之选择曾与总统详细斟酌,闻起草委员会应设议长一席,其人物已内定,以李家驹氏充任,故昨日参政院推举此项委员时,即以李氏之名次居首,闻总统于宪法之草极为注重,惟恐我国之人于法学犹有未能精深之处,故于古德诺及有贺长雄两博士颇为倚重,将来宪法问题之咨询于两博士者当不为少。昨日举起草委员将曾彝进王世澄二氏推出者闻,即为便于与两博士接洽之故,盖曾为留日学生与有贺氏相处已久,王为留欧学生与古氏亦接洽有素也,有贺氏对于宪政问题前已有种种条陈,古氏则尚在美洲,闻当局顷已有电催共迅即东来矣。委员中之汪荣宝氏现尚在欧洲,闻不日即将回国,盖由比利时领土全失,已无使事可办,所有一切照例事件将由驻法公使兼办,故汪氏即可回国从事起草也,凡起草之手续必须由数人分担,章节或公推一二人执笔,差将来执笔起草者,大概多为年富及专习法律之委员,其声望高而年辈老者多居于参酌讨论之地位,又闻此次被举诸人拟于日内先开一筹备会,讨论一切进行事宜,如汪君一时不能到京,或先将委员会组织成立,惟此项筹备会尚未确定日期,将来该会起草之地点是否仍在参政院抑,或请政府另行指定地方均俟开筹备会时再行决定。

1915 年 8 月 25 日第三版:有贺长雄已抵京襄助草拟宪法。

1915 年 8 月 28 日第六版:北京社会中之筹安会观,筹安会之近况自筹安会发生后,一时人心颇为不安,即对于筹安会之本身问题,亦复纷纷致,其揣测昨有谓政府亦拘拘法律将令其解散者,又传该会下星期仍将开成立大会者以上。两博士之来去,古德诺博士发表长篇论说,后即拟起程回国,嗣经筹安会极力挽留,请其指示一切,故不得不暂驻行旌。兹闻定于明日出京取日本回国,同行者尚有赴美留学生万兆祉云古氏行矣,古氏之忠告吾国民果作若何之感想耶,又北京某英报云,近日北京报纸纷纷载有贺长雄博士日内将回中国,有谓唐在章已至奉天欢迎者有谓于两星期内可抵北京者,大约到京之期必不远也。

1915 年 12 月 25 日第七版:古德诺君宪一言为中国帝政发起倡,有贺长雄外虑一奏为中国帝政告成助,此两博士可称互相辉映矣,称外臣固常事,所异者有贺氏曾发反对古德诺之君宪论,而今竟首先称外臣,日本为倡议反对帝政警告延期之国,而有贺氏竟首称外臣,故此外臣之称在中国今日不可谓非称臣称奏中添一异彩,而在日人则必不愿闻也,日报所以诋之为怪博士欤。

1915 年 12 月 28 日第三版:有贺长雄博士上袁总统之谢恩折,已经都下各新闻揭载并加激烈之批评。

1915 年 12 月 31 日第六版:国体问题之各面观,爵赏问题之讨议公府,某顾问现拟就对于爵赏意见书一件,略谓建设伊始论功行赏,分别授爵诚开国时酬勋之要举,惟封爵过多易启人民轻视之心,且若皆得世袭,则中国将成为贵族制之国家,盖旧封者固继续承袭,而新封者复未有,已时不特人民对于此项年俸之负担日益加重,而阶级既分特殊势力之渐趋庞大亦所难免,请加以郑重云云。又闻政府以外国顾问,如古德诺有贺长雄等,亦等将来论功行赏所必及,惟应如何封赏之处,非慎重议定不可,昨特提出议案饬大典筹备处讨论决定陈请施行,闻爵位既然不可施诸外人,有将另订定一种勋章颁给之说。

1916 年 4 月 16 日第六版:独立声中之帝制人物行动,梁士诒反对议会政府会议规复省议会一节,曾经政治研究会屡次讨论,主张最力者为孙宝琦氏,至谓今日人民想望参政,几如饮食男女非规复地方议会必不餍人民之愿,洋顾问如韦罗勃、莫理循、有贺长雄等,现皆赞成之梁士诒独主张,改设道议会而反对恢复省议会,其所持理由,因恐有民动以省之名义对抗中央也。

1916 年 6 月 12 日第二版:9 日午后黎总统接见洋顾问莫理循、有贺长雄、韦洛碧与纽约远东部总理精琦,闻黎总统温语有加以得学士而备咨询为乐,略谓诸君具专门学识,余极愿获取诸君教益中国。事废弛亟待兴革,一切新政端赖外顾问相助为理,又略言关于兴革之意见,行政当拥护法律之尊严,并拟极端增进普及教育,因国民如不得教育,则无真正兴革可言,他如振兴实业便利通施行卫生新政三者,皆为行政中之大计,至于陆军则普及教育实行后国家自可得优美军人,且交通便利政府调派军队朝发夕至,可无须以大批队供巡辑地方之用云云。

1916 年 6 月 25 日第六版:约法国会两问题之周折,6 月 19 日英国莫礼逊、日本有贺长雄、美国韦罗比三顾问上书总统,请实行旧约法,其文云中华民国大总统鉴顾问等窃信中国自主之国民皆主张按照南京约法建设政府,请总统即颁明令由国务卿及各国务员等署名承认完全实行南京临时约法,遵照约法从速召集国会,则不特可制定各种必要之法律,且可着手制定永久之宪法,顾问等对于此项急务谨进忠言,庶和平可以恢复,而全国可谋永久联合统一云云。

1916 年 7 月 19 日第三版:日顾问有贺长雄昨由宁赴沪,闻贺代已请假两月回国。

1916 年 11 月 10 日第二版:有贺长雄又到京。

1917 年 2 月 14 日第二版:昨晨举行纪念祝典毕,仍集阁员全体开外交特议,汪大燮、陆征祥、曹汝霖、外宾莫理循、有贺长雄、韦罗贝等均列席,至午始散,决定第二步办法,日内当约日英俄三使为正式之商议,预料国际间或将有新发展。

1917 年 2 月 23 日第六版:外人顾问会议,此会议以议客卿,如外交顾问莫理循,宪法顾问有贺长雄,与温若秘财政顾问哥若伯慈诸氏,均绸罗之以便临机。

1917 年 2 月 27 日第二版:北京日报云,有贺长雄、莫礼逊、韦罗贝昨日公递意见书致中政府,劝中国加入协约,并条陈中德宣战后之办法。

1917 年 3 月 26 日第二版:外顾问莫理逊、有贺长雄、韦罗贝、科德佩多等合上说帖署,称德领裁判权不妨暂由荷代,但宜设定范围有关中国治安之案,应归中国组织特别法庭审理,并适用中国新刑律,于于刑律以外须保留可以随时提议增加罪名之权,至中国刑事诉讼法,宜速译欧文以便外人共觌政府采用,故德领裁判权问题,即本此意如昨电决定。

1917 年 3 月 27 日第三版:德领裁判权问题议决,当此问题解决之时,有外国顾问莫理循、有贺长雄、韦罗贝、利德佩多等五人署名上一说帖于国务院,亦主张暂不收回且言在荷领代理权范围内,另行提出之罪名于中国治安有关应归特别法庭审判者,可以适用中国新刑律,并谓中国应保留权限可以于新刑律所指之罪名以外,随时提议增加罪名,又谓中国之刑事诉讼法能否适用外人不得而知,希望政府将刑事诉讼法译成欧文以便外人得以共觌云云。政府决定此问题之方针,此项说帖或有力先是政府对此问题一面咨询各外国顾问,一面曾令司法部筹议办法各外国顾问之意见。

1917年4月2日第三版:德领裁判权,其初国际政务评议会及司法部之主张,依据法理自以收回为当继有外国顾问莫理循、韦罗贝、有贺长雄等之说帖,则主张依案情之性质关于我国治安者,由我国自行审理,其余仍交荷兰领事代为行使,国务会议讨论数次以悉数收回:恐行之太骤。万一不慎反足碍将来之收回,故亦采折衷之说,而定一特别条例内分四节,今日国务院公文已转外交部,所谓条例之内容以未达宣布期间未便具体记述大约所列如左。

1917年5月8日第三版:政务评议会讨论两要题,昨日国际政务评议会循例开会,闻所讨论者有两项问题,一为宣战时应否宣布捕获法及设立捕获审判所,此事外交顾问莫理循、有贺长雄等五人曾递一说帖,内称捕获法专为没收敌国船只,而设逆料太平洋海面决无敌船来往,而在中国内海之德国船只,已经中政府收容对于此种船只,只宜适用海牙平和会议规则,或以有代价而征用之,或以无代价而保保之不能没收云云,故该会讨论认捕获法及捕获审判所无宣布与设立之必要。

1917年6月10日第二版:今日下午二时公府邀外国顾问莫理循、有贺长雄等研究解散国会是否违法,因各省以约法并无不得解散之文,既为法律所不限制即可解散,顷三时各顾问正在府集议。

1917年6月11日第二版:张勋要求解散国会期限10日止,但,9日晚黎仍未决,外顾问有贺长雄主张政治解决可以解散,莫理循反对之,伍亦不愿副署,果决定解散,则李与张将同来命令,当由李副署,但李来否仍未表示,昨已派人与商。公府昨午集外顾问莫理逊、有贺长雄等研究解散国会手续,闻命令已谕法制局起草,惟伍坚不副署,黎意属李署名,李因此不来,改由电话直接互商。

1917年6月12日第三版:今日下午元首以此项法律问题,又有邀请外国顾问商议之事,其一为莫理循其二为有贺长雄,下午二时至四时谈话结果两人之意见互异,莫氏之意根据于约法无明文以命令解散为不可是为法律论,而有贺长雄则以约法既未规定目下政治问题可以政治解决之,若以解散为违法是去岁之召集亦违法也,故主张国会可以解散,两顾问之意见如此。总统因言须再招几个外国顾问商量,遂仍命法制局长方枢于午后三时偕有贺长雄及莫理循二氏入见,然所议亦无结果,昨日午后外间颇传事已解决,但未几又闻复有变卦,盖有人进言黄陂谓,如此委曲求全以后政由窨氏祭,则寡人亦复了无生趣,仍不如自行辞职让他人办去之为得,又谓天下事未可知,此身宜留以有待犯不着贪恋,目前地位丧失某方面之同情牺牲将来云云。

1917 年 6 月 13 日第三版:前午总统因解散国会问题,召莫理循及有贺长雄两顾问入见征其意见已志昨报。昨有人特访两顾问,叩以当时谈话情形据云,公府于下午 3 点以电招往任翻译者英语伍朝枢日语刘钟秀元首询解散可否,莫氏先从政治上立论,谓因武力屈伏而出于解散,则纪纲尽失主张不可,有贺氏从法律上立论,谓共和国主权分寄于国会政府法院三部,不宜偏重民国脱专制为共和,甫以六年若以一切大权集中国会最易酿乱,此予向来主张也,去年 6 月 29 日明令召集国会申明专为制宪,今各省发难集矢宪法有国会在转足妨碍制宪,则解散良是,盖今之解散与昔之召集同为促成宪法起见,有何不可,且各省多数责难议员多数辞职事实已属难能解散为不容,已至解散名义民国总统,本无召集与解散权,然去年依何召集即今年即可依何解散最便之法,莫如将去年 6 月 29 日召集国会之明令取消,则国会不解散而自解散,总统亦并无违法之嫌云云,但有贺为凤主君宪主义者,其言固应尔尔也。

1917 年 6 月 24 日第二版:黎总统因日人有贺长雄之建议,拟组织元老院已饬法制局拟稿。宪法顾问日人有贺长雄之合同下月期满,不久有贺长雄将回日本。

1917 年 7 月 28 日第二版:中国政治顾问法学博士有贺长雄 25 日抵东京,翌日午前访寺内首相详叙中国政局现状。

1917 年 8 月 21 日第二版:有贺长雄续聘为顾问。

1917 年 9 月 7 日第三版:有贺长雄今日到京。

1918 年 4 月 17 日第三版:13 日天津之大燕会,13 日晚,梁士诒、曹汝霖、叶恭绰、朱启钤、周自齐、张弧六人在天津大开燕会,柬招日本驻京之各要人,如林公使、阪谷芳郎、小林丑次郎、有贺长雄、青木宣纯、阪西利八郎以及京津之日本实业家,并天津日本领事等十余答赴宴,更邀财政交通二界人物,如财政次长吴鼎昌、李思浩、中国银行总裁冯耿光、交通银行协理任凤苞、中华汇业总理陆宗舆、井陉矿务督办施肇祥以及财交两部之司员数十人为陪宾。

1918 年 6 月 26 日第三版：中国续聘日本有贺长雄博士之合同,因欲避外间之恶评不供给顾问官之薪俸,惟对于中国政府所委托之两种著作,给与与前次为顾问官时所受俸给同数之报酬金。

1918 年 6 月 27 日第二版：有贺长雄续聘为顾问,专注重我国对德奥宣战与国际法之关系,及将来国际法变迁与我国之关系等,著述名义上为名誉职。

1918 年 6 月 28 日第六版：冯总统 24 日下午 2 时到办公室,披览倪丹枕张子志等重要文电数件,于 3 时延见本府法律顾问日本有贺长雄。

1918 年 7 月 1 日第三版：有贺博士之返国,日本文学法学博士公府法律顾问有贺长雄氏,于 27 日早 8 时 35 分乘京奉车出京回日,并闻政府决定续聘,该氏任顾问一年来华之期约在九月上旬。

1918 年 7 月 5 日第二版：有贺长雄氏抵门司谈话云,中国南北或有两总统出现。

1918 年 7 月 9 日第三版：日人有贺长雄此次归国,途中语人曰,中国南北已将至实行分裂,凡百有机体之将死也,必先自全身之细胞运用不灵,于是呼吸作用,同化作用逐渐停止,以至于毙,动植物皆然。

1918 年 9 月 8 日第六版：自项城以北洋武力秉政,其根据全在北方,二次革命之后有客卿有贺长雄者献议,略谓中国南部人民偏于进取,故其思想浮动,北部人民偏于保守,故其思想沉滞,宜以北方之武力与南方之文化相为抑制,以期调节云云。见有贺氏所著观奕闲评,其表面以抑制调节为词,实即以北制南渔翁得利之。

1918 年 12 月 4 日第二版：又令有贺长雄给予二等文虎章,此令。

1919 年 4 月 1 日第十四版：各国人士以客卿资格,远适异邦,如我国公府顾问,各部洋员之类,大抵隐有外交上特别作用,最近如美国古德纳,日本有贺长雄二氏,已曾于我华政局发生极大影响,此皆足为客卿隐具作用极大明证,日本今日虽未能使美政府多聘日员为顾问,但各部散秩如股员等颇有日本人在其中。

1919 年 7 月 30 日第三版：有贺长雄 31 日出发,不再继任,龚昨在院饯行。

1920 年 1 月 4 日第二版：又令铎尔孟,有贺长雄,宝道葛诸发均给予二等宝光嘉禾章,辛博森给予二等嘉禾章,井上一叶给予四等嘉禾章,此令。

1921 年 1 月 6 日第六版：日人在华设立大学,5 日北京电,据华字报云,日人拟在上海设一大学,招收中国学生,以前充中国顾问之有贺长雄氏为校长。

1921 年 6 月 15 日第六版:有贺长雄氏在东京患病甚剧,有医士三人诊治之。

1921 年 6 月 18 日第六版:日人消息,有贺长雄铣 16 日在东京病故。

1921 年 6 月 19 日第六版:有贺长雄博士因病逝世。

附录二　有贺长雄著《观弈闲评》一书原文

按:1913 年 3 月,有贺长雄来华赴任宪法顾问一职,首次聘任合同不到半年。在此期间,他在主持"宪法研究谈话会"结束后推出了《观弈闲评》一书。该书集中展现他就民初政体问题的理论构想,由于他本人不谙中文,该书的成稿也离不开助手青柳笃恒等上述谈话会成员的通力协作。

该书原有十章,最后一章是民国和前清皇室的关系,被删略后剩下九章;按类别大致分三部分:第一章是起铺垫作用的先行理论提出;从第二章到第八章,是所谓超然内阁政体的具体构造设计;第九章是关于地方制度的构想,以配套中央政体的运行。关于该书的出版详情,可参见尚小明《有贺长雄与民初制宪活动几件史事辨析》(载《近代史研究》2013 年第 2 期)一文。

可以说,该书内容是本书的主要立足点和核心参考文献。笔者认为,收录该书原文有助于更清晰地认识该人物宪法理论之大观,对于促进学界深入研究该人物和其他相关课题也有一定推介作用。需要说明的是,笔者对于该书原文的录入和标点符号的添加,限于仓促和自身水平,不免存在许多错误,行文理解上的一些困难或谬误由笔者承担责任,请读者朋友批评指正。

第一章　革命时统治权移转之本末

无论何国宪法,一律不得与历史相离。现在国家权利之关系,乃从已过之关系自然发展而来者也。以故先将已过之始末根由分解剖开,以明现在之所以然。然后确定将来国权编制之基础,实不易之道也。

若将本国之过去置而不顾,仅观外国之现在操切从事宪法之编纂,深恐法理上无须采用之规条亦一并采用,致遗后日莫大之祸源,亦未可知也。

德国之宪法本系君主政体之宪法。然除军事外交以外,皇帝权力颇有限制,较诸共和四大总统之地位相距不远,其故何也。德意志帝国建设之始,勃鲁西王并非因其祖先传来之君权,即德国皇帝之位乃系与德意志各邦订立联合条约,因其结果方登皇帝之位。故除该条约上各邦所承认者外,并无何等权能。虽一事亦无从自由办理也。

又意大利国尊戴君权世袭之王,人所共知也。然至其宪法之运用,几与共和国无所殊异,其故何也。现今意大利王国之前身,即为塞尔齐尼亚王国。塞尔齐尼亚王国系不据民间享有天佑世袭君主之国也。惟其领土先仅偏于北方一隅。1859年至1861年之间,中部意大利暨南部意大利各小邦,相率背反原属之君主,决议与塞尔齐尼亚王国合并。现今意大利王国乃始告成。是确由各小邦国民之意思而起,故意大利王国对于此等地方,无从主张天佑世袭之君主权,而不得不与依民意而立之君主处于同一之关系者,以此而已。

鄙人来京至今月余,征诸记录,核诸法制,询诸交游,知武汉起义以来,至正式国会召集之间,统治权移转之次第,中华民国共和政体之成立与外国历史大有所异,因而民国将次编制之宪法,亦与他共和国之宪法不能强同,是必然之势也。

既曰共和国,必将原先属于君主之统治权全然废绝,举凡一切政治决于民意明矣。

就于此点言之,民国与法美共和政体并无相异之理。惟美以英国殖民地起独立之军,与本国征讨军战而胜之,举本国统治权全行排斥,十三殖民地互相联合,重新编制一个统治体。至于法兰西革命政府亦同,弑其王,将原来之统治权全行灭绝,依国民相互之公约,重新编制国家。其形象与北美共和国毫无差异。今民国之成,在南省牺牲身命、躬冒铁火、为革命奋斗之志士,亦以为革命形象,与法美无异。夫此次革命,苟微南方志士热烈之义气,决死之奋斗,万难成功,固不待言。鄙人亦岂故意抹杀取消此千古不可忘之一大事者。惟区区学者之本分,明白指示民国革命政府成立之最后手续与法美相异之要点,藉以研究其将来结果之如何,亦涓埃之衷所不能已者也。

姑从法理上叙述革命始末，分为四个时期如左：

一、清帝钦定宪法慰谕民军之时期

革命第一年 10 月 10 日民军起义于武昌。清廷起用袁世凯补授鄂督，旋将水陆各军均归该督节制调遣。然民军之势日盛一日，长沙、宜昌、九江相继陷。30 日清帝降罪己谕旨，将宪法交资政院详慎审议。又知亲贵干预朝政之不可，立责任内阁之制。11 月 1 日授袁公内阁总理大臣。2 日资政院奏宪法信条十九条，其第五条曰：宪法由资政院起草议决，由皇帝颁布之等语，足证此时清皇仍拟钦定宪法，以期慰谕民军和平了局。奈民军势日振，11 月 3 日上海陷落，6 日袁公由孝感致书武昌革命政府鄂军都督黎元洪请议和。黎都督复云：俟我军直抵北京后与公议和未迟。先是 11 月 5 日广东宣言独立，东南数省皆效之。北军不竞，其势日蹙。18 日北京朝廷特开阁，议众论一致，除皇帝退位外绝无镇抚之策，未至议决而解。19 日袁总理大臣再派专使往革命军中诚意讲和，令之曰：除皇帝退位一条而外，其余均任革命军要求可也。26 日监国摄政王恭诣太庙举行典礼，将宪法十九条宣誓。

12 月初，数省代表集上海开共和建设会，书湘鄂桂豫鲁直闽浙皖苏各省代表，在武昌会议决议在南京组织临时政府，订立临时政府组织大纲二十一条，通知其余各省要求一星期内派遣代表前往南京。俟十省以上代表到会，则认为会议成立，选举临时大总统，由在上海数省代表将此转致粤赣滇蜀晋陕陇黔及东三省各督此临时政府组织大纲，即革命政府所认为正式宪法制定以前之临时宪法。其第一章定临时大总统之职权，第二章定参议院之组织，使省各依适当方法分别选出代表三名，是为南北统一以前保有革命政府权力之南京参议院，而第三章定行政各部之组织，第四章规定临时政府成立后六个月以内，由临时大总统召集国民议会，其召集方法由参议院议决之。

二、君主立宪、共和立宪二者以何为宜付之国民会议公决之时期

12 月 6 日监国摄政王退位。9 日由袁总理大臣经驻汉英领事转电湖北黎都督，商订继续停战条约。依其条款授唐绍仪为全权派往南方。18 日两军代表在上

海开第一次讲和会议。21 日开第二次会议。12 月 29 日,北京政府袁总理大臣及各国务大臣,依据唐全权奏议为开国会,将君主民主国体如何决定问题付之公决起见奏请召集宗支王公会议请旨以决大计一折,折内附唐全权原电谓:彼党坚持共和,不认则罢议,罢议则决裂,决裂则大局必糜烂。试思战祸再起,度支何如,军械何如,岂能必操胜算。万一挫衄,敌临城下,君位贵族岂能保全。外人生命财产岂能保护。不幸分崩离析,全国沦胥,上何以对君父,下何以对国民。如召集国会,采取舆论,果能议决,仍用君主国体,岂非至幸之事。就令议决共和,而皇室之待遇必极优隆,中国前途之幸福尚可希望,孰得孰失情事较然。若再延缓,祸害立至等语。又称现计停战之期仅余三日,若不下切实允开国会之谕旨,再无展限停战之望,势必决裂,惟有辞去代表名目以自引罪等语。同日,清廷降召集国会公决政体之谕旨,内开朕钦奉隆裕皇太后懿旨,内阁代递唐绍仪电奏,民军代表伍廷芳坚称,人民志愿以改建共和政体为目的等语。此次武昌变起,朝廷服从资政院之请,颁布宪法信条十九条,告庙宣誓,原冀早息干戈,与国民同享和平之福,徒以大信未孚,政争迭起予,惟我国今日于君主立宪共和立宪二者以何为宜,此为对内对外实际利害问题,因非一部分人民所得而私,亦非朝廷一方面所能专决,自应召集临时国会付之公决。兹据国务大臣等奏请,召集近支王公会议面加询问,皆无异词。著内阁即以此意,电令唐绍仪转告军民代表预为宣示,一面由内阁迅将选举法妥拟协定施行,剋期召集国会并妥商伍廷芳彼此先行罢兵,以奠群生而弭大难。予惟天生民而立之君使司牧之,原以一人养天下,非以天下奉一人。皇帝缵承大统,甫在冲龄,予更何忍涂炭生灵贻害全国。但期会议取决以国利民福为归,天视民视,天听民听,愿我爱国军民各秉至公共谋大计,予实有厚望焉等因。12 月 31 日,上海全权代表会议决议开国民会议,解决国体问题。同日下午议订国民会议之组织,各省各派代表三人,西北各省、东三省、甘肃、新疆由北京政府,东南各省由民国政府,内外蒙古及西藏由两政府分别发电召集。即知此时,自现南北两分之景象,清廷之命令不及东南,民国之命令不及西北,乃未几召集国会之地点尚未商妥,而形势又推移矣。

三、商议将共和承认与皇室优待各条交换之时期

革命第二年正月 1 日,孙文于南京总督衙门举行大总统就任式。3 日袁总理

以休战之期将尽,形势日非一日,奏请速定大计以息兵祸而顺民情一折,内开兵力所能平定者土地,所不能平定者人心,人心涣散如决江河已莫能御,爵禄即不足以怀刀兵又莫知所畏,似此亿万之所趋,而岂一二党人所能煽惑。臣等受命于危急之秋,诚不料大局败坏一至于此,环球各国不外君主民主之两端,民主如尧舜禅让,乃察民心之所归,迥非历代亡国之可比。我朝继继承承尊重地系然师法孔孟,以为百王之则是民重君轻,圣贤业已垂法守且民军亦不欲以改民主大减皇室之等崇等因。1月17日北京宫中开御前会议,蒙古王公反对共和。20日,伍代表将优待皇室条件提交袁总理。22日又开御前会议,各亲贵王公坚持君主政体为强劲主张,并拟使袁内阁辞职。会议之后伦贝子世徐两太保入内廷密商,力奏太后切不可听信各亲贵壮时尚气之言,且曰若准袁世凯辞职,则各军队必生他变,而革军乘之危亡即在,目前各蒙古王公可以逃回本旗,各亲贵纵不惜身以殉国难,其如族庙社稷何如,两宫和皇太后深以为然。24日袁总理将优待皇室皇族待遇满蒙回藏各条件提交伍全权。1月30日各军统制统领等公电请与民军妥议优待皇室条件,建立共和政体,内开兹既一再停战,民军仍坚持不下,恐决难待国会之集,姑无论延迁数日,有兵溃民乱盗贼蠭起之,忧寰宇糜乱必无完土,瓜分惨祸迫在目前,即此停战两月间,民军筹饷增兵布满各境,我军皆无后援,力本单弱加以兼顾数路势益孤危等语。

四、关乎南北统一条件折冲讨论之时期

2年1月,抄停战期限早已满尽交战又开,北方之形势日非一日不幸一败涂地,深虑优待条件尚且无从期于完全。方此之时,北方抑制南方踊跃之议论仅用强力功击朝廷,俾其穷迫窘困直至极处反恐满人及君政党恨怨透骨,遂致丑出他日之反动,试征诸外国之例,革命甫成,反动的第二革命随后立至,是属不可倖免之历史。

方兹之时,南方意思固欲将北京朝廷法律上现有之统治权,即其一部分亦不肯照旧承认,如彼北美十三殖民地将属于英国王及国会之统治权全体排斥,重新造就一个统治体。然又如法郎西国民斩馘路易十六世用示主权之全然断绝另由人民互相公约,重新建设统治体。然南京政府亦拟举260年间爱新觉罗氏传承之统治权将其关系一概废绝,重新竟据民意设立共和国,其要求袁总理全行绝断与清廷之关

系,竟由个人资格造成共和主义,以此故也。然袁总理所拟移转统治权之方与此相异,以为清帝辞位,南京政府先行取销,另在北京依据清帝附托之统治权,重新组织共和政府,此南北意见之差异在。1月22日,孙总统宣布清帝退位后办法中着有明征其文云:伍廷芳先生既各报馆鉴,昨电悉前电言清帝退位,临时大总统即日辞职,意以袁能与满洲政府一切关系变为民国国民,故决以即时举袁嗣,就沪来各电观之,袁意不独欲去满洲政府,并须同时取消民国政府,自在北京另行组织一临时政府。此种临时政府将为君主立宪政府乎,抑民主政府乎,又谁知之。纵彼自谓为民主政府,又谁为保证。故文昨电谓须俟各国承认后始行解职,无非欲巩固民国之基础,并非前后意见有所冲突也。若袁能实行断绝满政府关系,变为民国国民之条件,则文当仍践前言也。至虑北方将士与地方无人维持不知清帝退位后,北方将士即民国将士,北方秩序即由民国担任,惟一转移间不能无一接洽之法。文意拟请袁举一声望素著之人暂镇北方,若驻使无人交接一切满祚已易驻使当然与民国交涉方为正当,其中断之时其短,固无妨也。今确定办法如下:

（一）清帝退位由袁同时知照驻京各国公使,请转知民国政府现在清帝已经退位或转饬旅沪领事转达亦可。

（二）同时袁须宣布政见绝对赞同共和主义。

（三）文接到外交团或领事团通知清帝退位布告后即行辞职。

（四）由参议院举袁为临时总统。

（五）袁被举为临时总统后誓守参议院所定之宪法乃能授受事权。

按（一）（二）两条,即为袁断绝满政府关系变为民国国民之条件,此为最后解决办法,如袁并此而不能行,则是不愿赞同民国不愿为平和解决也,如此则所有优待皇室八族各条件不履行,战争复起天下流血,其罪当有所归请告袁孙文等语。

上开公文内清帝之退位,须经外国公使团或领事团转知民国政府,其故何也。盖因此时袁公仍为北京政府总理大臣,如迳由袁总理通知帝政告终赞成共和之意,南京政府未免有非经前清皇帝之承认不能正式成立之嫌也。然南京政府此种苦哀毫无成就,卒之迳由袁总理直接通知帝政之告终,不但如此,并将根据前清皇帝承认方能成立之形迹遗于后世。质而言之,袁总理一方面虽于取销南京临时政府一事退让一步,然竟由清帝附托之全权合与南方,以成一完全共和政体,是系当时履行之法理而关乎民国建设之历史最为重大之要点也。1月22日至2月10日之间，南北两方面之折冲谈判大要不出乎此。2月11日，据袁总理致南京政府之电报，显有南北统一之议略成之景象。电报内开南京孙大总统参议院各部总长武昌黎副总统同鉴，共和为最良国体，世界之公认，今日弊政一跃而跻及之，实诸公累年之心血，亦民国无穷之幸福。大清皇帝既明诏辞位，业经世凯署名，则宣布之日为帝政之终局，即民国之始基从此努力进行，务令达到圆满地位永不使君主政体再行于中国，现在统一组织至重且繁，世凯极愿南行，畅聆大教共谋进行之法，只因北方秩序不易维持，军旅如林须加部署，而东北人心未尽一致，稍有动摇牵涉各国。诸君洞察时局必能谅此苦衷，至共和建设重要问题，诸君研究有素成算在胸，应如何协商组织统一办法，当希迅即见教世凯等语。此公文内有宣布之日为帝政之终局即民国之始基字样，尤须注意，何者。盖据北京所履行之法理，南京政府未能正当存立，认为统治中国全体之政府，须俟统治全国之清帝宣布辞位后方能发生完全支配全国之正当法理也。第二日即2月12日（阴历12月25日），清帝宣布辞位谕旨，内开朕钦奉隆裕皇太后懿旨：

前因民军起事，各省响应，九夏沸腾，生灵涂炭。特命袁世凯选员与民军讨论大局，议开国会公决政体。两月以来尚无确当办法，南北暌隔，彼此相持，商辍于途，士露于野，徒以国体一日不决，故民生一日不安。今全国人民心理多倾向共和，南中各省既倡议于前，北方诸将亦主张于后。人心所向，天命可知。予亦何忍因一姓之尊荣拂万人之好恶，是用外观大势，内审舆情，特率皇帝将统治权公诸全国，定为共和立宪国体。近慰海内压乱望治之心，远协古圣天下为公之义。袁世凯前任资政院选举为总理大臣，当兹新旧代谢之际，宜有南北统一之方，即由袁世凯以全权组织临时共和政府与民军协商统一办法，总期人民安堵海内又安，仍合满汉回蒙藏五族完全领土为一大中华民国，予与皇帝得以退处宽闲优游岁月，长受国民之优礼，亲见郅治之告成，岂不懿欤。

等因前开上谕中所言"将统治权公诸全国定为共和立宪国体"暨"即由袁世凯以全权组织临时共和政府与民军协调统一办法"以上二句，为民国国法沿革上最重大之文字，革命时代统治权移转之次第，于此四十有一字存焉。兹分解叙说如左：

（一）清帝一身具带之统治权以兹时移于国民全体矣。然考其移转之次第，与君主统治权一旦消灭,而国民全体统治权新发生之场合截然不同,民国国法之沿革,所以与亚美利加独立后之共和政体暨法朗西革命后之共和政体相殊异者,于此一点存焉。在民国观之,统治权之消灭绝无其事,只因施行帝政之前统治者与以承认而后存于国民全体之后统治权,于是生焉。乃知中华民国者,由武汉起义首先发端,再由于前清皇帝让与权利,于是方能得完全存立也。

(二)中华民国系由上开次第而起,故其组织不能与纯然民主政体之组织同轨,不得不被让与统治权之条件检束,所谓条件何也。即以全权交与袁世凯,使之与南方民军协调统一办法而组织共和政体之条件是也。

(三)如谓清帝辞位之后,其统治权一时归属于袁世凯一身,诚非正论。盖统治权于清帝辞位之时,直移于国民全体,已不待言。然存于国民全体之统治权,初非得自由发动者,必俟有一定之政治组织,然后方能发动焉。此政治组织之全权则可谓集于袁公之一身者也。

从此彼此交涉一星期之久。2月19日全体商妥。2月20日临时政府公报宣明孙大总统咨参议院辞职文,交内开前后和议情形并昨日伍代表得北京一电,本处又接北京一电,又接唐绍仪电,均经咨明贵院在案,本总统以为我国民之志在建设共和,倾覆专制,义师大起全国景从,清帝鉴于大势如保全君位必然无效,遂有退位之议今。既宣布退位造成共和,承认中华民国,从此帝制永不留存于中国之内,民国目的亦已达到,当缔造民国之始,本总统被选为公仆,宣言誓书实以倾覆专制,巩固民国图谋民生幸福为任,誓至专制政府既倒,国内无变乱,民国卓立于世界为列邦公认,本总统即行辞职,现在清帝退位,专制已除,南北一心更无变乱,民国为各国承认,且夕可期,本总统当践誓言辞职引退,为此咨告贵院,应代表国民之公意,速举贤能来南京接事以便解职,附办法条件如左:

一临时政府地点设于南京,为各省代表所议定不能更改。一辞职后俟参议院举定新总统亲到南京受任之时,大总统及国务各员乃行辞职。一临时政府约法由参议院所制定新总统必须遵守颁布之一切法制章程亦全此咨等因。

上开公文中载有赞成共和承认中华民国字样,又2月13日宣布优待皇室条件,前文载明今因大清皇帝宣布赞成共和国体字样,足征北京所主张之法理关系全然制胜矣。熟察当时之形势,北方权力虽弱,然南京政府欲不战而操全胜,非妥订优待皇室条件不可,优待条件何为而有,即将将来统治中国国民之权让与民国,自行引退之条件也。由是观之,南京政府承允优待条件之时早已服从,非根据清帝之承认民国不能正当存立之理论亦明矣。

结论

中华民国并非纯因民意而立,实系清帝让与统治权而成。既如上文所述,因而其国法有与纯因民意成立之共和国相异之处,于左三点见之:

(一)能将不参与革命不造成共和之地方暨诸外藩仍包于民国领土之内。

东三省本系清朝发祥之地,故其人民忠顺清帝不赞共和。直鲁晋豫四省亦未赞成,或宣言独立旋又取消。而内外蒙古十盟,科布多杜尔伯特两盟新土尔扈特一盟伊犁旧土尔扈特等五盟,青海左右翼两盟察哈尔乌梁海哈萨克部落等诸藩,只知对于清帝有服从之义务,不解民主共和为何物,故南北清帝承认共和将统治权让与,则除武力征服之外决不能直。

(二)无须遵据普及选举法开国民议会。

凡欲纯依民意从新编制国家者,至少须有一次召集国民全体会议而求其同意。征之历史,北美合众国之前身,即十三殖民地其联合由于人民普及投票而成,试考嘎的斯合众国宪法史上卷第二章左开记事即了然矣:

新大陆会议于 1775 年 5 月 10 日集会于费拉的尔费亚。如欲解明合众国发达之历史,先须溯查此集合体当初之编制如何,及至宣言独立间之历史,如何由各殖民地派往此会议。代表一部分虽系当时正在开会中之省立法会选举,旋另召集民会(民直接普及选举之会议原名功温生),俾其追认选举者,然至于其多数,实系各殖民地另行召集民会选举者云云。

又按法朗西革命历史 1789 年宪法搆成会议,选举规则限制选举资格,订为按年将三日劳动工钱相等之税款缴纳国家者,方准其行选举,是由于封建时代以来相传之惯例。其后关乎 1792 年 9 月至 1795 年 10 月间,施行法国统治权之国民议会,史籍所载记事如左:

1792 年 8 月 10 日,巴黎群民袭击宝城,要求废止君主政体,此时立法会议决议中止,王政召集国民议会编纂宪法。同时又决议曰:此会议议员,凡年龄二十五岁以上自劳自食之法朗西人均行选举,是为法国不分阶级,由普及直接选举法,选举议员之权舆旋又改订选举人年龄为二十一岁以上,被选人年龄为二十五岁以上。此会议第一次议事于1792年9月20日开始,实于第二日废绝王权,又于22日所开会议决议,日后所有公文所用日期均由革命第一年重新起算。

予惟中华民国国法沿革,当革命之际亦拟由普及选举开国民议会,不止一再南京政府据临时政府组织大纲第四章第一条(即第二十条),拟开国民议会,亦拟实行普及选举固不待言,其后南北统一谈判之半途,南北同拟将其原先主权关系概行废绝,另由普及选举开国民议会,将国体问题付之多数公决,适值清帝俯鉴大局从速辞位,此议遂归中止,不可谓非大幸。也兹记其始末如左:

12月31日,于上海全权代表会议商订各省委派代表三名,将国体问题付之议决,北京政府反对此举。1月7日袁总理致电伍代表曰:11日阁下与唐代表所议四条尚多窒碍此事,既以普征全国人民意见公决为宗旨,自应由各府厅州县各选议员一人,方足当舆论二字,若每省只有代表三人,仍陷少数专制之弊,内不足以服全国之人心,外不足以昭列邦之大信,且各藩属辖境甚广,除内外蒙古十盟外,尚有科布多之杜尔伯特两盟,新土尔扈特一盟,伊犁之旧土尔扈特等五盟,青海之左右翼两盟,此外察哈尔乌梁海哈萨克部落,尚多若有一处不选议员不列议决,将来议决断难公认。

(中略)谨将临时国会选举法开列于左:

第一章 选举区及选举员额:第一条(今略)。第二条,每一选举区选出议员一人本法第三条选举监督驻在所为投票所。

第二章 选举权及被选举权:第三条,凡有国籍之男子,年满二十五岁以上在该选举区内有住所,满一年以上仍继续者(以下略)。是非取法于法朗西1892年国民会议所用普及选举法,而何然至南北统一之后,临时参议院议决参议院议员选举法,即以其第四条限制选举资格。订为年满二十一岁以上之男子。年纳直接国税二元以上者,或有值五百元以上之不动产者,或在小学校以上毕业者。

总而言之,南北统一之际关乎国法发展之径路上,其变局转机有如上述,其无须由普及选举开国民议会者,亦以此故而已。

以上结论第一项所述结果,是否为民国庆幸之事,或因此生出种种缪戾尚可定。至于第二项所述结果关系匪轻，予谓民国当永勿失之，其详细理由后论更焉。

（三）中华民国宪法不必取法于先进共和国宪法。

中华民国共和成立之历史，与先进共和国全然不同，既如前述，故不独关乎普及选举一事，即其他重要事项亦断无必须取法法美各国之理。譬如参议院之组织，大总统之职权，以及其选举法等项，民国自当有合乎民国情形特独之立法，其详细分别于各本项下论之。

第二章　宪法上必须预先防范社会党之弊害

立宪政治为代表政治，代表政治之下有最大势力者，为最多数之人民，无论何国，最多数者为下级贫民。故立宪政治动，有变为贫民政治之弊，是实美国独立及法国革命以来一百年间，全球最有厚望之立宪政体，至于最近二三十年间，在各国间招致大失望之原因也。

近年社会党跋扈跳梁，到处增甚，而于民主国其害尤为激烈，此无他，君主国限制选举法无妨，不附与参政权于下级贫民，而至民主国，则其初即由普及直接选举而成。故后来亦非施行普及选举法，与民主国性质不符故也。近年许多国家采用比例选举法之运动甚炽，其故无他，如用比例选举法，一则能普及选举权于一般国民，二则又能制止下级贫民出最多数议员于国会之弊，如法朗西，固已施行普及选举法以故，社会党之跋扈愈甚，现为制止此弊起见，筹拟采用比例选举法，正在激烈争斗之中矣。

方今世界大势，骎骎乎向普及选举一方面进行，无论何国，每逢改正选举法，资格制限必愈从宽，一步一步进于普及选举之一方面，反之，而将资格制限愈益加与来普及选举相背驰者，必系绝无仅有之事。

彼惨淡之法国历史，尤足以为参考。大革命之时，法国为国民议会行普及选举法流弊甚钜，1814年王政复古时废之，1830年第二革命时取法于英国之政治组织，俾中等良民有最大权力，特为限制下级贫民之参政权起见，施行制限选举法，下级贫民已知普及选举与己有利，故大为不平，路易腓力伯之民立王政，虽在议会常占大多数，然在院外不平人民之运动，日加激烈，终于1848年第三革命起路易腓力伯仅以自己一代失其位矣。

际兹革命之时,劳动者与学生互相协力,推翻王政颇有功劳,劳动者因而强逼临时政府,要求其直实行社会主义,巴黎城内以中等良民之子弟,组织民兵与之战争,于市街上终见流血之惨,临时政府照约,以普及选举召集国民议会,制定宪法一院制共和政体成,谓之法国第二共和政府。路易波拿巴尔图亲王由国民直接普及选举,选为大总统奉承下级劳动者离间之,与国会之间,1851 年 12 月 1 日,未明将国会所有有力之政治家,一体拿获行国民投票,改换宪法,先将大总统任期展为十年,再行国民投票作为终身,三行国民投票,遂登帝位矣。其所以至此者,唯普及选举之故,政治重权归于下级贫民,只须煽动此等贫民,无事不可成焉。

1870 年 9 月 2 日,皇帝拿勃烈翁三世为普军所房,巴黎城内劳动者直入国会,拟行革命,俾设立社会主义之国家,然巴黎选出国会议员等,相谋临时设立护国政府与敌议和。巴黎城内所有劳动者公愤其志未遂,团结反抗护国政府,烧毁衙署,抢夺财产,肆行无忌,交战两月,方能底定,将数万劳动者或加禁锢,或行发遣殖民地谓之功,谬尼斯图之扰乱法国社会党,至此一时,减其势焰矣。1880 年后举行两次大赦,彼参与功,谬尼斯图暴乱者放免回国,为数甚多,又兼德国社会党遥为挑唆,其势复振,近年以来,其劳力横溢于国会内,为此阻挠,国力发展洵匪,浅鲜惟属共和党一派政治家,姑且利用社会党之力,将宗教之势力极斥于国家以外,其目的已达到,无从再利用,社会党之必要,今则反而热心筹办,制定比例选举法,以抵制社会党势力。

北美合众国无论自全国观之,与自各州观之,从独立之初固已行直接普及选举矣。然其病尚未大甚者,盖因美国系属新辟之国,为开垦广漠林野所需劳动甚多,因而社会党无从发现也,然纽约克年来有达麻尼侯尔跋扈,无忌迩年,国内同盟罢工之风渐盛,于实业发达上大有窒碍,再如加里福尼亚州劳动者,拟使州会议员作成排斥日本人之法律,起日美外交界之决大风潮,亦非一种弊病而何也。

英吉利系君主国未尝施行绝对的普及选举法,以实际而论,其选举资格稍有限制,然 1867 年改正选举法以来,劳动者得选举权者甚多,政界形势为此一忧,自由党时常利用劳动者,以张其党势,当自由党之组织内阁也,社会主义之法律陆续通过保护劳动者,大宗库款为此糜费,以致影响于军备需款,海军扩充不能如意,遂以备御德国之故,有接近于俄法同盟之不得已焉。顾视德国既又同,然前年帝国议会,社会党议员其数驾于其他各党之上,谅早晚不惹起一大变动不止也。

将来中华民国,如有社会主义侵入之一日,其害之大毒之钜实俾人不寒而慄焉。夫各人能安分守己,富者富而不骄,贫者贫而不怨,上下亲睦,贵贱融和,以营社会的生活,东方之美风也。中国以四百兆人民之众,而国治民安,以此美风雅俗耳,若一旦沾染社会主义之弊,美风破焉,雅俗沦焉,而政治不困难,国运不阻滞者未之有也。

社会主义系近时世界上一般的思潮,以德国为中心,点势将布满于各国,其早晚侵入中华民国,亦势之当然,现如日本近年为其防范,颇费气力,惟因日本行制限选举法,不俾劳动者行使选举权,未见政治家鼓动下级人民利用其投票扩张党势之弊。故从无下级人民劳力,涉及政治之虞,若夫中华民国施行普及直接选举,则彼为达到自己目的,不遑选择方法之政治家,立即利用下级人民之不平派,依其选举权极力筹拟多送已党议员于国会,而此等议员为满足其选举区民之意起见,务设保惠下级贫民之法律,故于经济上则破资本与劳动之均衡,而阻民国幼穉产业之发达再于财政上,则使国家进款之大部分,全为保惠劳动者开支罄尽,致碍军备之扩张,对于世界民国之威力,为此萎微亦在所不免也。

民国非独不可附与选举权于以劳动为业者之最下级贫民也中国各地本有游民此种游民犹政治家之寄生虫诸多流弊如俾其握得选举权则其势力不知如何发展遂致阻害民国健全之发达亦未可定也

幸哉,中华民国虽系共和国,至其国法之沿革,既如第一章所述,一般人民未尝一试普及选举之真味,从未有自与政治之欲望,故当将来制定正式宪法之时,尤须利用此幸福之事,实俾其永无施行普及选举法之必要,是实至要之事也。

论者或谓共和国以人人平等为宗旨,今竟将下级人民置之度外,不俾其得参政之权,实与民国之宗旨不符。解之曰,苟下级人民发愤自立,能对国家负纳税义务,自当月参政权,关乎此点,所有民国成年以上之男子,一律平等,凡纳税资格,无论何人均能发奋可以获得,较诸阶级区别,非可同年日而语者也,试观《临时约法》等五条,中华民国人民一律平等,无种族阶级宗教之区别等语,与制限选举法毫无扞格。

退而考究《临时约法》，虽系临时设施，然为民国元年 3 月 13 日，至制定新宪法年余之间所实行者也，故新宪法取其基础，于《临时约法》以止改其应改之处，为是决不可全行从新编制，譬如德意志帝国宪法，即北德意志联邦之宪法，作为基础美国宪法，以十三殖民地同盟条规作为根柢，法国宪法之一部分，1875 年制定之国权编制法，取材于 1871 年 8 月 31 日之大总统职权法者甚多，此乃宪法自然发达之顺序，诚如是，则国民亦自惯于宪章，而不至误其适从矣。

再从另一方面论之，民国人民由《临时约法》所得之权利自由，系属其既得权，因不得无故剥夺，或变更之苟，欲剥夺或变更之，则非于统治权之沿革上，有确实理由不可也。

虽然《临时约法》系南北统一前所拟订，故其条文中未免有以纯然民立之共和政体为标准者，然中华民国必须防范社会党之跋扈于未萌，如前述故，凡近似预约普及选举之条款，以概行删除或改正为要。

《临时约法》第二条载明中华民国主权属国民全体，此项文字尤须改正，试观白耳义宪法，因恐载明主权属于国民或起误会，以为一个人有参与施行主权之权利，专为回避此等误解起见，该国宪法载明有所有权力，出于国民一条（第二十五条），今如谓国民全体，则俾人误解属最下级赤贫如洗之人民，亦有参与政治之权，危险尤大矣，又主权二字，务避不用，兹拟易约法第二条如左：

中华民国所有权力出于国民。

而约法第五条项下添左列一项为宜。

凡中华民国人民缴纳法律所定额数直接国税者，得行政权。

约法第十二条载明，人民有选举及被选举之权，此一条或全体删除或改之如左：

人民合法律所定资格者，有选举权及被选举权。

既将参政权限于有一定资格者，则不使无资格者，负兵役义务方为公平，即如下级贫民，既无纳税义务，又无参政之权故，依同一理由，当俾其免兵后义务，惟自己情愿报名，当义勇兵者，准如所请，至于当兵义务，只俾有选举权者及其子弟负之为是，惟此乃兵役法上当采之原则，故《临时约法》第十四条毋庸更改。

既限制选举之资格无论何人与之以自己发奋能得此项资格之利益亦为理之当

然否则与一律平等之原则不符故于约法第十条之后第十一条之前当增设左列一条：

第　条　人民有受普通教育之权利。

普通教育无庸俾就学子弟呈纳束修所有需款当由国库开支。

（参照）比耳时宪法第十七条末项,载明政府与以给费之普通教育均由法律定之。和兰宪法第一百九十二条第三项,载明王国适党之小学教育由政府设备之。字鲁西宪法第二十条末项,载明小学校教育无庸呈缴学费。丹麦国宪法第八十五条,载明父母贫穷者,得于公立学校不缴学费受其教育。

第三章　北方须养其保守力以调节南方之进步力

前章所述者,关乎民国将来宪法法理上一大要义,本章兹拟研究其政治上之一大要义。夫政治之要,在查核所有能制一国民心之诸势力,以为一定目的之利用,如社会上之势力,宗教上之势力,经济上之势力等是也。宪法之目的,在使国家安全发展,但欲达此,其如何利用民国政界诸种活动之势力,又不可不研究也。此等势力,有因时更变者,有永久不渝者,故于宪法上不可不设法永久势力,得以自行活动,以成达宪法之目的。无论何国,保守进步两大势力,皆永久发动不已者也,故予今先述对此二势力,宪法当如何规定,就现今情势言之,国会两院皆以国民党占多数矣,国民党植其根据于南力,颇有进而不已之势,倘拟进步趋势之下操切而成,宪法深恐进步主义与保守主义互失权衡,则宪法将为民国发展情形之阻碍,为今之计,所谓宪法,究竟当如何订定,是乃绝大一问题也。

中国南北人情迥殊,所由来久,此乃历史地理上之结,历可勿论也,但如第一章所述,革命本末,将使两方隔碍益形显著不可不察。盖南方有长江之水,朝宗海洋,与外国交通最便,且自鸦片战争以来,受外国刺激颇烈,其人心鼓动,绝非北方可比,加以支那全国通商枢纽亦在南方,人人习于进步思想,至于北方生业,大抵务农,所以趋于保守。南方人既属进步,故在前清之季其苦专制尤深,其结果遂为武汉之首义,闯然革命一主维新,是故分而言之,北方有合法之统治权而无实力,南方有实力而未有统治全国之权利,而二者互相结合,此中华民国之所由成也。

故今之民国,非南方所独建,乃由南北统一而成,已于第一章缕述,第彼南方志士,既已不顾身命,出入死生,收此革命之效果,以为与其拘于冷静法理,宁以热烈事实作为论据,革命之成,固惟南方铁血之力是赖,于是不独将前清专制政府推翻扑灭以为满意,直欲举革命以前之文物典章破坏到底,俾扫地无余而后快,此本于历史地理关系,进步成性之南方人心,更为革命激动,益趋进步愈为破坏之所以然也。惟此进步精神,乃民国发展之见端,而为可贵之原动力,又不可厌忌而压制之宜,以指导为助长,使民国将来得以日益发展乃至要也。惟今制订宪法,乃民国前途万年长计奠定大局之始基,将取中国固有之文物制度,以革命的精神,尽数委之于破坏荡尽,乎抑利用保守之势力,以调节之二者之间,乃最要研究之问题也。

姑就社会心理学言之,民国国家非有形者也,必求有形,唯其领土与四万万人之聚合而已,其所以团结而存称中华民国者,因四万万人之心目中,各有我是称中华民国团体之一分子,故有是之意识,而向此意识何由而生,则不外由四千年来相倚相资,以受同一之文化而已。质而言之,以同一之言语通其心情,以同一之文学陈其理想,前世遭遇国难经协力而底定之,而又一律今受社会之制裁,风俗习惯未尝或异往来交际,同为国民此国家观念之,所由以生也。乃今一旦欲废此历史,换此言语,弃此文学,且欲将本其风俗习惯所立之社会制裁悉蕲无余,则所恃以为团结者,必涣所资以为秩序者,必涓驯至内忧未靖,外患纷乘而国家丁不堪设想之厄运必然之势也,不其惧哉。

往者,北美殖民地始分十三州,其背英独立之时,纯以革命锐气猛然进行,丝毫不含保守主义,何以故,以其本无可以保守之历史故也,无有文学又无根本风俗习惯之社会制裁,不过以言语相通目的一致而已,至今考其建国次第,人人至彼皆为垦新东岸于大西洋迤西,以入腹地家族之数愈增,则愈往西方分散,将方六英里之地分为三十六区,以一区一百六十耶克路为一家族园地,一百四十二家族为一村,每村设学校一寺院一充以二园地,如此而已,此外,无何等社会之制置也,所防备者出入蛮族之攻袭,又无敌国外患之,足虞夫如是,故无所保守,而所谓保守力者,自无须有之也,是其前后情势与今中华民国,以四千年古国在列强环视之中创行建设共和政体全不相同,则又知美国革命以后之历史,决非革命中华筹善后者,所可取法矣。

他若法兰西有沙烈门大帝以来,最古历史有理想有社会的制裁,而大革命怵于新说,将旧有文明全毁悉除,以平等自由博爱三者为主义,更改度量衡新定历史,甚至于国民议会宣告废止耶教而祀理神,因而秩序大乱,国团崩裂,列强侵迫,国几危矣。于是专断恃力压伏内外之霸朝以兴,其究竟结果,乃与革命初心全然相戾。诗曰,他山之石可以攻错,此民国南方志士所当引为殷鉴者也,然法兰西虽有文化,考其源流,不过耶苏纪元八百年以来耳矣,其结果犹且如此,何况中华文化源远流长,有史以来四千余载,国民团结之力既强且故,绝非法比,即欲破坏,殆属万难纵使能之,而其流弊之错出,将有不可思议设想者矣。

又若日本仆日本人也,德川幕府篡政权者垂三百年,一旦为国民所推翻,当此之时悉弃旧法,举凡西洋新式文物慨然输入,一若与民国革命之理想相仿佛者,虽然实大异也。盖日本号为维新,非改新也,而为复旧,日本德川幕府之外,本有天皇系真正主权之所在,使幕府将其政权奉还天皇,即为维新之理想,天皇既受还政,而欲与西洋各国并驾齐驱,乃毅然采用西洋新式文物,以为当务之急,故日本国民之欢迎新式文明,非喜新也,特以天皇为旧式思想之中心点,遵道顺则,奉行其旨而已。质而言之,日本皇室立于新旧代谢之间,处沟通联络之便势,是以日本今日文化所输进西洋之文物固多,而吾国旧有之文物流风未歇,且以调节之宜,使二者之间毫无不相容之扞格。惟明治二十年前后,一部政家亟欲邀功,将条约改正问题成就厉行洋化主义,虽国中一时为所鼓动,而反动之力起,与相俸国粹保存之声日喧,故幸未几复归平顺。中华民国与此异者,以求如日本皇室处新旧代谢之间,为沟通联络之事,于以调枘凿不相容之虞者,不可得也,则不可不另讲合宜之策,以调处之明矣。

南方以进步势力,欲将中国旧有之文物愁数破除,另行建设新式文明,亦是一种政见,并无不可。惟是中国古来之文明,其所存之团结力,绝非恒泛所可比,其既强且固得由种种方面证明之。

(一)以其能持续四千年之久,未尝如印度,如埃及,又如阿细利亚之各种文明早归变灭故。

(二)以其经上下茫茫四千年之久,往往为外来民族所征服,而未尝为征服者所化,乃反使征服者为其所化,而渐渍于其文明之中,故此尤足异,通观古今东西他国民之历史，未尝见能如此者。

（三）以蒙闻欧美人言，居中国久，则不知不觉为中国俗尚所化，而乐其土风故，譬如前总税务司赫德，身虽英人，然乐中国归而思之，世咸称之以为中国人云。

（四）更为显著者，以在外华侨，绝不为其所居之土俗所化，恒久不变依然为中国人故。

夫中国文明之团结力，其强固如此，然则现今中国国民所赖以为强者，将不在乎兵不在乎富而终在此团结力者，非诬言也。

中国文明有上开之特质，非偶然也，以深远哲理论之，可谓文明文化者，乃中国之特有物，此非夸张之言，其价值之大，绝非西洋文明所可比，今乃有欲废弃之者，吾不解其究为何意也。

今人所常称文明之一名词，乃以当西语之细维利塞生顾，其字原义，乃由鄙野之俗化成都会之风之意，不是鄙是都，不是野是文，如此而已。夫人民相聚，以营都会生活，此在文明不过一端而已，非举文明之全局以言之也。至于中国所谓文明，则不然，其语出于周易，以言居野行道圣人之效，本系人文明焉之义故，人文极于经天纬地并存，人与人彼此调和之关系，具此关系故，人道之极与天地参至中国以外之民族，虽非无此关系，但放任之于自然之发达而不理，唯此中国人人躬亲感知之，而修养之造就之，其于人文工夫穷神知化者，谓之圣人践履不畔者，谓之君子，将此开物成务者，谓之贤者累世之圣人君子贤者营营乎，积其建设之功，以至今日者，即此中国之文明也。圣贤君子取人间调和关系之理想，箸以字句则成文章，故曰，文章经国之大猷文之，本义在乎组织调和之工夫，并不在字句之编缀，即如尧典文思安，安亦系调和组织人事工夫使之自然平安之义也。质而言之，人事调和组织变通之工夫，唐虞三代以还，虽云质文世殊，而所行之政治要皆，为化民成俗结合团体之事，至战国时代，孔子出焉，乃将先王事绩总集大成，以为教理用，此种教理，以为由精神上统一天下之具，此道始以盛行，其后以历代之历史文学益涵养之，以至今日，遂为至丰且润之中国文化，故此文化，实系中国国民无形之富，其能不失，为全球中大国诚有故已。以故中华二字解释之，以为文化之中心，未为不当，至今欲统括民国四百兆人之意识，俾其自识为国民团体之一分子，实赖此文化之尚存，微此文化前者，清帝辞位，将团体随之崩散，时局不可收拾久矣。是以论南方革命首义之功，以能破坏爱新觉罗氏之统治权，作为而止假使破坏势力愈出愈纷不知底止，其欲举旧有文化使之一旦扫地荡尽斯断，断不可容矣。

虽然常人之情守极端主义者，恒欲推到极端，故今欲与南方革命政治家陈说保守主义，徒逆耳已，则保守势力之运用，要不能不待诸北方政治家，盖北方政治家常处与南方政治家相对待相抵抗之地位，更以实际政治问题论之，北方政治家所可以与南方势力相对峙者，其立脚也实在此点。南方政治家仍以革命理想建设新中国，而北方政治家异是，则须公然代表旧中国以固有文明，能制人心之力为，其力推展进行以达目的，学观民国今日人心所趋势，力所归知四万万人民之心理，于中国旧有文化尚犹未去，所静候者能以合宜之法，利用经纬世务之贤材，出其势力耳，旧中国思想，今虽未见大流露于表面，然不过一时为革命风潮所压倒，或纷纭之际茫然自失不知所为，或姑且傍观以俟氛息渡平人心平顺之一日，绝非因旧日理想，因于四万万心，已失制裁之力灼然可知，所虑者至旧中国思想，复得甦醒再燃之时，而同时革命政治家之短处，将皆披露于事实，此时反动之势，将非人力所能当，夫反动之危，实非吾人之所冀望，故与其俟，反动既形苦于其险，孰若趁其未至暴哗之顷，先利用此久蛰之保守势力，以裁抑革命改进之势氛，于以谋民国治安之完固乎。然则为今之策，惟有使北方成就保守势力，以与南方之急进势力相持相剂，以为进步而已，盖蒙熟思审处以为最有效验，最为合法之良策，舍是殆莫与归兹为实行，此策于将来民国宪法，须要施行诸点开列如左：

一、宪法须规定明文以孔教为国家风教之大本

夫孔教是否宗教学者，聚讼纷然，此一问题诚难解决，独至其对于立宪国家之关系，则与宗教势力不相悬殊，故今先述国家与宗教之大概关系。人民为国家之分子，而所以称分子者，即以其非孤立之故。彼以一定之主义目的相聚合而成种种之团体，如家族团体，地方自治团体是也。此等团结，皆以人民发达为要归，故国家有公认保护之应当理由，惟是多数人民生事而外，尚有精神上之要求，欲求满足具此目的，于是结合团体，谓之交会，此亦国家所当公认保护者也。国家之于地方自治体也，公认之保护之，于行政范围则利用之，以为国家之机关，其于教会亦然，得此利用之，以为维持秩序巩固国群之具，此国家之自由权也。惟不得强迫人民为某教

会之会员,不得强迫之使参与某教会之典礼,又不以属于某教会之故,得以享有特别公私权利,是谓信教自由,是以国家既于宪法保证信教之自由,而复公认一宗以为国教而特别保证之利用之,此与立宪政体,未尝相戾,如宇鲁西宪法第十二条,保障信教之自由矣,而第十四条仍有左开之规定:

国家关乎宗教种种设施定耶稣教为基础然不以牵动第十二条保证之自由。

其国家一切典礼,均以耶稣教为范围,如国会开会之初议员遣诣官寺礼拜,至今尚然,宗教与政治实际上大有势力,大概如此,又在英国虽无成文宪法,仍立国教国王号为教长,尝锐意将其宗旨利用于政治上,世所周悉矣。

又如诺尔威国,旧以路透新教为国教,1905 年与瑞典分离之后,宪法条文多加改正,惟关乎国教则条文仍旧即如左开:

第二条　耶万西尔路透教会,仍为国家公教,俯仰本宗人民有依本宗抚养其子之义务,塞殊意图教禁止不许。

第四条　国王必信仰耶稣西尔路透教而保护之者。

第十六条　国王得监督一切公开祈祷及一切宗教上之集会,监视所有奉职教侣遵奉教规。

第二十二条　国王得设咨询枢密顾问,任免一切文武官员以及僧官(下略)

又第九十二条中规定 非信国教者不得为王之枢密顾问。

丹麦宪法有左开二条:

第七十五条　国教典章以法律规定之。

第七十六条　国民宗教举动非害道德治安者,有自由信仰拜祷上帝与结集教会之权。

可知诸国保证信教自由矣,而定立国教犹不废也。唯共和国立国教者,少英国向于民人信仰不加干涉,宪法订立明文,举凡宗教一切置之度外,此因当殖民之初,来美避地者,特若母宗教上之迫胁,遂尔惩羹吹齑悉科放任之故。

又其国常以完全信教自由为主义,欲使欧洲之民凡以崇信不同,而受政府之制限,因而心怀不平者,总至偕来以此为欢迎招徕之政策,惟 1787 年 7 月 13 日之命令,当宪法未制定之前,十三州同盟会议决,宣布以为将来开垦属地(原语所谓的利多利),根本之法章有及此者,此美国宪法史上最重大之公文也(的依罗尔《美国宪法发展史》257页)其第三条载明如左：

宗教道德及知识为善良政治与人类幸福所不可少。

故学校以及教育办法须永远励行。

未独立之前，民人信仰礼拜，依其父母所信之宗教以为义务，如遇父母信仰不同，则男依其父女依其母所信宗教以为定例。

至俄罗斯及巴尔干半岛中诸国（即卢马尼亚勃牙利亚塞尔维亚希腊黑山国）则以希腊教为国教。

又土耳其于1908年改正宪法，其第一章第十一条载明，以回教为国教。又于第二章第十一条，将从来公认宗教仍行保障其自由。

今中华民国，于旧之释道新有耶回，则公认之以为有益之教会予以保护，如是而止，独至孔教其不同于以上四教者，以其尊祖祀天不言神秘甚密之义，而于人伦，则至纤至悉郑重周详是故伦理者，乃中国文明之精华，为西汉以来二千年间政教之基础，其浸润于国民之意识至深，其支配国民精神之力极大，居今而保守，不但须将通国之中所有被服儒术崇奉孔教者总括为一团体，由国家公认而保护之，且于宪法特著明文，以此为国家风教之大本如左：

中华民国以孔教为国家风教之大本。

假使宪法揭出此项明文则其发生结果如左：

（一）国家设立学校得以孔教为伦理教育之基础。

（二）国家得将孔教学位（进士举人秀才等）公认以为选举及被选举之资格。

（三）得以国家公款维持孔教学校。

（四）得对于孔子后裔示特别之优遇。

凡此皆于国教之规定，而得保守势力者也。

二、须改参议院之组织以冀添增保守的分子

夫国力之发展，固有待于青年进取之锐气，所谓革命，亦以破坏阻挠发展之保守势力，而后有功，惟是国之存立秩序，必与进步并行，而所以能维持社会秩序者，非旧来之势力，而何使一旦破坏荡尽，无复遗余，则秩序必乱，因而国难继至，外国纷乘，邦基去矣。是故，于立法上有酌留相当保守势力，俾其有效之必要，由斯而

言，则现行之民国参议院组织法，不可不改订也。

惟保守力之强弱，恒与议员之年龄相关，查现行法众议院议员，例满二十五岁以上，参议院议员例满三十岁以上，年龄相差仍属过少。虽美国宪法元老院议员之年龄，订为满三十岁以上，然断非中华民国所可效法。何则，以美国住院议员之选举法，其订定也初不关乎地方如何，只以人口为标准，以故国会之组织宪法上，无以表明各州别立之关系，乃以元老院补其缺点两院之制由而故耳。且美国独立无已过之历史可言，从而往昔势力，亦无有之，美国现订元老院议员年龄，与所订众议院议员者，相差权十年耳，而美国以为未尝不可，职此故耳。反观之法兰西，其与美国同共和国也，然法有往昔之文化，灿然眩人耳目，有已过之历史烂漫，夺人观听，其保守势力能支配国民心者，至今尚为强固，故于元老院议员年龄特订为满四十岁以上人，所共和者也。乃今中华民国，其光辉历史，垂四五千载，于兹绝非法国所可比，其上院议员年龄，即订为五十岁以上，未为不可则，限以必达强仕不惑之年，岂非大中至正者耶。

更有进者，以欲维持保守力，使与国民之进步力相为平衡，故于前法不可不改正，然所谓保守力者，非但观议员年龄一节已也，彼之经历学业财产，于保守力皆有乘除，因欲改正其组织，更为订立原则如左：

凡参议院议员，以中华民国男子，年龄满四十岁以上，具有左开资格之一者，为有被选之资格：

（一）为众议院议员已经三会期以上者，或曾为众议院议员过六年以上者（参考意大利宪法级三十三条）。

（二）曾为国务员或为出洋大使公使者。

（三）为中央政府或地方官厅高级官员已过五年以上者。

（四）有举人以上之学位或者有中外专门大学校毕业之久凭者。

（五）按年缴纳直接国税过五百元以上者。

凡此皆于改订上院组织法而得保守势力者也。

三、须改请愿陈诉字样

人民有请愿于议会之权（约法第七条），本为西洋诸国宪法专条所保证，凡诸请愿其目的,不外两种,一所陈诉者,关乎小己一身之苦痛,而求救济于官府也,二以公共福利为目的,催请立法机关酌改旧章,制订新法也。二者括于请愿之中,见于法国革命以来之历史,今民国《临时约法》第七条,既准人民请愿于议会,又于第八条准其陈诉于行政官厅,未免复沓而乖,改体似应将两条包括订在专条请愿之中,俾其任便陈诉自己利害,或催请公共利益,方为合宜,更有进者,请愿二字,近于卑乞,今若改为品格较高之字样,使中国旧有之思想家,所自革命以来,潜声而伏者乐进,而沥陈时务以便国家,此亦维持保守力之一法也。盖请愿二字,对于国家所有哀请愿欲事近自卑高尚识时之杰,未必乐为故,愚以谓莫若国家广开言路,博征忠谠之言,广益集思为济甚大,然则代以何等字样方为合宜,意如建议进言之类皆可用也。

此乃改易请愿开诱言路而得保守势力者也。

第四章　共和组织论(超然内阁主义)

共和宪法最大问题,在以美国式共和政体为善,抑以法国式共和政体为善,此外尚有瑞士汉堡等所行第三式,即不另设一名大总统,而以数名组织之行政会议(于瑞士则以七人组织联邦会议于汉堡则以十八人组织元老会议),行使行政权是也。然此第三式,于中华民国似无从采用,姑置不论,今先就美国式法国式二种研究焉。

世论美式法式之优劣者,固属不鲜,然未见有将其相异之点明晰分剖而解释者,但谓美式为大总统行使行政权之政体,法式为国会由国务员行使行政权之政体耳。然若将所谓行政权之意义,解释为执行法律之权,则其属于大总统,法美两国固无择己。征诸两国宪法明文,美国宪法第二条第一节,法国公权组织法第三条,或其行政之实际,均未见有何等差异。今如欲明解两者相异之点,不可不知于执行法律之任务外,另有政治之任务在也。

美国宪法虽无关乎政治之规定,而其第二条第三节有大总统得以关于此联合状势之报告,提出于议会,其视为必要,且便宜之计,图可命议会审议等语,政治之权属于大总统,可以推而知之,法国宪法于公权组织法第六条,有国务员关于政府一般之政务，须对于议会负连带之责任，关于自己之行为，须对于议会单独任其责等语，政治之实权在国务员对国会关系，盖可知矣。

是以欲明解美法共和组织之差异，须先说明政治及政治上之责任，为何最属必要。向来学者以政治一语为难于分解说明，在今日则不然，凡为谋国民之发达，就应以国家之力经营事业之中，量其轻重，察其缓急，由适当之顺序次第筹办，谓之政治。今日之学者，其见解殆属一致。所谓为谋国民之发达，应以国家之力经营之事业，可大别三种：一曰使国家自体强有力应行之事业，如兵备财政是也；二曰谋一般人民厚生应行之事业，如警察卫生司法是也；三曰扩张一部人民利益应行之事业，如保护通商奖励农业振兴工业是也。盖虽云一部人民之利益，决不可置之于度外，观察今日世界之形势，如英如美如法如德最进步之国民，大都皆系一部人民之利益最发达之国民也，以上三种事业，如欲以国家有限资力尽数同时经营，固属不能，然欲以国家有限资力，将种种事业仅经营其小部分，亦非得策。何也，由此办法必致，所有事业无一能达到十分之发展也。凡国家之事业，均系有机的互相关连，故将其一二事业十分为之营养，则其余事业亦自随之发达，譬如人体内诸脏，然兹有一病人，如将其脑调治强健其益可及于全身，又有一病人如专营养，其心脏其利，即为全体得其营养能知此者，即所谓良医也。国家之营养亦如此，国家应经营之事业甚多，果宜以何者为先，图而注全力以行之，是应深思远虑者也，是即所谓定大政方针之行为是也。

更详言之，有时以强大兵备为方针，则一切行政事务即依之而行，有时以丰富国家财政为方针，则一切行政事务亦即依之而行，既有定此方针之权利者，即应负方针有误之责任，是之谓政治上之责任焉。此项权利及责任，属于大总统与属于国会多数党之国务员，则即美法共和政体之所以不同也，前者谓之总统共和政体，后者谓之议院共和政体。

美国制度，凡政治之方针，大总统以全权定之，使国务员实行，至其责任，虽应由大总统负之，实际不然，纵使方针有误，使国家明受不利，仍无大总统引咎辞职之事，又使治迹昭著无连职之必要，一经任期届满，例应引退，果能再选与否，概属未定。此北美合众国之共和组织也。所谓国务员，但承大总统之命而行，始终不负责任，纯系一事务官，非真国务员也。然论其内容，所谓大政之方针，亦非大总统自定,实由选出大总统政党,内有势力之黑幕,政治家私议而成,即选举大总统时,竞相出资之实业家,或受其运动之徒是也,此美国总统共和之实况也。

所谓议院共和政体者,即法兰西现在第三共和国,以英国议院内阁为模范而设立者是也。在此政体决定政治方针者,自表面观之,虽为内阁总理,而自里面观之,实为议院内占多数党派之联合而已。质而言之,法国本无二大政党对立,如英国然,故将数政党联合,造成多数,大总统从此联合中简任国务员,使之级别内阁,殆成定例。是以数政党当互相联合之时,即订立一定之条件,内阁依此条件定政治之方针,由内阁总理出席众议院演说之,斯时联合之各党议员,造成此方针,即发议移入,其次议事日程,而不在联合之诸党(即反对党)为破坏此联合,而推翻其内阁起见,对其所宣言之政治方针极力反对,即提出动议,将该方针大加修正,务使该方针与联合条件不能两立而后已。若反对党之动议成立内阁,即不能不辞职焉,又内阁提出法律案于议会,须择其与所采政治方针为必要者,倘非必要,而仅属研究事项,当提出之初,内阁亦须预先宣明。苟宣明与政治方针,为必要之法律案,不能通过内阁,亦不能不辞职焉,又关乎内政外交大事件发生之期,即应决定对待方略宣明议会,若稍迟疑,即受议会之催促,倘所宣明之方略,不为议会多数所容,内阁亦不能不辞职焉。

由是观之,德国决定政治之方针者,不在内阁而在众议院占多数之党派联合,可以知矣。

以上两种共和组织,各有利害得失,兹先纯由学理观察之,英国之组织大总统超越于各种特殊利益之上,有公平判断决定大政方针之余地,此层属其美点无疑。彼如黑斯大总统,赖共和党之势力而当选,并不保护共和党之利益,有时反认民主党之主张为公平有道而实行之,且举民主党员为州政府长官,又如卢斯福大总统,以由共和党推戴之身,而敢排斥党议竭力掏资本家大联合跋扈之弊,其例不一而足也。

虽然概而言之,多数大总统动辄为推举自己之大政党所掣肘,而惟自党之利益是图,固属势所不免者也。

从学理上观察,美国组织之美点,既如上述,今复从学理上考其所短之处,则在政治上之责任,有名无实是已。大总统负责任不尽其责,则被议会弹劾宪法有明文如左：

第二条第四节,大总统副总统其他合众国之文官,由叛逆罪收贿罪,其他对于重轻罪之弹劾,及其有罪之判定应免其职。

虽然关于政治方针之责任,与刑罚问题万不可同日而语,故不但实行弹劾,甚属困难,且审判弹劾案时,明文上有必须元老院三分之二以上之同意,是以宣告有罪者,殆几希也。又从实际观之,1868年春议会拟弹劾荣逊大总统,而不能得三分之二之同意事遂止焉。此后弹劾大总统之事,殆未之闻焉。

总之,大总统任期四年之间,纵有失政亦置不问,四年任期一旦已满,纵有失政,仍不能不退职,此美国之特色,而即其政府权力之所以强大也。

反而观之,彼不能自党举出大总统之政党,至少四年间绝无实行其主义政策之希望。故英国每届改选大总统竞争激烈,全国鼎沸,致有徒费人民能力大部分之弊。若使大总统任期,如墨西哥之延长(墨西哥总统任期1904年以前订为四年瑞再改为六年),反对党将用暴力推翻现政府,革命扰乱将不知底止矣。

法国之组织,从学理上观其长处,在使内阁对于政治上责任之观念,极为锐敏是也。议会常监视政治,故政治常与民间所必要者不相懈驰,达国民发达之目的盖最适当也。

至从学理上观察法国之组织,亦有不利者无他,国会中并无国家全体利益之代表,即至一部人民之利益,因现行选举法,非采利益代表制,而为选举区制度,故众议院内利益代表之关系,未必能与实际上各部利益之轻重缓急相符也。质而言之,法国政治之重权,在众议院,而众议院只能代表民间特殊利益,并不代表国家全体之利益,且各部利益中,最应先行伸张之利益,亦不能于议院中得最多数议员代表之保证,至下级贫民之利益,与国家大局不甚,重要之一部利益,反得最有力之代表,此社会党势力大张之国,尤不适于议院共和政体,从可知已。

今再从实际上考察法国组织之利害得失,各政党均能满意,故不平者较少,而国内平稳是利也。国是游移不定,朝视为强有力之政府,夕忽失议员多数之赞成而不能不辞职,故国家无长久之计划是害也。若就中国国情论之,使采用美国式共和政体,为最初七年或十年间之临时组织,固未尝不可,然为永久计,则恐南北将分裂矣,又使采用法国式议院共和政体,于新创富国强兵诸事,殊多窒碍,又习于专制之国民,厌议院党争之烈,将渴望强有力之政治家出现,而专制将恢复矣,且万事不定,尤有碍外国之信用也。夫然中华民国,必筹一适于民国国情之特别共和组织,有断然矣。

一、超然内阁组织之共和政体内阁共和政治

大总统决定大政方针,在任期间事实上立于无责任地位之。

共和组织及由国会内二三政党,联合决定政治方针之共和组织,均未足以取法,既如上论,然则所余者,只有超然内阁组织一种而已。兹将超然内阁组织之共和政体,撮要解之,大总统先行决定政治方针,不问国会内外之人,但有愿依此方针行其政治者,则举之组织国务院,至其方针之当否,一归国务员负其责任,虽有时出于不得已,更迭内阁,然未必因国会失多数之赞成,而以之为辞职之准绳,考其政治方针之成绩何如,征诸国内舆论之向背何如,大总统独断特行,而使内阁更迭,是为超然内阁组织之大概情形也,此项组织尚无一定名称,今姑假之曰"内阁共和政体"。

此项组织,论理本非难于成立,但因宪法学上法国第三共和政治之经验,世遂以为实际难行焉。按史法国与普国战争中,为协赞和约召集之,国民议会君主党占多数,遂有谋恢复君主政体者,卒以被推为君主之人辞退不果,旋于 1875 年,先行议定关于国宪诸法律,同年依据该国宪,而组织之众议院,其当选议员君主党,仅一百七十名共和党得三百六十名之多数,于是共和政体之大势乃定,维时大总统麻克马亨元帅七年任期未满,而元帅本为君政之忠臣,颇有意利用其职权,恢复君政君政党为右党,改称保守党,对于大总统所拟恢复君政之议极力赞成,但终不免为少数共和党为左党,分为中央左党稳和左党激烈左党,三派藉多数逼使大总统行共和政治,大总统鉴兹情势,乃由共和党中最近于保守党一派,即中央左党内,举图法尔使之组织共和内阁,此内阁以不热心于贯彻共和主义之故,仅九阅月,即陷于少数而不得已辞职。于是,大总统取超然内阁主义,断然排斥众议院之多数保守党总理蒲卢里公爵组织内阁,蒲卢里公爵系知名贵族,又为学界名流,深知时势所趋,非使多数党造成内阁终不能济时局之急,乃力劝大总统由共和党举国务员,是时激烈左党刚别达切,论曰大总统须从国会之多数,否则即断然解散国会,于是麻克马亨大

总统，稍屈自己之主义，于 1876 年 12 月 26 日，命稳和党名士主尔施们，组织内阁独陆军海军及外务大臣，以与内政无关，便属于中央左党之前内阁员，仍在其职，由是政治之实权，转移左党，即共和党政府先斥退反对共和之官员，将往年君政党内阁限制之人民权利自由复旧，再将天主教会一切特权取消，此特权本因天主教会常助君政党，由君政党内阁给予者也，麻克马亨大总统见共和党内阁辄破坏一切旧制不知底，止寻至侮蔑教会愤慨不已，1877 年 5 月 16 日，以内阁总理大臣主尔施们不奉其命之故，强使辞职，断然举保守党总理蒲卢里公爵组织保守党内阁，而命国会停会一月，及国会再开会之日，共和三党联合议决，国民之不信用内阁，大总统于是得元老院之同意，解散国会，是为法兰西共和国大总统实用解散权唯一之例。法国历史以 1877 年 5 月 16 日主尔施们面黜以后，至国会解散之政变，称为 5 月 16 日之武断解决云。

蒲卢里公爵之保守党政府，乘五个月之预备总选举期间，实行所有属于共和主义之地方，官以不便，故悉行免职，而代之以战斗主义(始终反对共和主义不渝之主义)之人物，禁止共和主义之报章，不准在公道发卖，将共和党员常聚之客店禁止营业，凡共和主义之演说会务使不易开会，并将属于共和主义之区长户长免黜。麻克马亨复躬自游说，各地方以共和党为煽惑者而论之，曰今国家秩序，将为彼煽惑者所破坏，鄙人目睹耳闻，何忍独善其身，鄙人在任一日，惟有极力奋斗，以完全维持秩序之天职而已云云。政府复派官选候补者，使与共和党候补者互相竞争，天主教僧侣亦助之激烈，共和党之刚别达，因其雄辩，反对政府被拘留者不止一次。直至 10 月 14 日举行总选举，当选议员属共和党者三百三十五人，属保守党者二百零八人，于是前者遂得大胜利矣。保守党内阁乃辞职。11 月 23 日大总统举从来与政党无关系之罗施布耶，组织内阁所谓事务内阁是也，只办理眼面前之事务，众议院视之以为藐视国会权利之行为，议决与此内阁一概不交涉焉。

因之，1878 年之豫算不能成立政府，如不按照豫算而征收租税，必致滋生乱端，麻克马亨乃亦屈让，再命中央左党德法巫尔组织内阁，是为议院内阁主义之胜利。

以上所述，为共和政体行超然内阁主义之唯一试验。然此试验，不得谓为依公平之条件而行，何也，当时麻克马亨大总统之目的，并非在进行自己信为尽善尽美之政治方针,而在于变更政体,拿破仑第三世之君主政体失败未及十年,麻克马亨意欲再立君主政体,多数人民反对,此举固其所也。若夫政治之方针,苟为国利民福计,则赞成与反对者必各居半,除非常有误者外,举国反对之事未之有也。

试征诸君主政体之实际,德意志帝国仅于军事外交皇帝之权力雄大,至其他行政事务,悉应依帝国议会协赞之,法律行之,且政治方针,应以豫算经帝国议会之协赞,其关系与共和国毫无差异,然至今日仍能行其超然内阁主义焉。

又如日本宪法,制定以还迄今二十有余年,仍行超然内阁主义,顷者政党内阁之声虽渐盛,其实因超然内阁,恒为萨长二藩所垄断,流弊甚多,故拟以议会势力,打破此弊,遂使超然内阁一变而成议院内阁之形势焉。

今日以后,与政党全无关系之在野大政治家,树立正大之方针,并非无组织内阁实行之之望。由是观之,代议政体与超然内阁,非必难于两立可知矣。树立超然内阁成功之手段,视德意志帝国大可了然。质而言之,帝国宰相须与众议院内一二大政党结讬,固属必要而不必常依赖同一之政党,依其所立之方针,或结甲党或结乙党,因时制宜利用各异,是为避议院内阁弊端之要诀,即如俾斯麦当帝国创立之初,以抑制国内加特力教会之势力,为其方针,故以国民自由党为中坚,加之以帝国党,即官吏党遂得制国会之多数,至后年改树方针,课保护税,巩固帝国财政之基础,即舍国民自由党,反与从前为政敌之中央党,即加特力党相结讬焉。故欲与国会有力党派相结,使之赞成政府方针,不得不稍采其党派所怀主义而实行之,固无论己,所谓操纵国会之妙用,即在此焉,又如毕罗宰相任内占领胶州湾,其真目的,并非欲得胶州湾也,特以加特力教士在山东省遇害,毕相藉以结该党,将令其赞成扩充海军之方针而已,现今德意志帝国议会社会党势力最优,故政府无论采取如何方针,必不可不先得社会党之赞成,社会党向来反对扩充军备甚力,而德国现在方谋陆军上,未曾有之大扩张,因是课财产税不据,按年分缴之法以一次完纳全额为规,是即社会党之主义也,如克虏伯公司一举被课六百万马克皇帝所有私产,亦不得不交纳三百万马克,故社会党之不反对政府者非偶然也。

以上所述巧妙之手段,虽在共和国亦安有,欲行不能之理,果能行之,较诸美国大总统决定方针,使内阁施行之主义,暨法国由众议院决定方针,使内阁施行之主义,其优胜盖甚明矣。何则,此第三组织实兼取他两组织之利益,而除其弊害者也,此第三组织超然于国会之外,秉公决定方针,故得将现在因选举法不备,而发生之不公平加以匡正,如所立方针不生良善纳果,则内阁即引责辞职内阁,时时更迭不使人心厌倦,举国中多数政治家习于政治,是亦一利益也。

二、在超然内阁组织大总统与国务员之关系

超然内阁组织大总统与国务员之关系,须与德意志皇帝与宰相之关系同。大总统立定方针,将此指示国务员,国务员如谓按此方针,难期良善结果不能负其责任,则不可无拒绝之自由,虽然国务员系由大总统特任,非国会多数所推举,本不负奉行国会意思之义务,故当此之时,大抵依大总统所指示者居多,或不过略以加自己意见润饰之而已。是以大总统为人活泼有为,如卢斯福然,则可自行筹画立定方针,将此教示国务总理,反之大总统为人敦厚,如卢伯然,则凡百政事委任国务总理,但垂拱以治而已。盖超然内阁组织之所以为大利益者,在不拘大总统为人如何,毫无惹起政治上之变动之虞。质而言之,民国将来,如何人物充为大总统在未可知之数,若现在订立如美国之宪法,使凡庸之士当选大总统,则国被其害必矣,又若订立如法国之共和组织,即使大总统为不世出之英杰,亦无用其能力之余地。若夫超然内阁组织,大总统能得人杰,国家固得利益,即使不得人杰,国务员负责辅佐,国家所受不利亦属无几。就民国视之,将来形势不可逆料,若采此伸缩自在之组织,尤为策之得宜者矣。

至于议院内阁之组织,本属易易,无论何时立即告成,惟一旦成立,欲再归超然主义,殆属不能,故莫若先行超然主义,以便历练宪政之运用也。

三、大总统任免国务员

此条之特设,标明任免国务员无须国会之同意,《临时约法》所定须经国会同意之制故,本于美国宪法任命官吏,须经元老院同意之义,其目的专在豫防大总统随意任命自己合意之人物,以供推翻共和政体之具。然其实际,美国大总统任命国务员,元老院拒其同意之例,绝未曾有,不过为形式上之手续而已。如欲预防大总统推翻共和政体,以另设弹劾之法为宜, 苟欲立法与行政互相独立,使大总统不为国会意思所羁束,独立专行政治,断不可使国会关于任命国务员有同意不同意之

权。国会如有同意不同意之权,使同意之国务员遗误政治方针,则国会亦理应俱负责任,由是观之,使国会关于任命国务员有同意不同意之权,与责任之义柄鉴两不相容,断然排斥之可也。

大总统解散众议院,但自解散之日起六个月以内,须召集之,如采超然内阁主义,则关乎大政之方针,国务院与国会如异其意见,其冲突久结不解时,应使国务院辞职,抑解散国会,而诉之于国民之公断,其决裁之权必须属于大总统。凡国务院与国会冲突,如必使国务院辞职,则国务院不得不依据国会多数之意见,以定大政之方针,只可谓之议院共和政体不,可谓之内阁共和政体也。至国会以参众两议院组成,如将参议院组织按照第三章所述主义改正,则无须解散之也,或谓使大总统有解散权,则与共和政体不相容此误解也。国务院与众议院多数关乎政治之方针异其意见时,为使主权者之国民发表意思起见,即行改选众议院最合乎共和政体者也,彼如北美合众国宪法,无规定解散之事者,则因众议院议员任期仅二年,事实上无解散之必要也。又如法国宪法规定,大总统之解散权而自 1877 年以来未尝适用之者,则因法国议院共和政治之惯例早已确立,内阁一失众议院多数之赞成,即行辞职复无适用解散权之余地,以民国视之,均不足取法者也。

结论

据以上所述理由,如欲采超然主义之共和组织,须择宪法中合宜之处设左列数条:

国务员辅佐大总统执行政务负其责任。

国务员对于为主权者之国民负责人,如有未尽其责任者,大总统应代国家定其应否免黜,此自是当然之理,盖既采用超然主义,则对于国会负责人字样断不可用。

国务员负政治上之责任,故大总统无政治上之责任,亦属毋庸另行宣明。惟大总统不负刑事上之责任,及对于推翻共和政体叛逆罪,应受弹劾之专条设之亦可。

第五章　　大总统之资格任期及选举

共和国大总统之地位,须由三面观察之:一为国家元首之地位,二为国家代表者之地位,三为政治及行政最上机关之地位是也。

(一)国家元首之地位

国家之元首与其主权者异,又与其统治者不同,共和国之主权在民,不属于大总统,固不待言,有国家主权者自行使之,以行国家之事务,谓之统治者。共和国主权者为国民,而国民不能自行其主权,故以其事务委任于他机关,委任单一机关,则有专制之弊,故以之分任数机关,可知共和国主权者并非一人,而统治者亦不能为一人。

元首非主权者,而又非统治者,如人身之头脑,然将国家一切事务综合认识,且将其一切活动统括调节者,谓之元首。

苟微元首,则一切国家行动,不免有前后矛盾,左右支吾之弊,故鉴于国家组织之必要,不得不设如斯之机关,而大总统系由宪法委任,政治及行政之权力,故认其在国家诸机关中为元首最便利之地位,共和国妙用三权分立之制,而国家之行动,仍不至于支离灭裂者,因有大总统为之元首。

(注)元首与君主不同,君主皆系元首,而元首不必皆系君主,君主承继祖业,举凡国家一切权力,且系于一身与人民之间,有君臣之义,至大总统所有之权力,仅国家权力之一部耳。不惟立法司法二权绝对无之,即政治及行政权,亦非系于其一身,其依据宪法所付与者,不过限于其在职期间,不得传之子孙,其与人民之间,亦无君臣之义,大总统所以为国家之元首,而非其君主者此也。

大总统为国家之元首,应规定于宪法与否,又属别一问题。试观法兰西 1852 年之共和宪法第六条,存有此项字样。而现今第三共和政体之宪法,则已删去,惟普通公文及法律课本,则常称大总统为国家之元首,纵使宪法无此文,而大总统为共和国家之元首,事实具在,又何疑焉。

(二)国家代表之地位

大总统事实上,既为元首故,苟欲以国家之尊威,表明于形象之上,则常使大总统当其任,此各共和国不易之定制。例如遇国家典礼,则使大总统居于正位,与外国交际,则使大总统代表国家。故大总统常于国费设备之公府起居,除俸银外,又由国库支出代表费(即交际费)也。

(三)政治及行政首长之地位

政治与行政二语,世人动辄混用,不知政治者,为达国家目的所行之事业,计较其轻重缓急而决定其方针之谓,行政者,依据法律命令而施行国家事务之谓,其事绝不相同,而以大总统及辅佐之之国务员,为政治及行政最上机关,则各共和国宪法之所一致者也。美法两国宪法,关于大总统为行政首长,虽有明文,而为政治首长,则无之然,其实际之为政治首长,观于美国大总统有发教书于国会之权,及法国大总统有任免国务员之权,而自明矣。

如上所述,大总统兼有三种地位,欲明此意,则宪法成文当规定如左:

第　条　大总统为国家元首代表中华民国总揽政务

总揽政务四字,系因袭《临时约法》第三十条之用于惟该条代表临时政府一语,未免过于狭隘,大总统不只代表政府,或行政权当代表国家全体也(《临时约法》第三十七条有低矮表全国字样),关于大总统为政治及行政首长之义,当于次章详论之。

(一)大总统之资格

世界各共和国宪法,详密规定大总统之资格者,未尝有之,美国宪法仅有年龄三十五岁以上,十四年以上在内国住居之规定,法国亦绝无何等限制,如以法律论之止,须成年以上之法国男子,均有为大总统之资格,无他,因大总统必要之资格,绝非人力所能测定也。虽然今将订定中华民国宪法此种重大问题,断不容盲从外国现行之宪法,使中国无固有之理论则已矣有之,则登载宪章,直无须踌躇耳。

中国自来为元首者,其必要之资格有一,曰德。何谓德,此问题虽不能于法律上下定义,而亦无不下定义之必要,设有一人,全国人民皆以为有德而戴之,则认为有德,奚不可者。但有一不可不察者,所谓有德者,须全国人民诚心以为有德而推之,若因其与已有利益或其他理由而戴之,则非因有德之故而被推戴,鄙人所谓不可不察者在此。要之民国宪法应设资格之制限如左:

中华民国大总统,依中华民国大总统选举法,由累世有民国国籍年满四十岁以上,四海之内莫不仰其德者中选举之(四海之内莫不仰其德见汉书高帝纪)。

(二)大总统之任期

大总统之任期,法国七年,墨西哥及亚尔然丁六年(1904年以前为四年),北美合众国及葡萄牙四年,北美合众国任期较短者,无他,因大总统虽事实上掌握政治全权,而处于无责任之地位,自非时时使之更迭,则恐反对党不平之气郁积磅礴。

一旦决裂酿成祸乱故耳。征诸墨西哥近年之政变,盖可知矣。然而任期太促,则又因急欲实行自己方针之故,以致政治缺稳和之态,偏于急激之弊,由是观之,须一面设法将任期展长一面,使反对党不平之气,不至于郁积,乃为不易之法耳。以鄙人视之,须采超然内阁共和组织,使国务员代大总统负责任,为最上之策,果用此项制度,纵使大总统任期为七年,亦未见其甚不可耳。现在参议院议员任期六年,众议院议员任期三年,如大总统任期订为六年,则有时国会两院与大总统同时更选,诸多不便故,大总统任期须订为七年或五年者,盖以此耳。法美两国,准大总统再任,而葡萄牙则禁之,墨西哥(1878年5月5日决议)智利(1874年12月1日决议),则一年准任两次大总统,而非其继续再任。

准其再任之说,乃学者之公论,不准再任之说,系党派间之政治论。以学理论之,不准再任,非惟不当,且系不利,如系善良大总统,能为国家任艰巨者,而亦不准其再任,则岂非不当,平凡政治上之功绩,无繇一时表见,必须历有年所方能渐著,乃数年后自己之地位,必使为他人所占,则始终无著施行善政之地步,其为不利尤非浅鲜。法兰西大总统任期最长七年为限,而仍克烈维再任矣,其第二共和政体宪法不准大总统再任,实诱起路易拿破仑1852年12月2日革命之原因,使路易拿破仑当时得再任大总统之机会,则彼必再任,彼既再任,则12月2日之武力解决,即无从生焉,再任之利及其当既如上述,惟至三次,则例所不准,自卢斯福失败以来,遂成北美合众国无文之宪法矣。

(三)大总统之选举

世界各共和国选举大总统之法,大别有二:其一,使人民直接或间接选举之;其二使国会选举之是也。

以民主国理论推之,既使人民选举其立法机关之国会议员,则其执行机关之大总统,亦当由人民选举,方为公平国会,乃立法机关不当使之选举大总统也。是以北美合众国纂拟宪法者,以使人民选举大总统为原则,而虑其或有为私利所驱诱胁愚民之弊,特采间接选举(民国所谓覆选举)之制,由各州先行选出与众议院及元老院议员同数之选举员(民国所谓初选当选人),然后选举员选举大总统,此英国之制也。乃此一行无端,使二大政党对于各州选举员之选举,大为竞争,咸思藉党势,以拘束当选之选举员强使投票于己党之大总统候补者,遂致纂拟宪法者,所抱之理想,全归于无何有之乡,而人民亦失其选举之自由。由是观之,北美合众国现在之大总统选举,不过共和民主两党彼此交征己党利益之手段而已。

法兰西以 1848 年第二共和政治宪法行直接选举大总统之制,人民遂为杰黠者所诱惑,选举路易拿破仑卒,致帝政之再兴第三共和政体之初。有鉴于此,乃由国民议会先后选举齐耶尔及麻克马亨为大总统,有此先例,遂成国会选举大总统之原则,1875 年所订宪法,即采用国会两院联合选举大总统之制,而此制度仍不免有流弊试略述于下。

选举大总统之日,两院议员集于维尔塞旧王宫,不举候补者,亦不用一切讨论各党政治家,在选举会场秘书折冲,即日决定是以选举大总统,不但一般人民毫无从干预,即两院议员在选举会未终之际,亦无繇知何人当选,嘎尔诺被选为大总统之时,众望所归,在于芙烈熙涅,而芙烈熙涅如果当选,则恐酿成内乱,因而选举会开会之后,决意辞退突然让于嘎尔诺也。如上所述,于选举一国元首,未免有缺于慎重之嫌,且大总统由国会选举,势不得不服从议会之势力,岂非于执行权对于立法权独立之义,大有妨害耳。

瑞西共和国无大总统,使联邦会议行大总统之职,两院联合选举联邦会议议员,至近年乃有迳由人民选举联邦会议议员之议,1900 年 11 月曾将此项问题付之国民一般之投票,其结果因少数而消灭也。

中美南美各国,大致效法北美合众国选举法,独乌鲁该共和国由国会选举大总统耳。

葡萄牙大总统由两院联合选举之,其任期为四年。

结论

今各国现行大总统选举法均不完全,既如上述,今为民国计宜,审度本国国情,而后别出机杼,酌定适当之选举方法,使环球各国知民国共和政体之威严,并使中国国民固有之文质发挥无遗,均系于此一事,是以大总统选举法应如何订定,所关甚匪浅鲜,必须注意各点大致如左:

(一)选举大总统,须平日先行预备,庶不致临时仓猝误事,若至不能不选举之时,始急切行之窃,恐其结果不佳,何以言之。盖如斯,则辄为党派竞争,或一时感情所制,断难收公平之结果也。是以须在现任大总统任期未满,或未因他事缺额时,每届三年预选候补大总统一名,一俟任满或缺额使与政党毫无关系之机关,于其中推荐一名方为至当,如此则庶不令政党独私大总统之地位乎。

(二) 选举大总统,本属最重大之事,能得有德者与否,尤非人力所能,必凡人力所不能及者,不可不济之以神力,冠婚之礼不过个人之大事,犹用敬神之礼,况选举大总统为国家之大事,哉且使国民以敬神之念从事选举,或足以少戢其挟私之动机,故鄙意选举候补大总统之时宜,以各选举区所在孔庙充投票所最为得当也。

(三) 投票程序,依众议院议员初选举程序为宜,每届三年众议院议员初选举之后数日行之。选举候补大总统,如有为各种运动者,须一律严禁,何以言之,苟为四海之内,莫不仰其德者,不待运动而自能被选,如须运动,则其不足为有德也,明矣。

(四) 凡国家大典,如候补大总统选举会,须与国民固有之理想联络,万不可使抱外国输入制度之感,是以关于选举程序名称,务以袭用中国固有之名词为宜。

兹将鉴于上述要点纂拟之具体案,开列于左以备采择:

大总统选举法案

第一章　仰德会(仰德二字见前注)

第一条　大总统任期为五年。

第二条　候补大总统,于累世有民国国籍年满四十岁以上,四海之内莫不仰其德者中选举之。

第三条　第一届大总统就职之年,选举候补大总统一名,以后每届改众议院议员,选举候补大总统一名。候补大总统当选有效期间为十年。

第四条　任满之大总统,得毋庸选举,因本人之意思,表示充次届候补大总统,但以二届为限。

第五条　候补大总统选举会称仰德会。

选举候补大总统于众议院议员选举之前一日,于各地孔子庙(无孔子庙之地以他庙充之)行之,得全国最多数票者为当选。

第六条　凡有选举众议院议员之权者,均有选举候补大总统之权,其禁止或停止其选举权者,仍依众议院议员选举法第五条至第九条之规定。选举程序依众议院议员初选程序另以细则定之。

第二章　戴德会（戴德二字见宋书高帝纪）

第七条　候补大总统有二名以上,时于现任大总统任满前三个月,开戴德会于北京天坛,行祭天之礼,由有效候补大总统中推戴一名为次届大总统,其因辞职疾病死亡或其他理由缺员者,于缺员后两月内行之。

第八条　戴德会之员定额二十名,满四十岁以上之民国男子,对于政府暨政党居于独立之地位,才识优长,德望素孚者,由政府指定十名,由国会指定十名,其任期为十年,第一届大总统就职之时,即指定第一次戴德会之员。

第九条　戴德会之员,为至高名誉,职受相当礼遇,被指定者当视为人民之义务（如当兵义务传赴法廷当鉴定人之义务分不准辞者）,除现任与政府或政党有关系之地位者外,不准辞退,戴德会之员如有不副其名誉之行为,或因前项理由辞职者,即指定补缺员。

第十条　开戴德会之日为国庆日,全国人民应各依其信仰,一律祈祷得良善大总统。

第十一条　戴德会会员住居直隶省以外,或因疾病及其他事故不能亲赴戴德会者,得于中央政府豫先分交之投票纸亲书,推荐候补大总统姓名缄送代理人。凡戴德会之员不能亲自赴会时,系国会指定会员,由国会议员中指定代理人,系政府指定会员,由高级官员中指定代理人。

第十二条　戴德会开会之日,用抽签法推会员一名,或其代理人为会长,会长指挥关于祭典暨投票一切事宜。投票用无记名法,会长先自行投票于出席会员面前,将总会员投票拆开,候补大总统得票最多数者,为大总统当选人,票数同者推年长者为当选人。大总统当选人姓名,由戴德会会长通知政府。

第十三条　本法律为宪法之一部。

附则

第十四条　本法施行后,始行改选众议院议员之年,选举候补大总统一名,尔后每年逢改选,众议院议员选举候补大总统一名,俟得候补大总统三名,方行选举第一届正式大总统。正式大总统未选举以前,使临时大总统继续其任期,第二届候补大总统未选举以前,如遇临时大总统缺员,则以第一届当选候补大总统补缺之,如于第二届候补大总统选举,之后第三节候补大总统选举之前,遇有临时大总统缺员，则以既选候补大总统中得票多数者补缺之。

第六章　大总统职权

（一）总揽政务之权

大总统为国家元首之地位代表国家总揽政务，前章既论述矣，关乎其所为政务者，兹须再行详加解释。以三权分立之宗旨论之，国会为行国家立法权之机关，审判厅为行国家司法权之机关，而大总统为行国家执行权之机关，其所谓执行权者何也。平易解之，则所谓执行权者，实行事宜之权力之谓也。美国宪法始用耶吉塞吉巫第夫巴瓦字样，世常译之曰行政权，而行政与执行不同，行政者，另有阿图米尼斯士烈生字样，是系执行法律之义，美国宪法学者，将所谓执行权解释以为包含政治及行政二者，谓行政另有各部总长，在大总统所以为其职权者，专在政治之上故，又称之曰大总统之政治权。

（参照）维鲁比美国宪法（第二卷第六百七十二节）曰，凡独立国为执行权之首长者（即大总统），其职务概由二项而成，曰政治上之职务，曰行政上之职务是也。此二者孰重孰轻，因各国政体之异各不相同，在某国则为执行权之首长者，其权威殆全在乎政治上，而在别国则将国家执行权被委任者，其政治上之任务被立法权之监督深，故为执行权之首长者，其主要政务，可谓在乎行政上，譬如瑞西国其一例也。

美国宪法之宗旨，殆全在乎以大总统为政治上，执行权之首长盖不容疑，即以办理不得以法律监督之政治上之事务，为大总统主要任务，其趣旨即如此也。彼如为联邦政府之行政长官，而指挥监督下级行政官，未能自始为置大总统之本旨也。惟关乎设置外交部及军务部，则由国会决议，以其一般监督之权，归之于大总统，然此二部并非寻常行政之官府，外交部系专关政治上之事务者，又军务部因大总统为美国陆海军司令长官之故，即监督之也。

一言以蔽之，美国宪法所谓执行权者，兼称政治行政二事而言者也，而行政系属依法律所行之事务，各部总长专当其局至政治，则大总统自行之所谓政治者，是系不准以法律规定，军事外交属其主要者。然而将各种行政事务计较其轻重缓急，决定大政方向,亦属大总统一大任务自明矣。彼如美国大总统,发交教书于国会,对于紧要政务催求制定法律,亦由其政治权而起者也,至于法国宪法规定大总统职权,较诸美国宪法尤为茫洋,大总统有执行法律且监督法律之执行之权,即在政权关系法第三条,载明而至政治一言不及于此,只以该法律第六条,内开国务员为政府一般政策,对于议会连带负责等语,藉悉有所谓政府者,行政治而其所谓政府者,总称大总统及国务员而言,只可推求事实索知而已矣。

先进二大共和国宪法,关系政治之规定,其不完备夫如斯矣。盖因其意本于民主共和之精神,拟欲将委托国家重权,于国会以外之单独机关(即非会议组织之机关者)之形迹,务必从轻之故已。虽然于行政司法之外,必须有称为政治之一种特别行为,征诸事实,毋庸论难,于是愚谓民国宪法,莫若将此载明条文上用便,藉视共和组织之真相。质而言之,须当既如前章所述,叙大总统地位后继之加总揽政务四字,用昭政治系属大总统主一之职权也,以上四字,既在《临时约法》第三十条见之矣。

(二)公布及执行法律之权

行政始于法律之公布,而终于其执行大总统,有此职权毋庸说明。

(三)拒否法律及决议之权

拒否权,系法国革命宪法学者孟德斯鸠所提倡,1791年革命,宪法始行,将此载明,而美国宪法转载之,以迄今日,以美国实验视之,众论归一,以为有益之制度。盖欲使大总统将国会既经议议决之法律拒绝公布,一见似乎以执行权侵蚀立法权,而并非绝对准其决绝,只使国会两院负覆议之义务,而已如再遇两院,各得三分二之多数可决,前议则大总统遂无繇再行拒否也,国会有时为私欲所惑,以破公平或为感情所制,操切决议亦未可保,故大总统操此职权,则足以使国会自反其本者也。据布赖斯君名著平民政治一书视之,美国人民对于大总统拒否法律,并不抱怨反而喜欢,其故何也,无论国会与大总统均系人民所选举,且信任者,今大总统悍然行使拒否权,而毫无忌惮,岂非大总统认真视事,绝不肯尸位素餐,旷废其职之左券耶,人民德之不怨之,盖以此已。例如大总统克里布兰图第一期大总统任内,拒否法律为数甚,伙夙有前代未闻之称,而并无为此致失人望之事,反而声望愈隆,再选得充大总统。美国宪法所订拒否权,得对于法律案及其他一般决议,一律用之其条文如左。

美国宪法第一章第七节

凡代议院及元老院所通过之法案,于其成为法律之先,当以之提出于合众国大总统,大统领若认可之,当署名于法案,又若以为,否则添以异议书,还付于原发议之议院,受还付之议院,以异议之详细,记载于议事录,且再议之,若再议之后,议员三分之二以上以该法案为可时,则与异议书共以之移于他议院,于此议院亦再议之,其以为可者,及于议员三分之二以上时,则该法案当成法律。虽然凡于如此之时,两院之表决依于可否法,又赞成者及反对者之名,各以之记载于议院之议事录,若法案提出于大统领之后十日以内(除日曜日),不还付时,则与有署名者同直成法律,但于议会休会无由还付法案时不在此限。

凡要元老院及代议院同意之命令决议及表决(除休会问题,命令决议及表决云者其间非有划然之区别,惟因于其目的事项,常异其用字己耳)者,可以之提出于大统领受,大统领之认可,始生其效力,若大统领不认可,使从关于法案所定之规则及制限,要依于元老院及代议院议员三分之二以上更为可决,如以法兰西宪法视之,附与大总统以法律拒否权,颇为啬刻第,使两院负覆议之义务,而己政权关系法第七条曰:共和国大总统自回送确定可决之法律于政府之时起算,一月以内必公布其法律,但两院以特别之决议,布告其为紧要公布之法律时,则三日以内次公布之,共和国大总统于前项之公布期限内,得附其理由于通牒求两院之再议,但两院不得拒其再议。

法国至前开要求覆议之权,仍且未尝实际用之其故,无他,法国本采议院内阁制度议会,如将内阁反对之法律案仍然可决,则内阁即行辞职,绝无呈请大总统实行覆议权之余地,故也。

(四) 发交教书于国会之权

大总统发交国会之照会文,称之曰教书,是为各共和国之常例,西语美塞,日系照会文之义,教书系日本人之译语,教书有大总统就职之际,特为宣布其政治方向于国会用之,又有大总统辞职,或任满退职之际用之,以为告别之辞,又有特为将政务情形咨报国会用之,又有特为对于国会咨催制定,关乎其事项之法律用之。以美国宪法第二章第三节视之时,时发交教书,用资指导国会是系大总统之义务。

教书有大总统亲临国会宣诵之，又有委派国务员，或大总统秘书代为宣诵，美国以务必梗塞大总统执行权，干涉于国会立法权之途为宗旨，故大总统亲临国会宣诵教书之惯例，以自建国之初二三代大总统，截止以迄今日，迨至现在大总统威尔逊再行复活，迄今一百十二年间久废不用之旧惯例，际其就职之初，亲临国会宣诵教书矣。

法国政权关系法第六条，以委派国务员代诵教书为规，先是第三共和政体之初，大总统齐耶尔，以其威力震动议员多数党，有鉴于此，特为豫行防范起见，1873年3月13日制定法律，如今以委派国务员代诵为规即蹈袭之者也。法国大总统自从其就职之日全失在国会发言之权。

今以民国视之，其宪法上宜须设左开一条：

大总统以教书宣布其意见于国会，大总统亲临国会宣诵或使国务员代为宣诵。

大总统教书必须豫行附之于国务会议，国务员对之负责任，教书无大总统署名又无国务员副署。

（五）命令权

为执行法律或基于法律之委任，得发布命令并得使发布之权，既在《临时约法》第三十一条认明之矣，将来之宪法仍袭用之则足耳。

关乎法律未存之事件，发布命令之权，即宪法学者所谓发布独立命令之权，虽属必要而与共和民主之宗旨拂戾太甚，属君主政体之国，犹且以设当面之规定，于宪法为难刿民国只可姑从断念耳。然而，发布不基于法律之命令，本与以民生发达为目的之行政事业，尤为须要，而此般事业应归何人管掌为宜乎，以愚见之，莫若将此归属各省管辖，尤为利便至其所以然者，后章省制大纲项下再行详述，以是之故，此种命令不必须以大总统职权发布之也。但美国宪法，虽无明丈大总统，以不侵害人民之既得权，为其范围发布各种行政命令，审判厅亦适用之，其中独立命令亦有之矣，又法国大总统，则不据宪法明文，只据惯例以独立命令支配各殖民地，至民国将来亦生如是惯例，是不可不望者也。

如遇有临时紧急之必要，特为行法律不准之非常手段，发布命令之权，《临时约法》无关于此事之规定，而且其性质与共和民主之精神不惬，较诸独立命令，更甚惟以实际视之此权，亦必须有之故，美法先进共和政体，以大总统命令权处于临时必要之法已备，今为民国计之，一面鉴于此等先进共和国所采之先例，一面考之于德国国法学者，所主张之国家当然之必要，断然将关于此事之规定，特设明文于宪法上，但使之监督綦严，勿稍流于滥用之弊，是为至当。

以美国视之宪法第一章第九节第二号规定，如遇外兵侵入或叛乱之时，暂行中止人身保护律之权，附之国会，而国会得不自行使，此权将此委任大总统行使，既有判决例具，在美国宪法注释第六十一页第十三号注，且又 1890 年及 1893 年之卫生法，将重大权利委任大总统，大总统依之发布之命令，其性质几与紧急命令相伯仲焉（夫罗引图著美国国法论第 301 页）。

又以法国视之，向有称为政治处分之惯例，如遇非常紧急之时，只据寻常法律无从救危，则政府以其命令权特为故，违法律之处分（例如不据法律遮阻人民交通之自由），事后对于国会辩白，其不得已之理由，先自负违反宪法之责，而求其解除责任，此法原系效法英国之惯例者也。

德国国法学者，以谓国家是活物也，人体不免时有病患，国家岂独能得，无异变哉时处，如是之日，如仍不可不依寻常之法律，为寻常之处分，则反有危殆国家之虞，亦未可料。苟使国家绝无非常之事，则己矣如未能免时有异变，则与其措之于宪法之度外，而不理莫若以宪法条文预先为之有所备也，即将以命令一时，故违寻常法律另为非常处分之权，委任于政府，但将实行此项权利之条件限制，又使国会严行监督是为至当云云，是所以今兹综合上开种种理由，民国宪法拟设左开一条：

大总统为维持公共治安，或为捍御非常灾患当国会闭会，以后且不及召集时制定与法律有同一效力之命令。

前项命令不论继续执行与否，至次期国会开会时，须迅速提出于国会，求其承认若有不承认之，决议时本命令当然归于无效。

大总统既为国家全体之代表，使之有授与荣典之权，固属事之，当然约法第三十九条，既有明文宜须遵照袭用可也，国家既将授与荣典之权，委任大总统，自当亦将制定勋位勋章之权，同委任之大总统也。

（六）特赦减刑复权之权

约法第四十条，既规定之宜须遵照袭用可也。

（七）宣告戒严之权

约法第三十六条，载明宜须遵照袭用可也，但依法律宣告戒严字样，恐有流弊，若夫如斯,则人或误会,以为仍须另行制订法律,方能宣告戒严,以愚视之,尤须遵照日本国宪法,所规定者订为戒严之要件及效力,依别法所定是为合宜。若夫以实际言之,既有发布紧急命令之权,几于毋庸宣告戒严也。

（八）制定官制官规且任免文武官之权（编制权）

大总统既有执行权,则须有将为行使此权必要之机关编制之权利,即所以制定官厅之编制,且任免文武官之权也。《临时约法》第三十三条曰,大总统得制定官制,官规又第三十四条曰,大总统得任免文武官吏,均系宜须遵照袭用者也。但任命国务员及外交大使公使,须得国会之同意一节,宜须撤销,其理由既如前述,仍兹再述则如下：(一)此项条件系美国宪法专为豫先防范大总统随意任命便于推翻共和政体之官吏藉为爪牙所设者,而关乎国务员几属有名无实元老院,未尝对于各部总长之任免挟持异议。(二)官制官规须得国会之同意则,与所以将执行权与立法权分离之义相戾。(三)又与使国务员负责任之义相反,何则,如使得国会之同意,任命之国务员有失职或违法等情事前表同意之国会,亦不可不引咎而同负责也。如至大总统对于国会之职权俟,他日专将国会之事,论述之机论之缔结国际条约之权,与陆海军统帅之权,其关系格外重大,故将此让于另章论之,若夫至如接受外国大使公使之权,既系大总统代表国家全体,有外交之权自然之结果,似乎毋庸另设专条也。

（九）大总统无责任

大总统旷废职守,则由国会弹劾,受大理院审判之制。约法第四十一条既有明文,然凡关于政治之得失,国务员负其责任,大总统不可负责任也。又关乎一般刑事上之犯罪,亦宜置之于无责任之地位,以使其保持威信,其关系重大,孰若将区区罪状纠弹之。惟至意欲推翻共和政体叛逆大罪,固须即行纠弹断,勿稍有踌躇,因是之,故民国宪法立文如左为宜：

大总统不负政治及刑事上之责任,但大逆罪不在此限。

第七章　共和宪法上之条约权

厘定共和宪法之组织最为困难者,则在乎关于军事、外交两项。订定大总统与国会之权限是也。何则，盖此两项事务非依据法律所能行者也。凡内国人民皆有服从法律之义务，故关乎一般行政事务，则大总统只将其先后缓急，慎重计较。而以关系法律行于人民之上足矣。至为外交目的之外国政府，及为军事目的之外敌，均无服从我国法律之义务，故以国会议定之法律临之难矣。是以军事外交两项事务，必将无须国会决议临机应变宜行事之职权，委任之于大总统者，诚不得已也。然从一方面观之，如大总统此项职权全无制限则，不免有流于专制，致使共和政体之存立危殆之虞，而从他一方面观之，如以国会监督权制限大总统此项职权，稍有失当，又恐外交不振，兵力不张，或致启外国纷乘以危，国家之祸。然则应如何筹拟始得中庸，而能冀其达到国家之目的乎，洵重要问题也。本篇拟专在外交方面以解决此项问题焉。

凡外交之作用大别有三，曰谈判，曰会议，曰条约是也。

一、外交谈判

谈判始于口头之折冲，而终于函件之受授。凡外交之惯例，不具文书而开议者，对手国自无答覆之义务，其文书程式，则视事之轻重而有正式略式之别。外交文书最粗略者则谓之公函，日本所谓书柬，其体式与日行文牍无异。惟英国则无论事之轻重，只用公函，决不用其他程式，盖为其外交之特色，其较恭敬者则谓之节略（西语普罗土克尔日语上书），即系通牒之略式者，其最恭敬者谓之照会（西语诺图），即系通牒之正式者，又译称公文，而日语所谓觉书（西语美末澜木）及声明书（西语的克拉烈生）等，皆系正式通牒之变体者，视其内容而异其名称耳，节略及照会所以与公函相异者，则在常用第三人称，而不用第一人称及第二人称耳，例如民国外交总长致日本公使公函，自称曰余或本官，如系节略，则自称曰中国政府，如系照会则自称曰中华民国政府，而公函指公使曰阁下或贵官，如系节略则曰日本政府，如系照会则曰日本大皇帝陛下之政府，所谓常用第三人称者，此之谓也，照会文则署具送人之名，节略则否。凡此等外交文书之受授，均属一种略式之条约，如下节所论述也。

二、国际会议

国际会议者，大概谈判涉于数国之时，避各国分别谈判之烦而开。有公会（西语公克烈斯)及会议(公弗连斯)之别。公会者,概系大战争后之议决,如变更世界地图等重大事件。例如拿破仑战争后 1815 年之维纳公会,克里密亚战争后 1856 年之维纳公会,俄土战争后 1878 年之伯林公会等是也。而此次巴尔干战争,半岛地图或将有大变动,谅亦将开公会以议决之也。至所谓通常会议者,则系专为解决国际行政上之问题,或协定国际法之原则而开。例如版权同盟会议,万国邮便联合会议,万国电信联合会议等,则属于前者,而仲裁裁判,陆战法规,海战法规,中立法规等事者属于后者也。

公会或会议将连日所会议决定者汇集一体,由各国委派全权委员签押,称之为最终决议书。最终决议书即系一种正式条约,一经批准其效力即能确定,惟公会则或由君主亲临,或由国务总理外交总长出席,故不待批准,一经签押效力即为确定,按之历史决非无其例焉。

三、略式条约及正式条约

条约有正式略式之别。略式条约者,如甲国外交总长与驻劄该国之乙国大使公使磋商谈判,将其结果缮就文书以备后日之证券者是也。其程式有公函节略(略式通牒)及照会(正式通牒)三种,又有将同一通牒双方签押各存一分者,谓之同文通牒。此种通牒于外交之实际迭次见之,亦系略式条约之一种。世所称某协约者概系此种同文通牒也,而所谓正式条约者,系结条约特派之全权委员谈判会议之结果所结者是也,此种正式条约之谈判,虽不另派全权委员,即由本国外交总长与外国驻劄本国之大使公使交涉,亦须互具全权委任状而后从事。正式条约古来有一定之程式,各国皆据之,故识别尤易。正式条约于签押之后,尚须互换批准书,略式条约则无须批准,只将条约正文彼此受授其效力即确定矣。

据以上所叙者总括而论,外交之作用虽谈判会议及条约之三大段,而谈判之较属重大者,均以外交文书之受授,即略式条约之结为终结,会议则以正式条约之签押为终结。故关乎外交,欲定大总统与国会之权限,则其方法将略式条约及正式条约两种研究之足矣。今特开示于左:

关于条约正式略式之别首宜说明者,即其拘束国家之效力,二者毫无差异是也。以往昔视之,凡正式条约之前文,必先宣明对于天地起誓永久不渝之誓词,其后不奉基督教之土耳其及日本，先后与欧洲各国订结对等条约。此等古俗一概不用，同时国际间之道德，大有进境，无须依赖天帝，所有正式条约及略式条约均以国家之诚意为其根据，而生效力苟欲与欧美列强缔对等外交之国，虽系略式条约亦与正式条约无异，不可有所违背是今日之形势也。

其次不可不述者，正式略式之别不必与事之轻重相关涉是也。近来重要事件之用略式条约之形式者愈多。例如现为欧洲外交中轴之英俄法三国协约，为极东外交骨子之日英同盟，日法协约，日俄协约，日美协约，又如关乎支那门户开放之列国间协商，其形式均系公函或通牒，或谓何以如此重要事件而订以略式条约，则须知正式略式之间，不但其效力毫无所异，如前所述，（一）因略式条约无须谈判会议委任全权及批准互换等事，其手续较为简单。（二）因正式条约如须改正，则亦不可不经郑重之手续，略式条约则无论何时本国外交总长与他国大使公使之间以寻常谈判之手续即行更改足矣，其手续最为从容。（三）因正式条约世界多数国须遵宪法将条约全体或其一部分要求议会协赞或报告议会，略式条约则无须此举，尤便于守秘密。例如法国宪法规定所有条约必须相机报告议会，而彼俄法同盟并未将其内容报告，只报告其成立者，盖因该同盟并非正式条约，即系年前法国大总统偕外务大臣往访俄国时所订结者，理当认为由通牒交换而成者也。

何种事件应用正式条约，何种事件应用略式条约，关于此项问题尚无可称为学术上之区别者，姑就近时外交之事实言之大致如左：

苟在政府职权范围之内，及得以政府之责任自行订定自行更改之外交政策相关之国际间约款，即所谓政治条约者，则不拘事之轻重，一律用略式条约，是为近时一般的倾向。至于其事件属于立法范围，条约成立之后有制定法律以执行之必要者，则仍一律用正式条约也。

兹就上述倾向，举显著之例以证之，则莫如 1908 年 11 月 30 日之日美协商也，此协约系日美两国约定对于中国采一定重要之外交政策，如用正式条约则不可不经美国元老院之同意，故特委婉其词交换公函，以订此约全文如左。日文载在《最近三十年外交史》下卷 698 页至 700 页。

日本高平大使致美国国务卿公函

敬启者，项日以来阁下与本使之间，叠经免晤交换意见藉得了然，日本国及美国在太平洋方面，保有由本国隔在之重要岛屿领土，而两国政府在该方面有共通之目的政策及旨意，帝国政府确信宣明该目的政策及旨意，不只使日本国与美国之间久存友好善邻之关系益致巩固，且藉以维持大局之平和者甚大训示本使，兹将认为上开共通之目的政策及旨意之左开纲领呈交阁下。

一、设法奖励在太平洋两国商业自由平稳之发达，是两国所希望者也。

二、两国政府之政策，决不为何等侵略的倾向所制，以维持前开方面之现状及拥护在清国商工业之机会均等主义为目的。

三、因是两国政府确实决意在前开方面互相尊重他一方所有之领土。

四、两国政府决议依据属其权内之一切平和手段，将清国之独立及领土保全，并在同帝国列国对于商工业之机会均等主义极力支持，以保存在清国之列国共通利益。

五、如遇侵迫，前述之现状维持或机会均等主义之事件发生两国政府，即当为其认为有益之措置协同商议互换意见。

前开纲领如与美国政府见解一致，则望阁下确认是荷肃此奉布顺颂勋祺。

北美合众国国务卿耶里富卢都阁下

1908 年 11 月 30 日

在华盛顿日本帝国大使馆

日本帝国特命全权大使男爵高平小五郎

美国国务卿致高平大使公函

敬启者，顷日以来本官叠次与阁下面晤交换意见，藉得双方认识两国政府在太平洋方面之政策，本日辱奉贵论，内开双方所认识之条件敬悉。一是今特宣明双方所认识者，诚能适应于两国亲密之关系，且作成将两国政府关于极东向来迭次声明之协同政策，约述互认之机会洵美国政府所专诚欢迎者也。

今得代表美国政府确认左开两国政府之宣言，本官何幸如之。

一、设法奖励在太平洋两国商业自由平稳之发达，是两国所希望者也。

二、两国政府之政策决不为何等侵略的倾向所制，以维持前开方面之现状及拥护在清国工业之机会均等主义为目的。

三、因是两国政府确实决意在前开方面互相尊重他一方所有之领土。

四、两国政府决议依据属其权内之一切平和手段,将清国之独立及领土保全,并在同帝国列国对于商工业之机会均等主义极力支持,以保存在清国之列国共通利益。

五、如遇侵迫,前述之现状维持或机会均等主义之事件发生两国政府,即当为其认为有益之措置协同商议互换意见。

肃此奉布顺颂勋祺

日本帝国特命全权大使男爵高平小五郎阁下

1908 年 11 月 30 日

在华盛顿国务省

北美合众国国务卿　耶里富卢都

关于政治上之订约正式条约之不便,前清时代中日两国间曾有一例,颇饶趣味述之于左:光绪二十二年五月(1896 年 6 月),李鸿章使俄贺俄皇加冕在俄都签押之嘎熙呢条约者,当时北清日报即喧传其内容,其后鉴于中俄之外交,世咸知中俄之间除业经公表之约款外,别有秘密条约,因而日本迭次要求将此秘约功开示,而清国始终否认,及至日俄开仗之初,清国守局外中立之态度,始自认密约之存在将以示日本,讵外务部未将该条约正文保存其后始觅得于某邸,其内容则系以日本为敌,纯然中俄攻守相同盟也。

由是观之,盖因保存于外务部,则动辄泄漏机密,故特保存之于某邸耳,正式条约有时之不变如此,故现今欧洲各国务求不用正式条约,只交换机密文书,以约定重大事件,其意无非欲便于守秘密故耳。

今试将必须用正式条约得国会协赞者开列于左:

一关于领土变更之条约。

二关于主权制限之条约,例如约定本国某地方不驻兵之类。

三关于国基法原则之条约。

四关于司法权之条约,例如交付罪犯条约之类。

五关于财政上之负担之条约。

六关于通商航海及人民经济上之利益之条约,但关于领事之条约亦在此内。

七关于侨居外国之本国人民之人权及财产权之条约。

八关于国际行政之条约,例如版权同盟邮电联合卫生同盟等之类。

(参照)法国 1875 年 7 月 16 日政权关系第八条:

大总统与外国谈判及批准条约至无碍国家治安及利益时,必立即通告国会。

合约商约拘束国家财政之约,及关于法国人民之在外国者之人权财产权之约,均须经议会两院之可决而后确定,国土非以法律不得割弃不得交换不得增併。

四、正式条约之批准

正式条约所以与略式条约异者,则在必须君主或大总统之批准耳。因而以下不可不述,批准究因何故,而为并国会承认不承认,与批准之间有如何关系也。

立宪诸国中批准一切条约者,只有日本英吉利及俄罗斯而已,其他各君主国君主及共和国大总统,于一切正式条约或关乎特种事项之正式条约,批准之前均有须经国会承认之义务,而此承认则必须在签押之后批准之前要求之。盖在未签押前,则条约并未确定,而既经批准又绝无从取消也。

以外交惯例言之,凡条约签押后各存一分以昭信守,另缮膳本一分由君主或大总统署名,外交总长副署,缮填批准文即行互换,谓之批准交换。正式条约一经签押当即成立,世多以为须经批准后方能成立,不可不一辨其妄也。

批准者,西语谓之拉的费嘎生,与法律裁可之裁可系同一语,是以人多谓批准一语,系视条约内容之适否而定取舍,其适当者批准之,不适当者不批准之,犹如法律之裁可不裁可耳。其说不免误会,盖法律无委任全权之事,而条约有委任全权之事也,君主或大总统既授一定训令于委员,将训令范围之订结条约全权付之,则以此全权订结之条约,一经双方委员签押自当完全成立,如签押之后仍须告以君主或大总统之权能取舍之,则当初交付之全权并非全权,双方全权委员迭次谈判全归于无用,仍须君主或大总统直接谈判而后已。今日外交实际则不然,当谈判开始之时互阅全权委任状,彼此认明其所付与之权能,对于其所为目的之事件订约均属确实妥帖,互相信赖方行交涉,此全权之所以为全权也,至谈判终局一经签押,则条约即已成立,自是日始即为有效。外交实际以签押之日为条约成立之日,不以批准之日为条约成立之日也。凡新条约有取消旧条约之效力,次序则常以签押年月日为标准,至批准之前后可置不问,又如称条约之名目,亦必举签押之年月日及其地址以明之,如谓某年某月某日在某地签押之条约之类是也,又外交史上条约不待批准,自签押之日即时实行者亦不乏其例。是亦不待批准而有效力之一证也,例如关于埃及处分问题,英俄奥孛四国 1840 年 7 月 15 日在伦敦签押之条约,乘法国干涉抗议以前亟欲实行,故一经签押即实行矣。又如清国(光绪二年 1876 年)与英国订结之鸦片条约,清国并不待英国之批准而即实行。又如 1893 年 4 月 15 日在土烈斯天签押之万国卫生条约,多数国在签押之日宣言不待批准交换即时实行。苟非条约一经签押即当成立,乌能如斯哉。

凡条约一经签押当即确定成立,故批准之际不得加以修正,或全行批准,或全不批准,二者不可不择其一,是外交上不可动之惯例也。问条约一经签押即成立,则批准果何为者,曰君主或大总统有时不可不有取消条约之自由,理由如左:

(一)条约逸于全权以外之时

(二)违反训令之时

(三)违反宪法之时

(四)新订条约与现与他国订结之有效条约违反之时

(五)条约中有按照宪法必须经国会同意之点而不得其同意之时

有上述理由之一者,虽经签押仍不可无取消之之自由。因此条约中设一专条另订期限从缓实行,如至期犹未交换批准,则该条约即归无效,谓之留保批准之条款。

由是观之,所谓批准者并非裁可之,义而系不利用取销条件之义明矣。今以外交之实际观之,依据上述五项以外之理由而拒绝条约批准者甚难。如中俄犁瓦的亚条约,即著名之一例也,光绪五年清政府派崇厚于俄国使订结伊犁撤兵条约,训以除割弃土地而外,无论如何利益不妨交换等语。崇厚乃以关于陆地通商之种种利益许俄,使之撤兵已立约画押矣,及入奏因张之洞等,极力反驳,遂不允批准此项条约,又苦无所藉口,乃以崇厚违反训令赐死以谢俄国(旋因俄之劝告特免其死)。

由是观之,已经画押之条约只因其内容不满意之故拒绝批准事属甚难灼然可知。虽然关于宪法上订有明文,须经国会同意之事件,如不能得其同意,则藉以拒绝批准当属易易耳。其不得国会同意之,政府关于效力不足,德义上之责任则有之,至于法律上则绝无何等之责任也,何以言之,盖宪法固与寻常法律异,各国彼此有应知之义务，犹如关于他国之国名国旗及元首之名，有不可不知之义务也。

由是观之，共和国之大总统，关于已经签押之条约，因国会之同意与否，尚得据之以为取舍，其条约批准权可谓较诸君主国君主反为广大也。

结论

兹将以上四段所分别说明者，综合思之，民国将来之宪法关于条约权应如何规定，此问题之判断固易易耳。

（一）临时约法第三十五条，只有临时大总统经参议院之同意，得宣战媾和及缔结提条约等语。又视国民党宪法刍议第六十九条，大总统经国会之同意，得宣战媾和及缔结条约，但遇敌人侵犯领土时，得先行宣战再要求国会追认等语，均皆一语不及外交之事。其他各国宪法类此者居多，今就前所说明者察之，凡外交之事以谈判为本，而以条约为末。而外交之绝局，虽有时归于战争，而未必尽然，故只言有宣战之权而未言及有外交之权，则意有未尽也，要之军事与外交两项非依据法律而行之行政事务，故将其全权归于大总统，实为共和宪法重大之要点，故此义不可不先明也。

今观现行之共和宪法，其意似乎务必使人以大总统职权视为狭隘，是以订立专条，载明大总统有外交权者寥寥无几，至近时始见其实例，即葡萄牙宪法第四十七条曰：

总统所管掌事件如下

（前略）

戊　总理外交事务惟不得有碍国会之权并代表本国对待外国

（中略）

庚　有与列国订约之权（下略）

又俄国宪法规定如左：

第十二条　皇帝为俄国外交之最高指导者定外交政策之方针

第十三条　皇帝宣战议和及与外国缔结条约

然则民国宪法亦宜设左之规定：大总统担任明国外交。

（二）决定外交政策既属大总统职权之内，则受授外交文书及缔结略式条约，同属其职权中之一作用，而无须国会之承认矣。

（三）如关于正式条约可订立左之明文：

凡条约关乎力法范围之事件者，须经国会之同意始生效力。

换语而言，宪法条文须当如左：第　条　大总统担任民国外交。凡条约关乎立法范围之事件者，须经国会之同意始生效力。

第八章　共和宪法上之陆海军

建设民立共和之政体，其主一目的，在振兴国民之实业，而图其经济上之发达。固勿论已，然窃惟独以内国为标准，而图实业发达之时代，既属已往，现今乃以世界为目的，而图实业发达之竞争时代，为此竞争，其尤必要者为兵力，而兵力本系不生产的物也，故国民虽审其为必要，而不愿为之设充分之准备，彼政府当轴者，对于国会提倡将海陆军逐渐扩张，到相当程度之必要，竭力开导，惨澹任劳极力辩论舌根为枯，而后其愿仅能偿得，因以维持国力，而对于环球行其威力，是当今各国之情势也，矧共和国视兵力，直以为民主共和之公敌，如此观念先入为主，浸寻于国民脑筋之中，古来尤深，以是之故，共和国宪法上关于兵力设完全之要规，尤其为难者也。

民国论议宪法之士，大致对于兵力之事冷淡，以谓唯有将统帅权委任大总统之一条，已足矣，然非及今为陆海军，收其当收者，深虑宪政确立之后，权限局促操纵无由及此之时，心中焦灼时既迟矣，后悔噬脐亦不可及也，

世咸谓美国宪法，载明大总统为合众国陆海军，及被征募于合众国各洲民兵之元帅等语，又法国宪法，载明大总统处置兵团等语，而至民国《临时约法》，既有临时大总统统帅全国陆海军队等字样，故以之移载于将来制定之正式宪法，亦可矣然，关乎兵力之事，民国与美法两国，其情事合异，历史亦不相埒，断不可以法美为则也，为民国者，必不可取范于法美为己足必也，机轴出于自己特设先人未发之规定，以此为心国家葵有艾乎。

兹先将民国关乎陆海军，与先进二大共和国情事不同之所以然者，陈而论之。北美合众国，位置于西半球与欧西列强海洋遥隔殆，无须虑主外敌之侵入也，是以美国法律准其平时仅备十万之兵，而其实数不过七八万，且因民力丰富，如遇一旦有事，立即招募义勇购办军火船舰绰绰有余。今以民国视之，既与欧亚列强及其属

领地疆域相邻，必须筹办国防，至切至要，而今民力未展，碍难临时招募多数义勇兵购办军火船舰。又如法国。往昔夙有宣扬威武于欧洲之历史。近世普法战争之惨祸血泪未干，言念及此，全国发指，而且其疆土与三国同盟中之二国毗连相接，爱国之人雄心敌忾深翻兵不可忽。今以民国视之，古来以文经国，近世又无足以兴奋国民敌忾之气，一旦有事，将何由而保持国家安全，为今之计，惟有于宪法上鉴于此义，立订明文统帅权之活动，绰绰有裕文武之关系，截然分明订定制度，法良意美以资补于实力之不足而已。

又将所以民国与法美共和国，关乎兵事各异其历史者，略陈述之。法美两国关系文武关系之观念，有全与民国异者，美国自从建国之功，不认所以，武权独立于文权以外之理，以兵马之事仍为普通行政之一耳，至如将校士卒，关于战场勤务章程，仍归国会定之法律，不准国家设置中将以上之将官（皆须少将以下），大总统统帅权归陆海军总长行之，陆军总长必须文官，其武官则祗得署理，不准任其本官（1882年8月5日法律）。又往法国视之，拿破仑一世以来，有使军队独立于国家以外之无文宪法，大总统以其为国家文政长官之资格，统帅陆海军，每到共和国庆日举行之观兵式，上将以下穿军服，威风堂堂骑马参列，独至大总统身穿文官大礼，服驱马车亲临其式。

今翻而观中国古来之惯例，四千年来文武两权对立而不相下，惟独元首兼具此两权于一身，以克文克武为理想，至大小臣工文武分群文政，则有台阁式备，则有帷幄国家兵乱之后，政讼出于帷幄，虽非无其例（例如前清军机处），而至兵马之号令，出于台阁之例未尝有之。然而自从清朝之季以迄今日陆海军制度，其规模大致采之日本及德意志，将关于陆海军统帅权之事务，特置于一般行政事务之外，另设参谋本部使之，当计划之任，虽然此制本系君主国所行者，与共和政体之宪法组织不相容，如将中华民国宪法取法于法美共和宪法而制订，则现在兵制与宪法枘凿不相容，将归废绝也。彼今之反对大总统政府者，焉得谓无窃谋乘此破坏之耶，岂可不惧且慎哉。

特为将前项所概论者，更使之明瞭起见，兹将日德与法美所以其兵制相异者，及其间民国须采之方针计划，分别左开四项说明：（一）关于开战权之差异。（二）关于纯粹陆海军行政事务军政事务之差异。（三）关于纯粹统帅事务军令事务之差异。(四)关于统帅行政两属事务之差异。兹将上开四项逐序说明。

一、关于开战权之差异

以日本宪法视之宣战之权固专属于天皇无须国会之同意。

又以德意志宪法视之,宣战讲和之权属于皇帝,祗须得联邦会议之协赞,而联邦会议系各邦政府代表之会议并非议会,且会议内之重权,常在孛鲁士王(即德意志皇帝)掌握之中,而因德意志帝国,宰相为一联邦会议议长之故,无不言听计行者也。

然而,以美国宪法视之,开战之权不属于大总统而属于国会(第一条第八节第十一项),又以法国政权关系法视之,其第九条载明大总统非预先经两院之承诺,不得宣告开战。

以上开宪法正文彼此对照,则日德与法美之间,似乎大有差异,而以安危之决,实系于一发之间,如开战之事,必须经国会之承诺,则一见不无不协机宜之感也。虽然备观事之实际而考求之,则足征上开差异止在表面上见之,其实开战之事,纵令如同法美之制度,而未至其不利不便,为民国者效法,美亦决无忧也,其理由开陈于左:

原来开战事虽关系于陆海军,而其实不属于陆海军之职权,当属政府之职权者也。何则,政府决计对于外国绝断平和外交之关系,而移入于交战状态,此是系属外交之一作用,而外交本非军旅之事,是系政治之一端也。是以君主国宪法,将宣战之权归于君主,并非将此归属其为大元帅之资格,而系归属其为国家元首之资格者,故国务大臣不可将开战谕旨连带副署用昭责任也。任同一之理由,共和国亦以宣战为属政治上之一事件,订为须经国会之同意,固不足怪耳,此事犹如将重大条约,订为须经国会之同意,固不足怪耳,且以今日开战之实际视之,纵使宪法之原则,订为须经国会之同意,方能宣战,而大总统之权力未见为此原则所限制,无论宪法有此明文,其实与宣战之权专属于大总统者不甚差异,其理由如左:

凡战争有内战有外战,并非突尔发生,乱萌一动地方纷扰事端渐滋,范围日广,遂驯致战争者也,而其分界常不明瞭,屡有内国仍视为叛乱,而外国早已认为战争,持以局外中立之态度,又以国际法视之,并无内战,必须宣战之专条,故戡定叛乱之权,既在大总统,则虽有宣战须经国会之同意之条款,面究毋庸受何等掣肘也。大总统先以镇抚内乱之权对待之,内乱之范围随广,则用兵之规模亦随大,自然变成战争之状态,是固属大总统操权之自由,无须要求国会之同意,倘须经国会之同意,仍属易办矣。

再所述者为外战,即国际战争之事也,外战有二:一为对待外国之侵攻立于守势之时,一为我采攻势进而袭击外国之时是也。守势战争之时,自无先经国会之同意,然后防战者立即从事防战,是有用兵实权者之义务也,方此之时,事实上之必要,校诸宪法条文更为有效,故大总统即不视宪法,亦无咎也,论至此,则知必须经国会同意,止在于攻势外战之时而已,而此时且不为国会之承诺与否,所羁束其理由多矣开列于左:

(一)国会动辄为人所激动。国会自操宣战之权,或大总统宣战须经国会之同意,盖以其事关重大,用昭慎重之意,而其实全属无用之事,何以言之。盖大总统如有意开战,则藉种种事实煽动国会,尤属易易耳,夫拿破仑三世为维持自家权势权,略用事小题大作,将法国代议院煽惑激动遂为字法开战之决议。又美国国民之一部分,为私利所动,对于国会规画运动,将古巴独立脱离西班牙,而使之附隶于美国权利之下,麦荆来大总统尚且游移不决,而国会早已决议开战矣。又如此次,日美两国间在加州日本人士地所有权问题,日本政府如有战意,则激动国民令之决意开战,亦易易耳。

(二)以战斗准备之行动,挑拨敌国,亦属易易耳,纵令宣战须经国会决议或同意,而至为战争之准备,即输送兵于国界以内,或行动员或购办军火兵舰等项,无须先经国会之同意,乃在行政权内所能决行者,故大总统如谓难得国会正式之决议或同意,则宜先为前开等项准备,然则是时为对面之外国者,亦为不误机宜起见,亟图筹办战争准备必矣。事如至此,则彼此冲突间不容发,例如中东失和之时,清国为筹画对于日本开战准备之手段,将兵输送朝鲜牙山,日本军舰觅而得之于半途,甲午之役衅端于兹始焉,时处如此要求国会之决议,或其承诺,固属无须纵有行之全是属形式的,实际之战争不待宣战而已开始矣。维斯图烈吉博士,英国国际法之泰斗也,今年接其噩耗矣,博士尝论日准备作业之冲突一起战争,亦从兹而始此时无须另行宣战,第二平和会议签押关于开战之条约,只定其原则而已,凡原则必有例外云云。

（三）有不依战争之名派兵于外国之法。1881 年法国对于亚非利加朱尼斯用兵之名义,在以朱尼斯民族屡次侵迫其西邻法国殖民地,内流害深痛特为膺惩之,即行远征,其藉词用兵,即如此耳,又其后对于马达嘎斯加尔王国,亦无以膺惩远征之名,开始战端,旋求国会之同意矣,又 1884 年中法战争何为起衅,今究其所以然者,当有思过于半者,其初清国不以法国安南保护条约为然,提倡异议赴援安南之,华兵全为法兵所破,李文忠公在天津议和,将关于法国安南保护权之条约允诺,画押矣,而北京政府未将此项条约批准之间,华兵在谅山与法兵肇开衅端,法国以故违条约为名,对于清国要索巨万赔款,或攻击福州造兵厂,或封锁台湾种种要挟以为强制手段,而当时法国内阁总理费利,对于议会之质问复云,窃谓开战不利于法国,故一面支持平和关系,而一面行强压手段而已,然至于英国政府,不以衅端未肇,法国先封锁台湾为然,对于此事提出抗议,法国则无辞可答,遂正式宣布开战矣。因是观之,或用膺惩手段,或以强制手段为名,以从战争之事用图,无须先经国会同意之,方是属抱怀侵略主义之政治家惯用之常套手段可知耳。以前项所论述者视之,民国《临时约法》载有大总统经参议院之同意得宣战云云字样,而且将来之宪法,仍袭用之亦未足以为不便也。法美共和宪法,关于兵事足以效法者,惟属此一点耳,如至其他三点,则有决不可效法者,请兹将此开示于下:

二、关于纯粹陆海军行政事务军政事务之差异

兹称纯粹陆海军行政事务者,即谓平时将陆海军人员材料适当合宜筹画置备之事务也,又称之军政事务,或谓之编制事务。此项事务不可不依国家之法律及豫算行之,此节则与一般行政事务无异。今将法美共和宪法与日德宪法之章有何差异言之,日本国陆海军之编制,不只宪法特有第十二条明文,将此属于天皇之大权,得以敕令规定之而已,尚且宪法第六十七条,载明所谓既定岁出之制度,国会非经政府之同意,不得将关于陆海军之编制之经费,撙节减到上半年度所定之款额以下,以是之故,如欲从新添设师团,则使国会承诺其豫算决非易易而,一经设置,则第二年以后,无庸关乎筹画的款多费焦虑也已。

又就德国陆军视之,有所谓继续预算之制度,当初七年现今改订五年,关于

陆军经费要求国会之同意，是为惯例，每届续订之年，愿得国会同意之时，自当稍形困难。然一经国会同意，则该年期间，无须按年筹款，颇属晏如矣。德国每逢改订继续豫算之时，设法操纵国会之多数，能协机宜逐渐扩张其陆军以迄今日矣。

如以法国视之，关于陆海军预算无有何等特别之制度，按年不可不经国会之承诺，在美国则以法律定常备义勇兵之总额，使大总统以该总额为限，按年酌定召募兵额，而其预算准其两年继续。换言之，则一时要求国会决两年之议之谓也。法国陆军预算制度如此桎梏，而所以无不利于国家者，何也，以法国国民颇富敌忾之心，故国会年年绝无拒否同意之虞也。

又在美国，则因陆军之必要，极少兵数不多仍不觉不便也。

今观民国之情势，果何如哉，国会如果不愿协赞政府，所持之政治方向，则不免将陆军豫算大加搏节，使陆军行政陷于穷地国防渐薄，且弱以致招国难之，虞果其如此，则不可不以宪法或会计法，讲究对待预防之策也。

（注）法美两国陆海军行政，皆取法英吉利，而英吉利宪法惯例，其可忌者有一，曰无他，每年议决陆军预算，并且议决将执行惩戒律之权能附与政府之案为藉便，国会监督政府以此为使政府不得不行国会多数之意思之具是也。

然而，此项惯例与重视兵力之法国国情不惬，故法国以 1872 年 7 月 27 日之法律制定陆军平时编制，又以 1875 年 3 月 13 日之法律，禁止将陆军预算搏节减到平时编制之需款以下。借问民国陆军，每逢国会讨议预算，如以国费不敷为理由，籍图将陆军经费任便节减，则果有何如之策。

三、关于纯粹统帅事务军令事务之差异

兹称纯粹统帅事务者，即谓以我陆海军破坏敌之兵力，或行防御其侵袭之行动也，太平无事之日，为行此破坏或防御所准备之行为，亦在其中，是与参谋部官制，所谓国防用兵一其揆矣。

以日本及德国宪法视之，君主一面为国家之元首，而他一面为陆海军之大元帅，即以一人并此两资格，绝无孰重孰轻之别也。此则因于国家与军队之关系，有深远之理由存焉，抑陆海军，系以国家之人员与资财所编制，其体必不可不为属国

家之一种营设,固自明矣。然至其用,即国防用兵之行动,必不可不独立于国家之外,其理由有三。

其最重大者无他,凡陆海军之行动,宜须以敌国民之强力为标准,一有不合此标准,则败衄接踵,而臻以致国家危亡,以是之故,未遑并顾国民之意思,关于法律或预算国会之决议何如,而鉴于作战及其准备之必要,其当行者不可不即行之也。如以见于国会决议,国民之意思视之,则服兵之义务,务必从轻军事费之预算,务必从减是为至便,虽然对于当面之敌军,当为而不为,又对于将来敌我,亦不可知之,国民当备而不备则国亡无日矣,以是之故,既以国防用兵之必要,为心未遑,兼顾见于法律预算之上,国民之意思也,而又除此重大理由之外,所以不可不使统帅事务独立于一般行政之外者有二。曰军略尚机密,不使敌知之,而后方能奏功者多矣。而至国家事务附之绝对秘密难矣,以是之故,国防用兵之事不可不便之独立于国家以外,是其一也,又曰普通行政事务,只能对于一般人民附之秘密,万不能对于国会秘密之,而国会议员对于作战上,或国须守秘密之事务与否,无辨别之能力,故将国防用兵事务,置之于国会监督之下,则于制胜之道大有窒碍,而且文武异途,因而其精神亦异,故各分畛域,彼此不敢相侵,是于双方发展之道,犹为尤要是其二也。

以前叙种种理由视之,使国防用兵之事务,独立国家一般行政以外之必要即明矣。然而,宪法即将君主之权力拘束,不准其只将统帅事务逸出于法律及预算之外亦明矣。如果准其逸出于法律及预算之外,则不可谓之立宪政体,于是特为一面完全统帅权之独立,而一面勿违法律预算起见,使同一人兼充双方之首长,是为日本及德国统帅权之原则,惟其法美两国共和政体不认统帅权之独立,使为国家行政最上官吏之大总统,以其为大总统之资格,统帅陆海军,是并非使国家之长,与军队之长并立者,即系使国家之元首,指挥陆海军之行动者也,如藉民国古文之语言之是,使武权服从于文权者也,今将此关系显于事实者解述如左。

在日本及德国君主,为行使统帅权,立其计画所设之参谋本部,直隶于君主与国务大臣全分立矣。在德国,则以各邦陆军组织帝国陆军,故陆军省在各邦,而不在帝国参谋本部,在帝国而不在各邦。在日本,亦参谋本部与陆军省全分立矣。然而法美,则大总统统帅权,由陆军大臣行其陆军大臣,在法国,则以军人充之之时,盖希矣大致以文官充之。如美国兵单至迩年,无参谋本部之设,美西战争以后,以

1903 年 2 月 14 日之法律,始将参谋将权团设置于陆军省内部,充为陆军大臣之咨询机关,运筹国防用兵之计划及命令,参谋将校团以将校四十五名组织之。

加在法国,则将陆军省内部两分为军政部及参谋部,而在其参谋部运筹国防用兵之计划及命令,盖法国古来关于统师权之独立,有无文之原则,故参谋本部,纵令从属陆军省内,而双方之上,有高等军事会议陆军总长,身为文官,如遇有战术上之问题,则不得不遵此会议之意见也。

日本及德国之国务大臣,对于君主之编制命令不负责任,美国各部总长原无责任之事,而法国陆海军大臣,关于大总统之统帅命令负责任,固勿论也。

参谋本部独立于陆军省与否,则大总统之统帅权独立于国务员与否,之所以由而分者也,而国务员原系受国会之监督者,故参谋本部如在陆军省内,则非大总统之统帅事务仍受国会之监督者而何焉。

今以民国现行制度视之,参谋本部直隶于大总统,关于国防用兵一切计画及命令,呈请大总统之认可后,分别咨行陆海军部办理,是日本之制度也。以日本参谋本部条例视之,立国防用兵之计画,上奏裁可之后,移之陆海军大臣等语,内有移之一字,其义尤深矣。何以言之,参谋本部独立于陆海军省矣,然统帅上之命令,倘遇违反法律预算,则其责任陆海军大臣,不可不负之,故行移牒海军大臣,知之之意也,是从责任之关系而来者,原系日本固有之制度,未审民国亦由同一之理由,而采此制耶否耶。

四、关于统帅行政两属事务之差异

凡陆海军之事,不关于战机军略之秘密,而涉于国防用兵之计划者,几希故一面依法律预算所行之军政事务,而他一面为统制事务者,十中居八九之多,例如筑造要塞其建筑工事,行政事务,然相其位置,而为其内部之设计,反系统帅事务。

又如陆海军之人事,即授任务于将校之事,亦以官俸关系言之,则系统帅事务,故如以此种事务,皆为军政事务,由国务员行之,则致大总统之统帅权,大部分受国家之监督,于强大陆海军之战斗能力保护其机密,文治以外另养军人之独立精神,有种种不利之处,要之前述宪法上之困难职,在乎两属事务之上。夫将统帅权,与行政权之关系适当整理之,事以君主国之宪法视之,仍属极困难之事,现在俄国判定宪法之后,为此酿成绝大风潮。又在日本,亦最近激成一大波澜,由本月(2 年 6 月)13 日发表之行政整理,关于动员计划(整旅计划)之所管有所变更,以是之故,如在共和宪法,则其困难尤其大,是不可不察者也。

今先将日德之制度,与法美之制度比较则如左:

日本制度之要点,须分为左开三项而观。

(一)宪法订以军政为非法律事务

日本宪法,除其第十一条载明统帅权属于天皇之外,另置第十二条订明定陆海军编制及常备兵额之事,属于天皇之大权,其目的不独,如前所叙,豫行防范国会由财政上缩小军备,又且豫行防范军政事务,及两属事务入于法律范围之内。夫若纯然军政事务,将此订成法律,则未必不可然至两属事务,是系一面与军机战略之秘密国防用兵之计划有密接关系,故以之为法律,则不可不将国防用兵之计画开示之于国会,既将此开示国会,即与将此公开全球一样,为维持陆海军之效力计成,不可有者也。

(二)陆海军大臣必将军人任之

所谓两属事务者,一面即系行政事务,陆海军总长以为国务员之资格,不可不负其责任。陆海军总长,如非有自行监督两属事务,倘遇有违戾大政之方向,或超过预算或违反法律等情事,即行抵制之权力,则不得负其责任,固勿论已故,两属事务虽系关于战机军略之秘密,如何深厚者,必须经验陆海军总长之承诺,如使陆海军总长为常人,则须秘密与否无辨别之能力,其结果甚可虑也。如日本迄最近时,止订明陆海军大臣,必以现役大中将任之,则以此而已,而本月(2 年 6 月)13 日改正此制,订明续后备大中将,亦能充为陆海军大臣对于此项更正,在陆海军部内大有反对,其故何也,凡军人在现役之间,立于严重纪律之下,虽不得关系于政治,而一入于续后备,则有身出入于政治界,充为国会议员之自由,严守军机秘密之义务,亦随之减退其故,如此而已。

(三)参谋总长与陆海军大臣之间立订协议制度

所谓两属事务者,一面系陆海军大臣所管掌之行政事务,一面系参谋本部所计画之统帅事务,故参谋总长与陆军大臣或陆军大臣之间,协议一致再行联衔,上奏天皇裁可之后,再执行之,是系日本制度之特色也。

且有平日参谋本部与陆海军之间,预先订定两属事务之分担,然其系何项事属秘密,未尝发表,如据本月(2年6月)13日发表之行政整理大纲,稍有变更,寺内伯充当陆军大臣之时,属于陆军省之动员计画(整旅计画)。今兹复归参谋本部矣,是系对于陆军大臣,亦得以续备后备之将官任之之交换条件也。海军军令部与海军大臣之间所有之分担规程,虽未见公布,然在海军部内,此事既非秘密,今观民国法令全书(民国二年期)所载"海军部参谋本部连带职掌",似乎将此为则,今兹细述协议手续。例如属陆军省事务,则归陆军省计画,拟订先将陆军省将校与参谋本部部员之间,预行协议了结之后,由拟案之大臣上奏天皇,天皇大概咨询军事参议院裁可,交该大臣执行,如系属参谋本部之事务,则由参谋本部计画,拟订与陆军省先行预备协议,再行正式协议参谋总长与陆军大臣联衔,上奏裁可之后,再交参谋总长执行。

如以德意志帝国之制度视之,依据帝国宪法及帝国陆军法,将陆军一切事务,或属于纯粹行政事务,或属于纯粹统帅事务分别清楚,其间不容两属事务,在是德意志帝国成立历史之结果也。如前期叙述,无所谓德意志帝国陆军,惟将属各邦(以宇鲁西巴威伦瓦敦堡索撒四王国为其主要者)之陆军,联合以为帝国陆军而已,而陆军行政属于各邦事务,惟独巴威伦王,只准平时有指挥自国陆军之权,战时则不可不移其指挥权于皇帝,其他三王无论平时战时,均无指挥自国陆军之权,其指挥权(统帅权)系德国皇帝所独有者,是以势自不得不将行政事务与统帅事务截然分于帝国与各邦之间,是所以上开两分制度由而起也。释而言之,依照帝国宪法第六十三条及第六十四条,凡将各邦军团之最上司令官,指挥二邦以上军队之司令官,及城塞司令官任命之权,并且检阅团队配置动员(整旅)等项,均属皇帝之统帅权(德意志称之曰最高号令权),又有1874年5月2日之帝国陆军法,依据其第六条所有以敏速动员为目的之事务(出师准备),归之于皇帝之统帅权,因是观之,其性质应须依据法律及预算行之之行政事务,德国乃以宪法法律之明文故意牵强归之于统帅事务矣。

(参照)俄国宪法出于日本宪法之后,效法日本者居多,即关于陆海军之行政事务,特为宏张皇帝统帅权之范围,取法于日本宪法第十一条及第十二条,再行敷衍之规定如左。

皇帝为俄国海陆军之大元帅，统率海陆军队定海陆军之编制，发关于军队之移动，聚焦教练勤务，及其他关于俄国兵力，国防之敕令命令，皇帝以高等行政之手续，在要塞地带并海陆军之根据地加制限于不动产之获得。

再为预行防范国会以预算决议之权，抵制关于陆海行政事务统帅权之自由起见，设左开一条。

关于军人之战地勤务技术及经理之规程，并对于陆海军官衙及官吏之命令及训令，均须上奏皇帝，而此项规程命令训令，只关于陆海军，不关于一般法律，又不另须国家开支款项，或关于此事所需之款，能足以陆海军预算之剩款开支之时，一经陆军会议及海军会议后，即行上奏皇帝，然若该需款碍难以剩款开支，则以法定手续得国会，对于该需款之同意然后方行上奏。

1909 年俄国海军省，拟欲新设海军参谋本部备案，要求国会对于所需款之同意，于是众议院不将需款全体可决，即将随同预算案海军参谋本部编制之细目逐条可决，而定陆海军官衙之编制之事，原属皇帝之大权，由是之故，以此决议为无效之议，起政府与国会之间有统大风潮，其后皇帝本于国务员之上奏，1909 年 8 月 24 日下裁决，曰凡关于海陆军官厅官吏之规程，无关系于一般法律者，宜须其草案经海军会议陆军会议后，直行奏请裁可，一经裁可，即而为一种预算，国会无动之权。约而言之，关于海陆军编制之预算，皇帝有先于国会钦定之权之谓也。

如以法美两共和国视之，不另为两属事务，立何等特别制度，将其全部作为行政事务，使陆军总长管掌之，即所以陆海军总长在其部内特置军事专门之参谋机关，对之咨询而已。

结论

凡两属陆海军行政权及统帅权之事务，如非在宪法上为之另设特别制度，则统帅权之自由活动，为国会由法律及预算所抵制，不但如此，且并有害于军机战略之秘密，视前所叙者可知矣，未审民国陆海军对之果有如何之策。

若有人问鄙人，曰今为将统帅权之独立，更愈完全保护起见，宪法制定之际，果采何等制度，方为合宜。鄙人则复云，须先设置军防会议。质而言之，政府与国会及陆海军之间，设一会议，作为宪法上之机关，以各国务员高级陆海军人（陆海军大臣参谋总长及专任军防会议员）及国会选出委员组织之。凡关于两属事务及其经费，一经该会议之决议者，如同属于日本宪法第十二条范围之事务，一般不准国会以法律或预算变更之是也。以民国视之，附与大总统以日本宪法第十二条一般之职权，固属困难，然如以两属事务尽数为国会所容喙，则大总统统帅权之大部分必受抵制，以致民国陆军势甚脆弱。以是之故，今拟特置军防会议，作为日本宪法第十二条规定之效用，似为共和政体最合宜之组织。迩年英国陆军特设帝国国防会议，然属有名无实，无甚效用，法国及奥国之高等军事会议，现仍不使国务员及国会议员参与，然以势计之，使之参与此会议，为使国会服从其决议起见，谅亦不可已之势也。如能由国会两院预算委员中互选委员，则为更妙，以愚视之，宪法置左开两条为宜：

第　条　大总统统帅民国陆海军

第　条　陆海军行政事务与大总统统帅权相交涉者及其经费经军防会议之议决定之，军防会议以陆海军干部将官各国务员及国会选出之委员组织之。

窃谓将来中日两国军队，难保无共同作战之必要，及至其时两国兵制如有著大差异，则虑诸多不便，今特提出此问题，用资编订宪法草案者之参考云尔。

第九章　省制大纲

国家行政事务可别为五，军事外交财政等项所以强固国家自体者，须归于中央政府管理，不可属之地方官厅管理，司法事务须通国划一方能秉公平断，亦不可委之各地方便宜行之，又交通事务亦须通筹全国酌定计画，此五项事务，勿论其行政组织属何种，皆归中央政府直接管辖者也。若夫所以筹划人民身体上精神上及财产上之发达各行政事务，如民治农林商工教育等项，宜因各地方情况何如而定其计画，无庸以全国政治方向一律统括，将此归为地方行政官厅事务实为合宜，此种区别于民国决定行政机关之编制，最有关系者也。

窃以民国现状观之，中央政府非强固有力，则国势不振，动辄启外国轻侮之渐，虽然如拟将一切行政事务均归中央政府直接管辖，则地方民生之发达亦必因而迟滞。何则，国家全体所施之行政事务，因其轻重缓急，须有一定方针（即政治方向），至地方行政事务亦然，亦须有一定方针方为至当。惟国家政治方向，与地方政治方向未必一致，如以国家全体政治方向一律管束地方政治，其地方必致不能充分发达。比喻言之，如有一地方因其情况视之，以普及教育为其急务，然而国家如以强兵为方向，不欲多致力于教育事宜，则以国家政治方向加于地方行政之上，即有害于地方之发达也。

且既设立共和政体，不可不使全国有才识知能之人，熟习代议政治之运用，然如以国会为其习练之处，则恐操刀伤手，且虑危险及于国家，故莫若以地方议会为之习练之处也。

莫若将中央政府组织分为两部，以军事外交财政司法交通等项，为大总统直辖行政事务，使北京所设中央各部行之定其方向，采用超然内主义，此为大总统共和政体之组织，至于民治农林商工教育地方交通等项事务，地方所设中央政府管辖为之于其地方，采用议院内阁组织，是为最合宜之法也。

如采此组织，则各省行政官厅负第二重性质。质而言之，就北京政府所行大总统直辖事务而言，则各行省之资格，系从中央集权分出之地方行政厅，然就为民生发达施设之事务而言，则各行省之资格，为地方所在之中央政府，是以各省长官系国务员，各省议会系国会分派，各省长官驻于地方所在之中央政府，代表大总统，由省议会就其多数党举用人材以组织，省内阁施行行省政治，恰如英国自治殖民地总督之制焉，此组织之大体也。此项组织，并非中央集权之制，亦非地方分权之体，纯系第三种特别制度，不可不察也。今将此区别略加解说：

（一）各地方所属各项事务，中央政府亦依国家所定法律管辖之，使中央派往地方行政官，仍据中央政府所定方向行之，是为中央集权。如以此组织论各地方官，并无将其所属地方各项事务自行决定之权，仅有特为执行国家法律命令，而便宜酌定其手续之权而已。

（二）凡属地方行政事务，各依各地方所制定之法律，使其地方长官所任命之官员行之，是为地方分权，如以此组织论中央政府之政治方向，不施及于地方，各地方按照其地情况，如何将其行政事务前后缓计较合宜，另行核夺方向按照施行，所谓地方政治是也。

（三）然则所谓第三种组织，其所以与地方分权相异者，何哉。以地方分权视之，中央大政府之政治方向，与地方小政府之政治方向，二者之间并无一定关系，而今以第三种组织之，有互相影响之亲密关系，所谓与地方分权相异者，即在于此。如求纯然地方分权之实例，则于英国坎拿大自治殖民地政府见之，驻坎拿大总督代表英国国王，裁可坎拿大法律且公布之，仍无不裁可权，如遇一内阁为坎拿大议会之多数，推覆另行探出得多数赞成者令之组织，下次内阁是为坎拿大总督唯一之政务。近年组织之英国澳州自治殖民地总督，以及同国南斐州自治殖民地总督，对于殖民地议会议决之法律拒否之权较大，虽然要非以国务员资格，责成代表本国利益于殖民地者，故以是等殖民地为英国领土，几于有名无实，如以实际论之，可谓全然独立者矣。

兹所拟省制组织则不然，各省行政长官以国务员资格，列于大总统直辖之内阁，当然得主张本省利益，以影响于大政府政治方向之上，而且置身于以定地方政治之方向为其职守之，议院内阁之上遵照大政府之政治方向监督之故，得以国家全体之利益影响于地方政治之上，此项关系于维持国家全体预算，与各省预算之权衡，是为重要者也。

所谓第三组织，于外国之历史非无先例，奥大利各地方，其历史言语风俗均不同，故宪法未定以前，在维纳政府内专为各地方分别设立内阁矣，至今奥大利各地方所谓总督（原语斯达图哈尔的尔），仍与寻常属于中央集权之地方官不同：（一）该总督在该地方一切典礼代表皇帝。（二）对于地方议会代表中央政府。（三）地方议会行使国家立法权，其所议决之关于地方法律，由皇帝裁可之由大政府国务员副署之，惟不使地方总督直列于大政府国务员中，与兹所拟者不同，仅有此一点耳，而使地方总督直入于大政府国务员之列，而使之负责任之制度，则先例甚多举例于左：

英国年来为爱兰特设国务大臣，以爱兰总督或其书记官长充之，以内阁一员资格管理爱兰行政。德意志帝国曾割取法朗西之亚尔塞斯罗冷，当初作为帝国直辖地方，使帝国宰相管掌，关于此地行政事务，现今以 1879 年之宪法附属法，专为亚尔塞斯罗冷特设总督府总督代表皇帝，使其秘书长以国务大臣资格，负其责任总理二州行政。

如上所云，以总督列于国务员，是从宪法上责任之关系而生者也。如不然，则不可不须使中央政府一国务员，对于行省政治负其责任，然则行省政治方向，未免为国家政治方向所压倒，于地方发达极为不利，但有一节，纵使总督为国务员不必使之驻在京师，但来往地方与京师之间，或常川驻在该地方，具函电与大政府互相交通未尝不可也。

今如纯以国法学专家之见识视之，中国各省之起源，并非中央集权之地方厅，亦非地方分权之地方厅，全系与所谓第三组织若合符节者也。元来省字，系指中央政府官厅，而称之名目，唐朝夙有门下省黄门省中书省（后改为紫微省）等之目，又如日本现仍以中央官厅名曰省始于太宝令，而太宝令乃系效法唐永徽令而编纂者也，中国内地划成省分，以元朝为其权，与按元史省之发端，盖本于范文虎建议世祖纪曰，范文虎言台懿东京等处，人心未安宜立省以抚绥之，诏立辽阳等处行尚书省。又元地理志曰，立中书省一行中书省十有一，曰岭北辽阳河南陕西四川甘肃云南江浙江西湖广征东。因是观之，行省本系政治之枢轴，中书省之行辕，绝非寻常地方官厅所可相提并论者也。故今拟以行省，视为地方所在中央政府，使其长官列于国务员，鉴之于中国历史，并非无据之事也。且就前清及现今中央与地方之关系视之，各省实为地方所在中央政府，并非普通地方厅，其实据历如指掌开列于左：

（一）前清时代总督上奏权

各省总督开于地方政务，对于皇上专摺封奏之事，盖亦以其为中书省尚书省之行辕，而生之惯例也，按元中书省中书令二人正二品，掌佐天子执大政，即知出差于地方之中书省（即行省）长官，亦同佐天子执大政明矣。若使之为普通地方官，分应先行呈请中央政府大臣，由大臣代奏以为格式，而视其实际不然，迳由总督专摺具奏皇帝，将原摺交内阁军机处议奏此，则实据之一也。

（二）现在之惯例

现在地方行政官厅组织，令以中央集权为主义，征诸各部官制通则，第五条已明然，因使都督兼行政长官，故都督关于地方政务，直接电禀大总统之惯例仍未废止，亦为元朝以来之惯例，遗在今日实据之一也。

结论

今如采用上所述之第三组织，则各省行政官厅组织大致应如左：

（一）各地方置一总督府，惟不必各省置一总督府，按照前朝之惯例合二三省，以为一总督管辖之区亦可。

（二）总督列于国务员，或亲自晋京，或用函电参与国务员会议，而关乎责任关系，不必须与大政府国务员一齐进退，惟遇大政府国务员辞职之原因，关于本省所生事由，乃行联带辞职，如有碍难，使总督亲自充当国务员，则使其秘书长列于国务员亦可。

（三）总督对于本省代表大总统主裁一切国家典礼。

（四）总督对于本省代大总统行陆海军统率权，但或使别人行之亦可。

（五）总督对于本省依据国家法律命令，执行大总统直辖之行政事务，即军事外交财政交通司法行政是也。

（六）教育卫生农林等项，订为行省行政事务总督，在大总统监督之下，由省议会组织议院内阁所定方向行之，是为省政治、省内阁员称之政务员，以左开数司司长组织之：民政司长，农林司长，商工司长，教育司长，地方交通司长，主计司长。

上开司长中使其一人，充总务处长兼司省内阁总理之职，总督命令总理组织内阁，如议院内阁之国之故事。

（七）虽系行省行政事务，其一部分既属国家事务者，则使大政府一总长兼司之，例如民政司长，虽管警察卫生户籍等项事务，而至全国户籍事务，归中央财政总长兼管，政治警察事务归陆军总长兼管，又如大学教育事宜亦可归财政总长兼管。

（八）大总统直辖之行政事务，在地方执行之机关即为总督，故前清藩臬两司及道台等所行事务，可由今日总督部下之高等官，即现行官制所设科长行之。

（九）总督将地方条例认可且公布之，既有认可之权，则不认可之权固勿论已，其中应须分别有迳自认可者，或暂行中止公布施行，先转致北京国务院审议，然后认可者。

（十）总督为执行省条例或由其委任发布省命令。

（十一）总督编纂省预算交省议会议决。

（十二）特为国家行政事务，与地方行政事务彼此之间，维持适当合宜之关系，于总督府置行政咨问会，称之省参事会，以总督充为议长，以各司长各科长，由大总统指名之专任参事官，及由省议会互选之专任参事官组织之，加之以总督指名之陆军代表者，及高等审判厅长高等检察厅检察长审议左开条件：

1. 省预算案

2. 省预算外支出案

3. 本省借款

4. 本省交通事务之计画

5. 省法律案

6. 省命令案

7. 由省议会委任省参事会事宜

8. 由国务总理各部总长要求咨询省参事会事宜

如欲依据前开规模以立省制，则须先于宪法置左开一章，而另行制定行省组织法，其具体案如左：

第　章　省制

第一条　凡关乎内地人民厚生之行政事务，即户籍教育卫生农工商，及其他所有之生业，以及地方财政交通等项，以行省为中央政厅。凡关乎国家全体大总统直辖之行政事务，以行省为地方厅。

第二条　前条第一项所开事务，延及国家全体者，使国务总理或各部总长中，对于该事务关系最深者兼辖之。（说明）例如警察事务，虽属行省所管辖者，而因政治警察关系于全国之故，归陆军总长兼辖之，又如全国户籍事务，因为中央大政府不置内务总长，归财政总长兼辖之。

第三条　总督入则列国务员，辅佐大总统政务，出则代表大总统，总理本省政务。

第四条　总督为大总统统帅陆海军之机关，统辖本省军务。（说明）行省政务军务不必须使同一人管辖之，由大总统另将统辖军务之权，委任总督以外之人亦可。

第五条　省议会行使关乎本省之国家立法权。

省议会组织权限，另以法律定之。

第六条　总督宣告省议会开会及闭会。

第七条　大总统得命省议会停会及解散，但停会以十日为限，同会期内不得逾两次。大总统命省议会解散时，须在六个月内召集之。

第八条　总督代大总统将省法律公布执行。省法律不得与国家法律抵触，前此公布之省法律,如与其后公布之国家法律互相抵触时,省法律所订之相当条款即失其效力。不得以大总统命令变更省法律。

第九条　总督如认省法律为国家利益不相容时,得拒绝公布或经大总统允准后再公布之。

第十条　总督为执行省法律,或由其委任发布省命令。

第十一条　省正厅置分司分掌总督行政事务。

第十二条　以各司长为政务员。政务员关于本省政务辅助总督,所有总督所发公文,均由政务员副署,对于省议会负责任。总督得依省议会之赞同任命司长。

第十三条　省法律之发议权,由总督及省议会共同行使之。

第十四条　省预算案及省预算外支出案,由总督提出于省议会。

行省组织法案

第一条　总督驻总督府,对于本省代表大总统。

第二条　总督在自己主管行政事务,受大总统监督依据法律命令,以及省法律总理本省政务。(说明)单称法律命令,系对于国家全体法律命令而言,后皆仿此大总统关于各个行政事务无有分别,指令总督或指示以遵循之条件,只以大体政治方针示谕总督,或匡正总督所取之方针耳。此条所谓政务,除施行法律命令之事务外,并将考究各种行政事务之轻重缓急,而决定全体方针之要务一包在内,日本现在朝鲜总督府官制,台湾总督府官制,关东都督府官制,均用此项字样藉便,与一般地方官职权相区别也。

第三条　凡在大总统直辖之行政事务,总督受国务总理暨各部总长之指挥监督施行法律命令,管理本省行政事务。(说明)指挥为发指令训令之意,凡关乎大总统直辖行政事务,在国务会议定其方向,故不称为政务,而谓为行政事务。现行地方行政官厅组织法第二条所载,委任制度窃所不取,盖凡关乎此项事务,多宜采用绝对中央集权主义,宜用命令断不宜委任也。

第四条　总督关于前条所载行政事务施行法律命令,得发布省规则。

第五条　为执行第二条所开事务总督府,设政务处及左列各司:

1. 民政司

2. 教育司

3. 农林司

4. 商工司

5. 主计司

6. 省交通司

第六条　民政司长兼政务处长为政务员首领，承认总督命保持本省政务之统一。

第七条　政务处长对于各司长之命令，或处分认为与本省政务之统一有窒碍时，得中止之取决于政务会议。

第八条　凡关乎省法律省命令，及其他本省政务一切公文在关系各司全体者，政务员全体副署，在关系一司或数司者，政务处长及该司长会同副署。（说明）至省规则与政治上之责任无涉，无须副署。

第九条　为执行等三条所载事务，在总督府设总务处总务处内置左开各科：

1. 军务科

2. 交涉科（外交科）

3. 财务科

4. 司法科

5. 交通科

总务处长一人统理总督府，属于地方官厅资格之行政事务。各科置科长一名，科员数名，以为总督依据法律命令，管理本省行政事务之机关。

第十条　为使第二条所载事务，与第三条所载事务之间，维持适当合宜之关系于总督府，置省参事会以左列各员组织之：

1. 总督

2. 二本省高等审判厅厅长

3. 本省高等检察厅检察长

4. 本省陆军代表官一名

5. 各司长

6. 各科长

7. 专任参事员　八名至十二名

总督自为省参事会议长,陆军代表官由总督于本省在职将校中指命之,专任参事官半数由大总统简任,半数由省议会推荐大总统简任之,专任参事官任期三年。

第十一条　国务总理各部总长认为必要时,得委派官员出席省参事会陈述意见,但不入表决之列。

第十二条　省参事会应总督之咨询,审议左列事件:

1. 省豫算案

2. 省豫算外支出案

3. 本省借款

4. 本省交通事务之计画

5. 省法律案

6. 省命令案

7. 由省议会委任省参事会事宜

8. 由国务总理各部总长要求咨询省参事会事宜

第十三条　省参事会规则,以大总统命令定之。

第十四条　总务处长由总督呈请简任,科长由总督荐请任命,其他科员由总督委任。

第十五条　总督有事故时,由总务处长临时代理,政务处长有事故时,总督由各司长中指名临时代理。

参考文献

按：笔者在本书写作中参考了许多中日文献，档案方面主要利用的是上海图书馆、华东政法大学图书馆、复旦大学图书馆、日本外务省资料馆以及日本国立国会图书馆的相关数据库资源，其中涉及的近代报刊杂志名目繁杂，不一一罗列；而有些著作和文章虽然在书中未直接引用，但对笔者写作启发颇大，予以添加，谨致谢意。

中文参考文献按姓氏字母顺序排列，日文参考文献按姓氏五十音图顺序排列，同一姓氏按出版年份先后排列。有贺长雄的著作和文章是本书最重要的参考文献，数量较多，特将这些文献单列一类，按标题字母顺序排列，以便阅读。

一、有贺长雄的著作和文章

（一）中文

1. 《不信任投票制之危险》，北洋政府校印本 1913 年版。
2. 《大战后之平和会议》，北洋政府校印本 1918 年版。
3. 《观弈闲评》，北洋政府校印本 1913 年版。
4. 《共和宪法持久策》，《法学会杂志》1913 年第 8 期。
5. 《宪法草案之误点彙志》，北洋政府校印本 1913 年版。
6. 《宪法须规定明文以孔教为国家风教之大本》，《孔教会杂志》1913 年第 7 期。
7. 《宪法演说》，《法学会杂志》1913 年第 8 期。
8. 《议会之组织》，《法政学报》1907 年第 1 期。
9. 《有贺长雄博士之官制谈》，《东方杂志》1913 年第 1 期。
10. 《有贺博士对于选举总统之建议》，《宪法新闻》1913 年第 3 期。
11. 《有贺博士之宪法谈》，《宪法新闻》1913 年第 4 期。
12. 《有贺博士之选举总统谈》，《宪法新闻》1913 年第 12 期。
13. 《有贺博士归国后之中国总统谈》，《宪法新闻》1913 年第 13 期。

14. 《有贺长雄对于国会之批评》，《宪法新闻》1913 年第 14 期。

15. 《有贺博士对于制定宪法之意见》，《宪法新闻》1913 年第 16 期。

16. 《有贺长雄之中国谈》，《国际协报》1918 年第 80 期。

17. 《支那保全论》，《亚东时报》1899 年第 5 期。

18. 《中国新法制与有贺长雄》，《言治》1913 年第 1 期。

（二）日文

1. 《保護国論》，早稻田大学出版部 1906 年版。

2. 《北京滞在中の余の事業》，《外交時報》1913 年第 210 号。

3. 《大局を誤る勿れ》，《外交時報》1912 年第 175 号。

4. 《大聖人の出現を待つのみ》，《早稻田講演》1912 年第 12 号。

5. 《帝室制度稿本》，信山社 2001 年版。

6. 《帝國憲法講義》，信山社 2003 年版。

7. 《革命軍独立の承認》，《外交時報》1911 年第 170 号。

8. 《国法学(上、下册)》，信山社 2009 年版。

9. 《国家学》，信山社 2009 年版。

10. 《満洲委任統治論》，早稻田大学出版部 1905 年版。

11. 《民国憲法開議前の形勢》，《外交時報》1913 年第 203 号。

12. 《民国正式国会開会後二週間》，《外交時報》1913 年第 205 号。

13. 《民国政界現状》，《外交時報》1913 年第 207 号。

14. 《清国内閣制度改造の機至る》，《外交時報》1909 年第 143 号。

15. 《日清戦役国際法論》，陸軍大学校 1896 年版。

16. 《日本最初の社会学史》，いなほ書房 2007 年版。

17. 《入燕最初の所感》，《外交時報》1913 年第 203 号。

18. 《外交時報発行の要旨》，《外交時報》1898 年第 1 号。

19. 《行政学講義》，信山社 2008 年版。

20. 《須多因氏講義筆記》，有賀長雄等译，信山社 2006 年版。

21. 《支那国民会议に对する史的教訓》，《外交時報》1912 年第 173 号。

22. 《支那正観》，外交時報社出版部 1918 年版。

23. 《中清動乱に对する我官民の態度》，《外交時報》1911 年第 168 号。

24. 《中華民国第一次国会開会》，《外交時報》1913 年第 204 号。

25. 《中华民国顧問応聘顛末》，《外交時報》1913 年第 207 号。

26. 《贈訂日本古代法释義》，信山社 2010 年版。

二、中文著作

1. 曹汝霖：《曹汝霖一生之回忆》，中国大百科全书出版社 2009 年版。

2. 陈茹玄：《中国宪法史》，文海出版社 1985 年版。

3. 窦坤：《莫理循与清末民初的中国》，福建教育出版社 2005 年版。

4. 高全喜：《立宪时刻：论〈清帝逊位诏书〉》，广西师范大学出版社 2011 年版。

5. 何勤华：《20 世纪日本法学》，商务印书馆 2003 年版。

6. 何勤华：《中国法学史（第三卷）》，法律出版社 2006 年版。

7. 韩大元：《东亚法治的历史与理念》，法律出版社 2000 年版。

8. 韩大元：《亚洲立宪主义研究》，中国人民公安大学出版社 2008 年版。

9. 荆知仁：《中国立宪史》，经联出版事业公司 2001 年版。

10. 李卓：《家族制度与日本的近代化》，天津人民出版社 1997 年版。

11. 李剑农：《中国近百年政治史》，复旦大学出版社 2002 年版。

12. 李宗一：《袁世凯传》，国际文化出版公司 2006 年版。

13. 李秀清：《所谓宪政：清末民初立宪理论论集》，上海人民出版社 2012 年版。

14. 赖骏楠：《国际法与晚清中国》，上海人民出版社 2015 年版。

15. 钱穆：《国史新论》，生活·读书·新知三联书店 2005 年版。

16. 钱端升：《民国政制史》，上海人民出版社 2011 年版。

17. 秦晖：《走出帝制：从晚清到民国的历史回望》，群言出版社 2015 年版。

18. 桑兵：《交流与对抗：近代中日关系史论》，广西师范大学出版社 2015 年版。

19. 唐德刚：《袁氏当国》，广西师范大学出版社 2004 年版。

20. 武寅：《近代日本政治体制研究》，中国社会科学出版社 1997 年版。

21. 魏晓阳：《制度突破与文化变迁：日本宪政百年历程》，北京大学出版社 2006 年版。

22. 王世杰：《比较宪法》，武汉大学出版社 2013 年版。

23. 谢彬：《民国政党史》，商务印书馆 2007 年版。

24. 肖传国：《近代西方文化与日本明治宪法》，社会科学文献出版社 2007 年版。

25. 薛恒：《民国议会制度研究（1911—1924）》，中国社会科学出版社 2008 年版。

26. 杨幼炯：《近代中国立法史》，商务印书馆 1936 年版。

27. 杨幼炯：《中国政党史》，商务印书馆 1937 年版。

28. 严泉：《失败的遗产：中华首届国会制宪》，广西师范大学出版社 2007 年版。

29. 张玉法：《民国初年的政党》，岳麓书社 2004 年版。

30. 张永：《民国初年的进步党与议会政党政治》，北京大学出版社 2008 年版。

31. 张晋藩：《中国宪法史》，人民出版社 2011 年版。

32. 张鸣：《辛亥：摇晃的中国》，广西师范大学出版社 2011 年版

33. 章永乐：《旧邦新造：1911—1917》，北京大学出版社 2011 年版。

34. 庄娜：《日本"国体论"研究》，中国社会科学出版社 2016 年版。

35. 周颂伦、张东：《天皇制与近代日本政治》，世界图书出版广东有限公司 2016 年版。

36. 周颂伦、李小白等：《文明视野中的日本政治》，生活·读书·新知三联书店 2017 年版。

三、中文译著

1. ［日］北冈伸一：《日本政治史：外交与权力》，王保田等译，南京大学出版社 2014 年版。

2. ［美］费正清等：《剑桥中华民国史》，杨品泉等译，中国社会科学出版社 1994 年版。

3. ［美］古德诺：《解析中国》，蔡向阳等译，国际文化出版公司 1998 年版。

4. ［美］孔飞力：《中国现代国家的起源》，陈兼等译，生活·读书·新知三联书店 2013

年版。

5. ［美］任达：《新政革命与日本》，李仲贤译，江苏人民出版社 2006 年版。

6. ［日］辻清明：《日本官僚制研究》，王仲涛译，商务印书馆 2010 年版。

7. ［日］丸山真男：《日本的思想》，区建英等译，生活·读书·新知三联书店 2009 年版。

8. ［日］丸山真男：《日本政治思想史研究》，王中江译，生活·读书·新知三联书店 2000 年版。

9. ［日］伊藤博文：《日本帝国宪法义解》，牛仲君译，中国法制出版社 2011 年版。

10. ［日］园部逸夫：《思考皇室制度》，陶旭译，社会科学文献出版社 2012 年版。

11. ［日］佐藤慎一：《近代中国的知识分子与文明》，刘岳兵译，江苏人民出版社 2006 年版。

四、中文编著

1. 白蕉：《袁世凯与中华民国》，中华书局 2007 年版。

2. 丁文江、赵丰田：《梁启超年谱长编》，上海人民出版社 1983 年版。

3. 顾鳌：《约法会议纪录》，文海出版社 1982 年版。

4. 韩大元：《中国宪法学说史研究》，中国人民大学出版社 2012 年版。

5. 李贵连：《民国北京政府制宪史料》，线装书局 2007 年版。

6. ［澳］骆惠敏等：《清末民初政情内幕：莫理循书信集》，刘桂梁译，知识出版社 1986 年版。

7. 骆宝善、刘路生：《袁世凯全集》，河南大学出版社 2013 年版。

8. 史洪智：《日本法学博士与近代中国资料辑要：1898—1919》，上海人民出版社 2014 年版。

9. 吴宗慈：《中华民国宪法史》，于明等点校，法律出版社 2013 年版。

10. ［日］卫藤沈吉、李廷江：《近代在华日人顾问资料目录》，中华书局 1994 年版。

11. 王健：《西方东渐：外国人与中国法的近代变革》，中国政法大学出版社 2001 年版。

12. 王芸生：《六十年来中国与日本》，生活·读书·新知三联书店 2005 年版。

13. 夏新华等：《近代中国宪政历程：史料荟萃》，中国政法大学出版社 2004 年版。

14. 张久深等：《徐镜心》，山东人民出版社 1991 年版。

五、中文论文

1. 陈伟：《伊藤博文宪政思想的形成与明治宪法体制的建立》，《史林》2013 年第 2 期。

2. 成方晓：《由起草修改过程看〈临时约法〉的政体选择倾向》，《中外法学》2013 年第 4 期。

3. 高全喜：《古德诺论中国宪制再思考》，《中国法律评论》2017 年第 5 期。

4. 林来梵：《法律实证主义方法的故事——拉邦德》，《浙江学刊》2004 年第 3 期。

5. 林来梵：《国体概念史——跨国移植与演变》，《中国社会科学》2013 年第 3 期。

6. 林来梵：《国体宪法学——亚洲宪法学的先驱形态》，《中外法学》2014 年第 5 期。

7. 李卓：《日本传统家族制度与日本人家的观念》，《世界历史》1993 年第 4 期。

8. 李启成：《清末民初关于设立行政裁判所的争议》，《现代法学》2005 年第 5 期。

9. 李细珠：《清末两次日本宪政考察与预备立宪的师日取向》，《中国社科院近代史所青年学术论坛》2007 年卷。

10. 赖骏楠：《从国际法视角重新看待甲午战争》，《北大法律评论》2011 年第 1 期。

11. 刘耀：《日本顾问与南京临时政府的法制建设》，《暨南学报》2012 年第 8 期。

12. 凌斌：《从〈清帝逊位诏书〉解读看国家建立的规范基础》，《法学家》2013 年第 4 期。

13. 马勇：《辛亥后尊孔思潮评议》，《安徽史学》1992 年第 2 期。

14. 马场公彦：《同时代日本人如何看待辛亥革命——以日本报刊为中心》，《社会科学战线》2014 年第 11 期。

15. 毛桂荣：《石泰因在日本》，《山西大学学报(社科版)》2012 年第 5 期。

16. 钱宁峰：《"统治权"：被忽视的宪法关键词》，《中外法学》2012 年第 1 期。

17. 桑兵：《清季变政与日本》，《江汉论坛》2012 年第 5 期。

18. 桑兵：《接受清朝与组建民国(上)》，《近代史研究》2014 年第 1 期。

19. 桑兵：《接受清朝与组建民国(下)》，《近代史研究》2014 年第 2 期。

20. 孙宏云：《高田早苗与清末中日教育交流》，《史林》2012 年第 2 期。

21. 孙宏云：《清末预备立宪中的外方因素：有贺长雄一脉》，《历史研究》2013 年第 5 期。

22. 尚小明：《有贺长雄与民初制宪活动几件史事辨析》，《近代史研究》2013 年第 2 期。

23. 尚小明：《青柳笃恒：一个被湮没的袁世凯的高等间谍》，《近代史研究》2014 年第 6 期。

24. 沈大明：《民国初年关于行政诉讼体制的争论》，《社会科学》2007 年第 4 期。

25. 田雷：《最坏的政体——古德诺的隐匿命题及其解读》，《华东政法大学学报》2013 年第 5 期。

26. 武寅：《论明治宪法体制的内在结构》，《历史研究》1996 年第 3 期。

27. 夏新华、刘鄂：《民初私拟宪草研究》，《中外法学》2007 年第 3 期。

28. 徐国庆：《人格与自由：史坦因社会国思想之研究》，台湾中山大学博士论文，2010 年。

29. 严昌洪：《北京临时政府的组建过程》，《历史教学》2004 年第 7 期。

30. 严泉：《政治妥协与民国初年政治转型的拐点》，《探索与争鸣》2016 年第 3 期。

31. 于明：《政体、国体与建国——民初十年制宪史的再思考》，《中外法学》2012 年第 1 期。

32. 杨天宏：《关于中华民国主权承续的"合法性"问题》，《近代史研究》2014 年第 2 期。

33. 杨天宏：《比较宪法学视阈下的民初根本法》，《历史研究》2013 年第 4 期。

34. 资中筠：《关键在立宪》，《读书》1998 年第 11 期。

35. 曾荣：《国民外交思想进入中国的历史考察》，《历史教学》2010 年第 22 期。

36. 章永乐：《共和的诤友：康有为"拟中华民国宪法草案"评注》，《中外法学》2010 年第 2 期。

37. 章永乐：《近代中国宪政建设中的政治吸纳/整合缺位——以 1914 年北洋政府宪制改革为中心》，《北大法律评论》2012 年第 1 期。

38. 张敏：《论晚清幕府中的"洋人"》，《史林》1993 年第 3 期。

39. 张晋藩：《20 世纪上半期中国法律近代化转型的趋向问题》，《史学月刊》2004 年第 7 期。

40. 张学继：《古德诺与民初宪政问题研究》，《近代史研究》2005 年第 2 期。

41. 张学继：《论有贺长雄与民初宪政的演变》，《近代史研究》2006 年第 3 期。

42. 张学继：《日本法学家有贺长雄与五大臣考察报告》，《历史档案》2008 年第 4 期。

43. 张仁善、杨宇剑：《论近代"法统"理念的建构与袁世凯对民初"法统"的改造》，《法治研究》2015 年第 3 期。

44. 赵大为：《有贺长雄及其〈共和宪法持久策〉》，《近代史研究》1996 年第 2 期。

45. 赵立新：《德国冯·斯坦因的宪政思想与日本明治宪政》，《20 世纪西方宪政的发展及其变革》2005 年卷。

46. 周颂伦：《宪政调查及明治宪法的再认识》，《外国问题研究》1996 年第 3 期。

47. 周斌：《清末民初"国民外交"一词的形成及其含义述论》，《安徽史学》2008 年第 5 期。

六、日文著作

1. 荒邦啓介：《明治憲法における「国務」と「統帥」》，成文堂 2017 年版。

2. 家永三郎：《日本近代憲法思想史研究》，岩波書店 1972 年版。

3. 家永三郎：《歴史の中の憲法》，東京大学出版会 1977 年版。

4. 伊藤之雄：《伊藤博文——近代日本を創った男》，講談社 2009 年版。

5. 伊藤信哉：《近代日本の外交論壇と外交史学——戦前期の『外交時報』と外交史教育》，日本経済評論社 2011 年版。

6. 稲田正次：《明治憲法成立史》，成文堂 1982 年版。

7. 梅渓昇：《お雇い外国人——明治日本の脇役たち》，講談社 2007 年版。

8. 清水伸：《明治憲法制定史》，原書房 1971 年版。

9. 熊達雲：《近代中国官民の日本視察》，成文堂 1998 年版。

10. 小林直樹：《憲法講義》，東京大学出版会 1980 年版。

11. 小林昭三：《明治憲法史論》，成文堂 1982 年版。

12. 鈴木安藏：《日本憲法学史研究》，勁草書房 1975 年版。

13. 曾田三郎：《立憲国家中国への始動：明治憲政と近代中国》，思文閣 2009 年版。

14. 曾田三郎：《中華民国の誕生と大正初期の日本人》，思文閣 2013 年版。

15. 大津淳一郎：《大日本憲政史(第一、二、三卷)》，原書房 1969 年版。

16. 樋口陽一：《国法学》，有斐閣 2004 年版。

17. 長尾龍一：《日本法思想史研究》，創文社 1981 年版。

18. 副島義一：《日本帝国憲法論》，敬文堂書店 1927 年版。

19. 穂積八束：《憲法提要》，有斐阁 1935 年版。

20. 穂積八束：《憲政大意》，評論社 1942 年版。

21. 美濃部達吉：《憲法講話》，有斐阁 1912 年版。

22. 龍井一搏：《ドイツ国家学と明治国制》，ミネルヴァ書房 1999 年版。

七、日文编著

1. 伊藤信哉等：《近代日本の対外認識Ⅰ》,彩流社 2015 年版。
2. 鵜飼信成等：《講座近代日本法発達史》,勁草書房 1959 年版。
3. 清水伸：《帝国憲法制定会議》,岩波書店 1940 年版。
4. 黒龍会：《東亜先覚志士紀伝》,原書房 1966 年版。
5. 憲法制定史調査会：《大日本帝国憲法制定史》,サイケン新聞社 1980 年版。
6. 長谷川正安：《憲法学説史》,三省堂 1978 年版。
7. 長尾龍一：《穂積八束集》,信山社 2001 年版。
8. 春畝公追頌会：《伊藤博文伝》,原書房 2004 年版。
9. 松本三之介：《明治思想集》,筑摩書房 1976 年版。
10. 峰島旭雄：《近代日本思想史の群像：早稲田とその周辺》,北樹出版 1997 年版。

八、日文论文

1. 荒邦啓介：《有賀長雄と軍令・軍政——大臣責任論の視点から》,《東洋大学大学院紀要》2010 年第 47 号。
2. 荒邦啓介：《有賀長雄の「国家絶対主義」批判：『哲学雑誌』講演録を素材として》,《法史学研究会会報》2011 年第 16 号。
3. 荒邦啓介：《明治・大正期における副島義一の内閣制論》,《東洋大学大学院紀要》2011 年第 48 号。
4. 伊藤信哉：《20 世紀前半の日本の外交論壇と『外交時報』》,《松山大学論集》2008 年第 20 巻。
5. 熊達雲：《有賀長雄と民国初期の北洋政権との関係について》,《山梨学院大学法学論集》1994 年第 29 号。
6. 熊達雲：《有賀長雄と民国初期の北洋政権における憲法制定との関係について》,《山梨学院大学法学論集》1994 年第 30 号。
7. 熊達雲：《清末における中国憲政導入の試みに対する有賀長雄の影響と役割について》,《政治公法研究》1994 年第 46 号。
8. 熊達雲：《対華 21 箇条要求の交渉における有賀長雄について》,《山梨学院大学大学院社会科学研究年報》2009 年第 2 号。
9. 佐藤庫八：《「日露陸戦国際法論」を読み解く：武力紛争法の研究》,並木書房 2016 年版。
10. 曾田三郎：《中華民国憲法の起草と外国人顧問—有賀長雄を中心に》,《近きに在りて》2006 年第 49 号。
11. 高見勝利：《講座担当者から見た憲法学説の諸相》,《北大法学論集》2001 年第 3 号。
12. 高見勝利：《明治憲法下における権力分立論の展開—穂積・美濃部の学説との対比における宮沢説の若干の特質》,《北大法学論集》1990 年第 8 号。
13. 松下佐知子：《明治期における対外戦争経験と国際法解釈—有賀長雄を中心に》,《軍事史学》2009 年第 6 号。

14. 松下佐知子：《清末民国初期の日本人法律顧問─有賀長雄と副島義一の憲法構想と政治行動を中心として》,《史学雑誌》2001 年第 9 号。

15. 松下佐知子：《国際法学者の朝鮮・満州統治構想─有賀長雄の場合》,《近きに在りて》2002 年第 12 号。

16. 松下佐知子：《中国における「国家」の形成─有賀長雄の構想》,《日本歴史》2003 年第 10 号。

17. 松下佐知子：《日露戦争期における植民地統治策─国際法学者有賀長雄の場合》,《日本史研究》2003 年第 11 号。

18. 松下佐知子：《日露戦争における国際法の発信─有賀長雄を起点として》,《軍事史学》2004 年第 12 号。

19. 松下佐知子：《日露戦後における満洲統治構想─有賀長雄『満洲委任統治論』の受容をめぐって》,《大阪歴史学会特集》2008 年第 1 号。

20. 源了円：《徳富蘇峰と有賀長雄におけるスペンサーの社会思想の受容》,《日本文化研究所研究報告》1978 年第 3 号。

21. 龍井一搏：《伊藤博文滞欧憲法調査の考察》,《京都大学人文学報》1997 年第 80 号。

22. 李廷江：《民国初期における日本人顧問─袁世凱と法律顧問有賀長雄》,《国際政治》1997 年第 115 号。

索引

按：索引条目以正文所涉重要的法律、书名、报刊、人物与专业术语为限，且已含在篇目中的，如有贺长雄、石泰因、穗积八束、伊藤博文、袁世凯、"私拟宪草"和"天皇机关说"等，不再列于其中。条目以汉语拼音为顺序，同一音序下的条目则按首字母排序。数字为本书页码。

后记

　　本书是在我的博士论文《民初宪法顾问有贺长雄及其制宪理论研究》的基础上修订而成。2013年我有幸考上华东政法大学攻读博士学位，在还未正式入学的初夏，恩师李秀清教授已与我商讨论文的选题，并建议研读相关的文献。经过一年多资料搜寻与整理后，我才下决心做这个题目。时光匆匆、岁月悠悠，从写作念头萌发到今日拙作得以出版，转眼过去5年，在研究过程中得到诸多良师益友的帮助，在此表示衷心感谢。

　　首先感谢华东政法大学的李秀清教授，其谆谆教导如春风似瑞雨，不管是论文写作还是书稿的修订和出版，均予以大力指导和帮助。

　　感谢华东政法大学的何勤华教授、王立民教授、徐永康教授、丁凌华教授、龚汝富教授和苏彦新教授等，在提纲构思和方法论上提供了宝贵意见。

　　感谢复旦大学的胡令远教授，东北师范大学的李小白教授和周颂伦教授，不吝给予继续深造机会，引领资质愚钝的我步入学术殿堂。

　　感谢张翔教授、段匡教授，以及汪强、李洋、朱颖、宫雪、赵博阳、沈伟、谢志民、王思杰、汪湖泉、徐望、阎婷、肖志珂、肖崇俊、胡译之、赵美玲、张娜、冯洁语、顾明源、梁修齐、武啸、史媛媛、魏永康、陈藤等师友，鼓励和帮助我的论文写作。

　　最后，特别感谢家人们一直以来的理解、支持和付出，谨以本书献给我的妻子和女儿，同时自律自勉，继续向前努力。囿于学识水平，我深知本书存在许多不足之处，请读者朋友批评指教。

李　超

2018 年 7 月 19 日

图书在版编目(CIP)数据

观弈闲评：有贺长雄宪法理论研究/李超著. —上海：上海
三联书店,2019.1
ISBN 978 - 7 - 5426 - 6398 - 6

Ⅰ.①观… Ⅱ.①李… Ⅲ.①有贺长雄-宪法-理论研究
Ⅳ.①D911.01

中国版本图书馆 CIP 数据核字(2018)第 155659 号

观弈闲评：有贺长雄宪法理论研究

著　　者 / 李　超

责任编辑 / 郑秀艳
特约编辑 / 江南慧
装帧设计 / 一本好书
监　　制 / 姚　军
责任校对 / 张大伟

出版发行 / 上海三联书店
　　　　　　(200030)中国上海市漕溪北路 331 号 A 座 6 楼
邮购电话 / 021 - 22895540
印　　刷 / 上海惠敦印务科技有限公司

版　　次 / 2019 年 1 月第 1 版
印　　次 / 2019 年 1 月第 1 次印刷
开　　本 / 710×1000　1/16
字　　数 / 300 千字
印　　张 / 20.75
书　　号 / ISBN 978 - 7 - 5426 - 6398 - 6/D · 394
定　　价 / 78.00 元

敬启读者,如发现本书有印装质量问题,请与印刷厂联系 021 - 63779028